진짜 경쟁력은 국어 실력이다

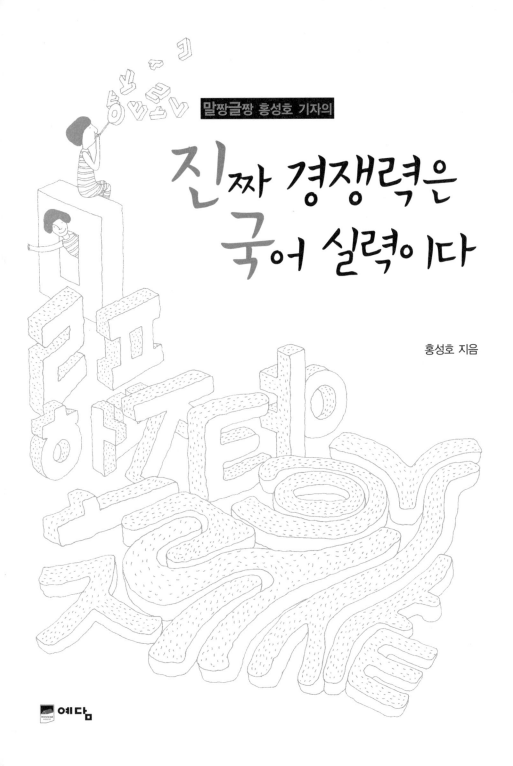

말짱글짱 홍성호 기자의

진짜 경쟁력은 국어 실력이다

홍성호 지음

예담

말과 글은 힘이고 경쟁력이다

2007년 치러진 18대 대통령 선거 기간 중 국어와 관련된 의미 있는 사건(?)이 하나 벌어졌다. 기억에도 새로운 대선 후보들의 맞춤법 실수 얘기다. 먼저 입방아에 오른 건 당시 이명박 후보의 '않겠읍니다'였다. 이어 정동영 후보의 '엎그레이드'가 비난의 표적이 됐다. 두 사람 다 국립현충원 방명록에 적은 문구가 세간에 알려지면서 국어 실력이 들통 난 셈이다.

1952년 미국 대통령 선거전에서는 공화당의 아이젠하워와 민주당의 스티븐슨이 맞붙었다. 아이젠하워는 유권자의 마음을 단숨에 사로잡을 구호를 찾기 위해 고심했다. 그래서 나온 게 유명한 'I like Ike(나는 아이크가 좋아)'다. 간결하면서도, 수사적 기법을 이용한 탁월한 언어 감각이 돋보이는 이 말은 아이젠하워에게 승리를 안겨다 주면서 전설적인 명언이 됐다.

이처럼 우리가 쓰는 말과 글은 어떤 사람이, 어떤 상황에서, 어떻게 쓰느냐에 따라 그 사람에게 흠이 될 수도 있고 반대로 강력한 무기가 되어 성공을 가져오기도 한다. 동서고금을 막론하고 말과 글은 힘이고 경쟁력이기 때문이다.

1970년대 끝자락에 대학에 들어간 나는 많은 학생들이 그랬듯이 첫해를 축제에 취하고 최루탄 가스에 절어 지내다시피 했다. 전공이었던 신문방송학에는 도무지 흥미를 느끼지 못해 수업을 빼먹기 일쑤였다. 당시 나의 행동 궤적은 당구장에서 시간 때우기, 다방에서 죽치기, 밤새 술 시합하기, 남의 대학에 원정 시위 가기 등 영양가 없는 짓들로 점철됐다. 그렇게 4년을 허송세월로 보낸 뒤 어찌어찌 해서 한 신문사에 수습기자로 들어갔다.

고백컨대 그때까지 나는 우리 말글에 그다지 관심이 없었다. 그러다 직업상 남의 글을 고치고 다듬다 보니 자연스레 우리말의 세계에 들어서게 된 것이다. 의외로 그것은 마치 화장 안 한 여인의 맨얼굴을 들여다보는 것 같은 은밀한 즐거움을 주었다. 그러던 중 나는 불현듯 대학 때 해 보지 못한 공부를 해야겠다는 욕심이 생겨 대학원에 진학했다. 거기서 나는 비로소 커뮤니케이션과 말글의 관계에 대해 눈뜨게 됐고 공부에도 재미를 들이기 시작했다. 소쉬르를 배우면서 문장 구성의 심층구조를 알게 됐고, 촘스키를 접하면서 의미론에 대해 생각했다. 비판언어학자들이 왜 동사에 주목했는지, 어째서 명사의 남용을 경계했는지, 어떻게 특정 어구가 이데올로기에 오염될 수 있는지, 사회언어학자들이 계급어나 금기어를 어떻게 다뤘는지를 배우면서 나는 수없이 무릎을 치지 않을 수 없었다.

막연하게 말과 글은 어법에 맞게 쓰면 되는 걸로만 알고 있던 나에게 그것은 커다란 깨우침이었다. 그 뒤로 나는 말과 글을 단순히 어법의 관점에서만 보지 않고 국어학과 언어학의 바탕 위에 심리학, 기호학, 수사학, 논리학, 커뮤니케이션학 등의 배경에서 들여다보려고 노력했다.

가령 우리가 접미사 '一적的'의 바른 용법을 고민하는 걸로 끝난다면, 그것은 순수하게 국어학적 차원의 경쟁력에 머무르고 말 것이다. 하지만 그 말이 모호한 말투에서 많이 발견된다는 것을 느끼고 그 다양한 실태를 추적하는 순간 우리는 그 말이 가진 '사회적, 정치적 힘'을 생각하는 것이다. 마찬가지로 '나는 (이렇게) 전망한다'가 아니라 '(이러이러하다는) 전망이다'라는 문장에선 단순히 구성이 어색한 게 아니라 '내 전망'을 '불특정 다수의 전망'으로 돌리는 고도의 언어적 기법이 담겨 있음을 알아차려야 한다. 논술문이나 보고문 등에서 이런 표현을 피해야 하는 이유는 그것이 결국 소극적이고 자신 없는, 무책임한 진술이 되기 때문이다. 그것을 알고, 스스로 구사할 수 있고 제어할 수 있을 때 국어는 진정한 '나의 힘'으로 다가온다.

별로 내세울 것도 없는 나의 '우리말 학습기'를 장황하게 풀어놓은 것은 두 가지 이유 때문이다. 하나는 우리말 글에 대한 공부는 누구나, 그리고 아무 때나 할 수 있다는, 지극히 당연한 점을 강조하기 위함이다. 모국어 화자라면 누구나 큰 힘 들이지 않고 언제든지 할 수 있는 게 바로 우리말 공부다. '신토불이'란 말만큼이나 우리의 고개를 끄덕이게 하는 말은 '신언불이身言不二'가 아닐까. 이 땅에서 태어나 살아가는 사람이라면 우리말이 가장 편하고 자연스럽다는 걸 누구나 느낀다. 세계를 이웃처럼 드나드는 시대에 영어나 한자를 소홀히 할 수 없지만 그것조차 건강한 우리말의 토대 위에서 익힐 때 비로소 진정한 '나의 힘'이 된다는 점을 기억해야 한다. '말과 글의 바다'에 빠져 헤엄치다 보면 그 깊이와 광활함에 놀라고 그로써 더욱 재미를 느낄 수 있을 것이다.

또 한 가지는 말과 글을 단순히 문법적, 국어학적 관점에서 배우지 말기를 바라는 마음에서다. 현대 언어학과 기호학 이론에 큰 영향을 미친 야콥슨Roman Jacobson은 커뮤니케이션에서 가장 중요한 요소를 메시지로 보았다. 단어 하나하나의 쓰임새를 살펴 고르고, 그것들을 엮어 문장을 꾸미며, 문장들을 연결해 하나의 텍스트를 만드는 과정은 바로 나의 메시지를 만드는 과정이다. 이때 그 메시지는 단순히 문법적 틀 안에서 완성된 메시지가 아닌, 그 이상의 것이다.

언어에도 스펙트럼이 있다. 말과 글을 얼마나 엄격하게 다루느냐에 따라 과학의 언어에서 시적 언어까지 광범위한 표현 방식이 존재한다. 가령 무지개를 설명하면서 '비가 그친 뒤 공중에 떠 있는 물방울들에 햇빛이 굴절 반사돼 나타나는 현상'이라고 하면 그 사람은 과학의 언어로 말하는 것이다. 이를 '비 갠 뒤 하늘에 걸치는 일곱 빛깔 고운 구름다리'라 한다면 그는 시적 언어를 쓴 것이다. 그 층위는 '학술서 → 공문서 → 신문 방송 등 매스컴언어 → 소설, 시 등 문학어 → 사적 대화 → 통신어, 외계어 등 실험언어' 순으로 언어 사용의 자율성이 증대된다. 우리가 생활하면서 각각의 상황에 맞는 메시지를 만들어 낼 때 우리는 의도한 대로 커뮤니케이션을 이룰 수 있고, 그럴 때 비로소 말과 글은 나의 힘이자 경쟁력이 된다.

이 책은 한국경제신문에서 발행하는 논술신문 〈생글생글〉에 연재했던 글을 엮은 것이다. 한목에 읽기 편하게 내용을 분류해 좀더 깁고 더했다. 책에 담긴 내용은 우리 말글의 비밀을 풀어가는 여러 작업들 중 하나이다. 우리 말글의 비밀에 접근하는 통로는 수없이 많다. 독자들은 이미 '386'을 많이 들어 봤을 테고, '붉은악마'도 너무나 잘 알 것이다. 그런데 그 말들이 어떻게 만들어진 것인지, 누가 언제, 어디서, 어떻게 그리고 왜 쓰기 시작했는지 궁금하지 않은가? 이 책에는 그런 말들에 접근하는 비밀의 열쇠가 담겨 있다. 비밀의 코드는 그냥 풀리지 않는다. 기본적인, 그러나 광범위한 '원칙'에 대한 이해가 선행돼야 한다. 그래서 말과 글의 여러 '약속'에 대한 얘기를 담았다. 물론 사람 사는 세상에 약속이 있을진대, 그 약속을 깨는 예외와 변칙 역시 빼놓을 수 없다. 그래서 원칙에서 벗어나는 경우를 비롯해 말글이 진화, 변화하는 모습도 함께 다뤘다.

우리 주위에서 일어나는 여러 사례를 통해 말글의 속살을 들여다보려 한 점도 기왕에 나와 있는 책들과 다른 점이다. 때론 문학 작품을 통해, 때론 신문 방송 등 언론의 말글 실태를 통해, 때로는 정계나 관계, 재계에서 일어나는 일들을 통해 구체적이고 현실감 있게 우리말을 다루려고 했다. 이를 통해 독자들과 함께 '읽는 재미'와 '깊이'를 공유할 수 있다면 책을 엮은 작은 보람이 될 것이다.

책이 나오기까지에는 많은 분의 도움이 있었다. 말과 글을 공부하면서 대부분의 의문점을 국어학 논문과 저서를 통해 해결할 수 있었다. 그 깊이와 넓이에 놀랐던 만큼 국어학계가 이미 축적해 놓은 성과에 큰 빚을 지고 있는 셈이다. 나의 정제되지 않은 표현이나 개념의 사용이 기존의 성과에 누가 되지 않기를 바랄 뿐이다. '말글사랑방' 회원인 우재욱, 권오기, 안상순 선생님을 비롯해 이재경, 이병갑, 장진한, 최성우, 엄민용, 이경우 형들과의 토론에서 얻은 정보와 아이디어들이 밑천이 됐음도 밝힌다. 언론계 민기, 정재도, 정용기 선배와 재야의 고수이신 김선덕 선배도 많은 가르침을 주셨다. 무엇보다도 〈생글생글〉의 귀한 지면을 오랫동안 할애해 준 정규재 한국경제신문 국장께 이 기회를 빌려 감사의 마음을 전하고 싶다.

2008년 8월

홍성호

작가의 말 l 말과 글은 힘이고 경쟁력이다

경쟁력 1 l 단어는 나의 힘

1. 애매한 법규가 애매한 사람 잡는다 **018**

2. '만땅, 입빠이'보다 '가득'이 좋아 **021**

3. 아리까리할 땐 이렇게 외친다 '긴가민가해!' **025**

4. '겻불'은 살아 있다 **028**

5. 몽룡과 춘향의 이팔청춘 **032**

6. 난감한 '푸드득' 소리 **036**

7. '엘레지'에 담긴 비밀 **039**

8. '와사등'을 아시나요 **043**

9. 담바고에서 담배로 **046**

10. '새털 같이 많은 날'은 오지 않는다 **048**

11. 정한수? 정안수? 정화수! **051**

12. '전력투구'는 나눠지지 않는다 054

13. 그 남자가 '재원'이 아닌 까닭 057

14. 철쭉 '서식지'는 어디에도 없다 062

15. 애먼 사람 잡는 엄한 사람? 064

16. '감질맛'은 어떤 맛일까 067

17. '임연수'는 누구인가 070

18. 칫대도 긴디… 073

19. '메밀꽃 필 무렵'의 사연 076

20. '그녀' 생각 078

21. 도랑물 흘러서 개울물 081

22. '체신머리없는' 사람이 어디 있나 084

23. '쑥맥'이라 하는 사람은 숙맥 같은 사람 087

24. 총각김치는 총각이 만들었나 090

25. 강强 추위에 밀린 강추위 093

26. 문인들이 사랑한 '는개' 096

27. 눈 오는 밤과 밤눈 100

28. 동지섣달 꽃 본 듯이 104

29. 네 몸의 '복숭아뼈'를 찾아봐 107

30. '귓밥'은 파낼 수 없다 111

31. 섬휘안점 유천포창 객출부전 흉내고민 114

32. 나도 왕년엔 한가닥 했지 118

33. 차례상엔 정종보다 청주를 121

34. 전구는 불알, 그럼 형광등은 긴불알? 125

경쟁력 2 | 국어의 재발견 — 조어와 약어의 세계

1. 올해의 유행어 '된장녀' 134

2. 작업계의 선수들이 벌이는 '수작' 137

3. 칼랑부르의 힘, '386' 140

4. 웰빙에 올인하기보다 참살이에 다 걸자 143

5. '—짱' 전성시대 147

6. '면벌부'의 등장 151

7. '붉은악마'는 단어일까? 154

8. '뜨거운 감자'를 위한 변명 158

9. '도우미'가 단어가 되기까지 162

10. '먹거리'와 '먹을거리' 165

11. '—스럽다'의 위력, 검사스럽다 168

12. '깜'도 안 된다 171

13. 방황하는 말들 175

14. 모여라, 모둠 만들자 179

15. 벌거숭이 잡는 벌거숭이들 182

16. '간추리다'의 탄생 185

17. 대포 한잔의 추억 188

18. 번뇌가 사라지고 걱정이 풀리는 그곳 191

19. 낙하산 청비총 195

20. '역임'과 '금도' 그 오용의 역사 198

21. 타산지석으로 삼느냐, 귀감으로 삼느냐 201

경쟁력 3 | 속이 꽉 찬 문장 만들기

1. '섹시마일드'의 숨은 뜻 206

2. 사마귀가 수레를 막다 209

3. 쿠데타적 사건, 그 비겁함에 대하여 212

4. 조폭은 문화가 아니다 215

5. 판타스틱하고 엘레강스하다? 219

6. 네가 짬뽕이라고? 223

7. 비단처럼 매그럽게 새어나오는 단어들의 소리 228

8. 하나의 사과와 사과 하나 231

9. 주책인 사람, 주책없는 사람 234

10. '－없다家'의 식구들 239

11. 팔은 어떻게 걷어붙이는 것인가 248

12. '옥에 티'와 그 아류들 252

13. 2% 부족한 말 "좋은 하루 되세요" 256

14. 소개시키면 안 돼! 소개해야지 259

15. 말에도 과공비례過恭非禮가 있다 263

16. 부처님의 횡설수설 268

17. 고래 싸움이든, 새우 싸움이든 271

18. 조사 '가'의 마술 274

19. 끼리끼리 어울려야 자연스러워 277

경쟁력 4 | 꼭 지켜야 할 국어의 약속들

1. 사소한 것에 목숨(?) 걸기 282

2. 어머니는 자장면이 싫다고 하셨지 285

3. 피들이 흘러가는 혈맥 288

4. 이두 박근 삼두 박근? 293

5. 박정희 대통령 사망일이 12월 6일? 295

6. 씨암타글 vs 씨암탉글 299

7. '남비'가 '냄비'로 바뀐 까닭 302

8. '차례기'가 웬 말인가! 307

9. 오렌지는 우리말, 어륀지는 외국말 309

10. '게놈'에 판정패한 '지놈' 313

11. 어찌, 애인에게 '채인'단 말인가 319

12. '맞다, 게보린'의 딜레마 324

13. '사랑이 뭐길래'가 뭐기에 327

14. '따 논 당상'이 틀린 이유 331

15. 문장에 숨결을 불어넣는 '쉼표' 333

16. 앏다랗다 vs 얄따랗다 335

17. 밀턴은 '실락원'을 썼는가, '실낙원'을 썼는가 338

18. '장승배기역'의 장승박이 343

19. 우리말의 아킬레스건 '사이시옷' 346

추천사

말이 분명하고 정연하면 생각도 그러하고… **350**

_김세중 국립국어원 국어생활부장

말은, 그 말을 하는 이의 삶을 드러낸다 **350**

_장석주 시인, 문학평론가

언론인을 꿈꾸는 사람이라면 무조건 필독 **351**

_박현우 KBS 한국어진흥원장, 아나운서

경쟁력 1

단어는 나의 힘

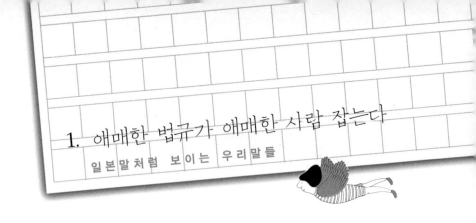

1. 애매한 법규가 애매한 사람 잡는다
일본말처럼 보이는 우리말들

시인이자 재야 국어연구가인 우재욱 씨(《삐삐와 깜박이》,《양심과 이기심이 권투장갑을 끼면》의 저자)가 사석에서 밝힌 경험담 하나.

"한번은 출판사에 글을 넘겼는데, 1차 교정 본 것을 검토했더니 내가 '야코죽다'라고 쓴 부분을 모두 '기죽다'로 바꿔 놓은 거예요. 출판사 담당자에게 따졌죠. 그 사람이 하는 말이 '야코는 일본말 아니냐'는 것이었습니다. 어이가 없어 '순우리말'이라고 했더니 그제야 사전을 찾아보고 나서 다시 고치더군요."

이처럼 우리가 쓰는 말 중에는 사실은 순우리말인데도 평소에 잘 쓰지 않아 마치 외래말인 듯한 오해를 불러일으키는 것이 있다. 특히 그 형태가 일본말 비슷해 그런 줄 알고 애써 다른 말을 찾는 웃지 못할 일도 벌어진다.

'에누리(값을 깎는 일)'도 의외로 일본말로 알고 있는 사람이 많은 것 같다. 에누리는 "1만 원짜리를 에누리해 5천 원에 샀다"처

럼 쓰이기도 하고, "그의 말에는 에누리가 좀 많다"와 같이 실제
보다 보태거나 줄이는 일을 나타낼 때도 쓰이는 우리 고유어다.

"아줌마, 여기 국수 사리 하나 더요"라고 할 때 사리도 일본말
이 아니다. 국수나 새끼, 실 따위를 둥그렇게 감은 뭉치를 뜻하는
'사리'도 고유어이므로 쓰는 데 전혀 망설일 필요가 없다.

'모꼬지'도 우리가 살려 써야 할 아름다운 우리말이다.

마돈나 지금은 밤도, 모든 목거지에, 다니노라……

20세기 초 이상화가 〈백조〉 동인으로 활동하면서 발표한 초기
시 '나의 침실로'의 시작 부분이다. 여기 나오는 '목거지'가 몇
년 전부터 일부에서 MT(Membership Training)를 대신하는 말로 쓰
이는 '모꼬지'이다. 놀이나 잔치 따위의 일로 여러 사람이 모이는
것을 뜻한다. 요즘 초등학교 교실에서는 '모둠'이란 말을 쓰는데
둘 다 어원적으로 '모도다會'에서 온 말이란 것이다.

인터넷 신조어 같은 '구라'나 '따까리'도 고유어다. '구라'는
'거짓말'을 속되게 이르는 말일 뿐 엄연히 표준말이면서 순우리
말이고, 자질구레한 심부름을 맡아 하는 사람을 가리키는 말 '따
까리'도 마찬가지다. 다만 속된 말이므로 가려 쓸 필요는 있다.

희미하여 확실하지 못한 것을 두고 '애매曖昧하다'라고 한다.
'모호模糊'도 같은 말이다. 각각 홀로 쓰이며 힘주어 말할 때는
'애매모호하다'고 말하기도 한다. 이를 두고 '애매'는 일본식 한
자어이니 '모호'만 써야 한다는 주장이 꽤 널리 퍼져 있는데 이는

근거 없이 왜곡된 주장이다. 다만 우리말에는 한자어 '애매하다'
란 말 외에 '애꿎다, 억울하다'란 뜻으로 쓰이는 순우리말 '애매
하다'가 있다. 가령 "애매한 법규가 애매한 사람 잡는다('모호한 법
규가 애꿎은 사람 잡는다'는 뜻)"고 했을 때 앞뒤에 쓰인 '애매한'은 서
로 다른 단어란 것을 구별해야 한다.

　광복 이후 일본말 찌꺼기 추방운동을 지속적으로 펼쳐 많은 성
과를 올린 게 사실이다. 하지만 그 뒤안길에는 원래부터 써 오던
순우리말이거나 한자말임에도 불구하고 잘못 알려져 부당한 대
우를 받는 말도 있다. 일종의 '역차별'인 셈이다. 아름다운 우리
말은 자꾸 써야지 단단히 뿌리를 내리고 이어갈 것이다.

아는 것만큼 보인다

구라 '거짓말'을 속되게 이르는 말.

따까리 자질구레한 심부름을 맡아 하는 사람을 속되게 이르는 말.

모꼬지 놀이나 잔치 또는 그 밖의 일로 여러 사람이 모이는 일.

야코죽다 '기죽다'를 속되게 이르는 말.

에누리 물건 값을 받을 값보다 더 많이 부르는 일. 또는 그 물건 값.
값을 깎는 일. 실제보다 더 보태거나 깎아서 말하는
일. 용서하거나 사정을 봐주는 일.

※출처:《표준국어대사전》(국립국어원) 이하 같음.

2. '만땅, 입빠이'보다 '가득'이 좋아
언어 생태계를 교란시키는 것들

"만땅이요!" "만땅 넣어 주세요." 행복 만땅, 사랑 만땅, 스트레스 만땅 식으로 우리 실생활에서 다양하게 쓰이는 이 '만땅'이 다시 구설에 올랐다. 2007년 말 교육부에서 대입 수험생들을 위한 답시고 홈페이지에 행사 공고를 냈는데, 하필이면 문패가 '으랏차차 기운 만땅'이었던 것이다. 잘하려고 했다가 괜스레 망신만 당하고 서둘러 '으랏차차 기운내요'로 고쳤지만 호된 비판 속에 이미 32만여 명의 방문객이 다녀간 뒤였다.

'만땅'의 정체는 찰 만滿자에 영어의 탱크tank를 합성한 일본식 조어이다. 일본식으로 읽으면 '만탕쿠まんタンク'인데 줄여서 그냥 만땅이라 한다. 이보다는 순우리말인 '가득'이 어감도 부드럽고 의미 전달 면에서도 훨씬 경쟁력 있어 보인다. '만땅'과 함께 비슷하게 쓰이는 것으로 '입빠이'도 있다. 일본에서 한자로 일배一杯라고 적고 '잇파이いっぱい'라 읽는데, '가득히'라는 의미이다. 이

말이 우리나라에 건너와 술을 마실 때 "입빠이 채워라"라고 하거나 주유소에서 "입빠이 넣어 주세요"라는 식으로 쓰인다.

"엥꼬났다, 기름이 엥꼬다"라고 할 때의 '엥꼬'도 마찬가지다. 이 말은 자동차 등의 연료통에 연료가 다 떨어졌다는 뜻인데 이역시 일본에서 온 말이다. 일본에서도 엥꼬ぇんこ의 원래 의미는 '(어린아이가) 바닥에 털썩 주저앉거나 축 퍼져 있는 것'을 나타내는 말이다. 여기서 의미가 확장돼 '(자동차 등이) 고장 나서 움직이지 못하는 상태'를 뜻하던 것인데, 우리나라에서는 '차에 기름이 바닥 난 상태'로 굳어져 쓰인다. 우리말로 "바닥났다, 바닥이다"라고 하면 자연스럽고 좋다. 실제로 이런 말들은 '언어의 시장'에서 자유로운 경쟁을 통해 그런 쪽으로 바뀌어 가고 있는 중이다.

마후라나 빤쓰, 난닝구, 빵꾸 같은 말도 일상적으로는 아직 쓰고 있으나 적어도 표기에서는 사라졌다. 지금은 오히려 '머플러, 팬티, 러닝셔츠, 펑크' 같은 다듬은 말이 더 익숙하다. '마후라'는 영어의 머플러muffler를 일본의 음운체계에서 옮겨 적던 것이 그대로 넘어온 것이다. 우리 고유어로는 '목도리'다. '마후라'는 또 자동차에서 배기가스가 나올 때 나는 폭음을 줄이는 장치를 뜻하기도 하는데 이때는 '소음기'로 순화됐다. '빤쓰' 역시 팬츠pants를 일본에서 적던 것이다. 그런데 팬츠는 원래 다리 부분이 아주 짧은 바지, 즉 반바지 같은 걸 가리키는 말이다. 우리가 빤쓰라고 하는 속옷은 '팬티panties'다. 그래서 '빤쓰'는 '팬티' 또는 '속잠방이'로 순화됐다. '잠방이'란 가랑이가 무릎까지 내려오도록 짧게 만든 홑바지를 가리키는 고유어다. '난닝구'도 일본말에서

'러닝running'이란 발음과 표기가 안 되니까 'ランニング'로 쓰고 '난닝구'라고 읽던 말이다. 우리는 '난닝구'는 틀린 말이고 '러닝 /러닝셔츠/러닝샤쓰'로 쓴다. '빵꾸'도 마찬가지. 영어 '펑크처 puncture'의 일본식 발음이다. 우리는 '펑크'로 순화했다.

그나마 이런 말들은 비록 일본에서 왔지만 존재할 수 있는 근 거라도 있는 데 비해 아예 정체 불명, 국적 불명의 단어들도 여전 히 쓰이고 있다. 마호병이나 소라색, 곤색 같은 단어가 그것이다. 지금도 나이 든 사람들 사이에서 자주 쓰이는 이런 말들은 다행 히 요즘 젊은 세대에서는 비교적 세력이 많이 약해져 우리말 속 에서 밀려나는 추세인 것 같다. '마호병'은 뜨거운 물 따위를 넣 어서 보온이 가능하게 만든 병이다. 이 말의 순화어는 '보온병'이 고 지금은 대개 그렇게 쓰고 있다. 하지만 우리말 의식이 많지 않 던 6,70년대까지만 해도 초등학생들의 소풍 길에는 으레 어머니 가 챙겨주신 이 마호병이 등장하곤 했다. '마호병'은 일본어 '마 호빈魔法瓶, まほうびん'에서 온 말이다. 오랫동안 보온이 되는 게 신기해 그네들이 '마법의 병'이란 이름을 붙인 것이다. 이 말이 우리나라로 넘어오면서 '마법魔法'은 일본음으로 읽고, '병瓶'은 우리음으로 읽었으니 국적불명의 희한한 말이 된 것이다.

우리가 일상에서 무심코 쓰는 '곤색紺色'이나 '소라색空色'도 이 와 똑같은 구조로 된 불구의 말이다. '곤'이나 '소라'나 모두 일본 어 'こん(紺)', 'そら(空)'에서 온 말이고 '색色'만 우리음으로 읽은 것이다. 한자 '紺'은 짙은 청색이나 군청색, 짙은 남색을 가리키는 데 우리는 '감'이라 읽는다. 감색 또는 진남색으로 바꿔 쓰면 된

다. '空'은 하늘이므로 소라색空色은 바로 하늘색이다. 이를 일본 음과 우리 한자음을 섞어 소라색이라 말하면 자칫 조개류의 일종인 소라 껍데기 색으로 알아들을 수도 있다. 소라 껍데기는 검은 갈색이거나 어두운 청색을 띠므로 하늘색과는 거리가 멀다.

그런데 이 중 '감색'은 약간 문제가 있다. 우리가 하늘색이니 오렌지색이니 하듯이 '감색' 하면 가을에 나는 먹는 '감'의 색깔을 연상할 수도 있기 때문이다. 실제로《표준국어대사전》(국립국어원, 1999)에서는 '잘 익은 감의 빛깔과 같은 붉은색'으로서의 '감색-色'과 '검푸른 남색'으로서의 '감색紺色'을 모두 표제어로 올려놓고 있다. 따라서 '감색'이란 말보다는 알기 쉽게 '진남색', '검남색'을 쓰는 게 좋다. 이때 '남색藍色'은 사전적으로 '푸른색과 자주색의 중간색'으로 풀이된다.

일상생활에서 무심코 쓰는 말들 가운데는 이처럼 일본말이거나 일본을 거쳐 들어온 말이 여전히 많다. 물론 요즘 같은 국제화 시대에, 그리고 언어의 순혈주의를 주장하지 않을 바에야 특정 국가 말이라고 해서 굳이 배제할 필요는 없다. 다만 말의 형성 구조를 알고 보면 어정쩡한 불구의 상태로 되어 있는 말, 우리말에도 훌륭한 단어나 표현이 본래 있는데 이걸 밀어내고 엉뚱하게 자리 잡고 있는 외래어투 등은 걸러내야 한다. 아무 생각 없이 그냥 놔둘 경우 자칫 말에서도 외래 어종인 베스가 토종 어류의 씨를 말려 생태계를 교란시키는 것과 같은 결과를 낳을 수 있다.

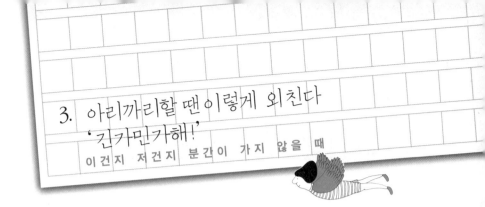

3. 아리까리할 땐 이렇게 외친다
'긴카민카해!'
이건지 저건지 분간이 가지 않을 때

이건지 저건지 불분명할 때 우리는 '헷갈린다'고 한다. 그럼 이 말을 일본어로 하면? '아리까리.' 그리고 프랑스어로는 '아리송', 독일어로는 '애매모흐(애매모호)', 아프리카어로는 '깅가밍가(긴가 민가)'라고 한다. 시중에 떠도는 우스갯소리이다. 이 가운데 '아리 까리'는 실제로 일본에서 온 말인 줄 착각하는 이들도 없지 않은 것 같다. 모두 우리말이지만 그 의미 영역이 서로 미세하게 다를 뿐 쓰임새는 거의 비슷한 말들이다.

'긴가민가하다'는 '그런지 그렇지 않은지 분명하지 않을 때' 쓰는 말이다. '기연가미연가하다'의 준말이다. 여기서 '기연가미 연가'는 한자로 '其然가 未然가'이다. 직역하면 '그런지 그렇지 않은지'이다. 줄여서 '기연미연'이라고도 한다. '-가'는 의문을 나타내는 어미 '-ㄴ가'에서 'ㄴ'이 탈락한 형태이다. 본래 말 '기 연가미연가'는 '긴가민가'로도 줄어 널리 쓰인다.

그런데 여기에는 그 쓰임새의 빈도와 단어로서의 자격 부여에 차이가 있다. '기연가미연가'나 그 준말 '기연미연'은 그 자체로 부사이다. 하지만 특이하게도 가장 흔하게 쓰이는 '긴가민가'는 단어의 자격을 받지 못했다. 사전에서는 이 말을 '긴가민가하다의 어근'으로 풀이하고 있을 뿐이다. 단독으로 부사로서의 구실을 못하고 반드시 접미사 '-하다'와 결합해야 비로소 단어가 되는 셈이다. 이는 뒤집어 말하면 '긴가민가'를 단독으로 쓰면 안 된다는 뜻이기도 하다. 가령 "그가 하는 말은 도대체 긴가민가 믿을 수가 없다"라고 하면 아쉽지만 온전한 표현이 아니란 것이다.

아직까지는 단어의 지위를 얻지 못했으므로 '긴가민가해서' 식으로 '-하다'를 붙여 써야 된다. 하지만 이 말은 이미 현실 언어에서는 '긴가민가 헷갈린다', '긴가민가 답을 모를 경우', '긴가민가 의심은 했지만' 식으로 흔하게 쓰인다는 점에서 단어로서의 구실을 갖췄다고 할 수 있다.

"긴지 아닌지 분명히 말해"라든가 "사람이 말이야 도대체 기다 아니다 무슨 말이 있어야 할 것 아닌가"라고 할 때 쓰인 '기다' 역시 '아니다'와 대비적으로 쓰여 어떤 사실에 대한 긍정이나 수긍을 나타낼 때 많이 쓰는 말이지만 사전적으로는 전라·충청 방언으로 처리되어 있다. '그이다' 또는 '그렇다', '그것이다'가 줄어든 말이다.

'아리까리하다'도 매우 흔하고 광범위하게 쓰이는 말이지만 유감스럽게 사전적으로는 '알쏭달쏭하다'의 잘못, '아리송하다'의 잘못 등으로 올라 있을 뿐이다. '알쏭달쏭'은 '그런 것 같기도 하고 그렇지 않은 것 같기도 하여 얼른 분간이 안 되는 모양'이란 뜻이다. "태도가 알쏭달쏭하다", "그의 진의가 무엇인지 알쏭달쏭하기만 했다" 같은 표현에 '긴가민가하다'를 넣으면 무리 없이 뜻이 통한다는 데서도 '알쏭달쏭하다'와 '긴가민가하다'는 거의 같은 의미로 쓰이는 말임을 알 수 있다. 이 말은 또 '알쏭달쏭 고운 무지개'처럼 '여러 가지 빛깔로 된 점이나 줄이 고르지 않게 뒤섞여 무늬를 이룬 모양'을 나타내기도 한다('아리송하다'나 '알쏭하다'도 모두 비슷한 말로 쓰인다. 다만 이들은 '긴가민가하다'의 뜻 이외에도 '기억이나 생각 따위가 떠오를 듯하면서도 떠오르지 않다'란 의미로도 많이 쓰이다 보니 사람에 따라 그 쓰임새가 조금 다른 것처럼 느낄 수도 있다).

특이한 것은 북한에서는 '이것인지 저것인지 분간하기 어렵게 몹시 희미하고 아리송하다'란 의미로 '아리까리하다'란 말을 인정한다는 점이다. '까리까리하다'도 같은 말로 함께 쓴다.

4. '겻불'은 살아 있다
살려 써야 할 우리 전통말

"진정한 무사는 추운 겨울날 얼어 죽을지언정 곁불은 쬐지 않는
다."

김대중 정권 말기인 2002년 1월 취임한 이명재 검찰총장이 한
말이다. 당시는 각종 권력형 비리사건 속에서 검찰 수사가 권력
실세들에게 휘둘린다는 비판이 일던 시기였다. 이를 의식한 검찰
총장이 취임 일성으로 검찰에 자기반성과 개혁을 속담에 빗대 주
문한 것이다.

신문들은 다음 날 아침 그의 의지 표명을 일제히 대문짝만 하
게 보도했다. 특히 "얼어 죽어도 곁불은 쬐지 않겠다"란 말을 제
목으로 알리면서. 대부분의 사람들은 물론 이 말을 별 생각 없이
그대로 받아들였다. 하지만 일각에서는 이 말이 안고 있는 작은,
그러나 중요한 결함을 놓치지 않고 있었다.

"이봐 자네, 검찰총장이 '얼어 죽어도 곁불은 쬐지 않겠다'고 했다는데 그 '곁불'이 틀리게 쓰인 것 아닌가?"

"누군가가 불을 쬐고 있는데 그 옆에 빌붙어서 얻어 쬐는 궁상맞은 짓은 안 하겠다는 뜻이니 신문에 나온 대로 '곁불'이 맞잖아."

"내가 알기로는 보통의 경우 양반 체면에 쬐지 않겠다는 불은 왕겨 같은 것을 태우는 '겻불'을 말하는 것 같은데……."

"그런 말도 있지만 이 경우는 비굴하게 남의 곁에서 얻어 쬐는 불이란 뜻이니까 '곁불'이 맞는 표기라고 봐야지."

2005년 별세한 원로 언론인 박용규 선생의 일화다. 그는 돌아가시기 이태 전 한 어문연구지를 통해 "나중에 사전을 찾아보고 나서야 친구가 지적한 '겻불'이 바른 표기이고 자신이 해석한 '곁불'은 엉터리 창작이었음을 알았다"며 "이런 게 바로 식자우환일 것"이라고 고백했다.

'겻불'은 말 그대로 '겨를 태우는 미미한 불'이다. 이 말이 우리 속담에서는 '양반은 얼어 죽어도 겻불(짚불)은 안 쬔다'란 말로 쓰여 '아무리 궁한 처지에 있을지라도 자기의 체면은 지니려고 애쓴다'는 뜻을 나타낸다. '양반(선비)은 물에 빠져도 개헤엄은 안 친다'는 속담도 같은 뜻이다. 모두 사전에 올라 있는 말이다. 그러니 검찰총장이 한 말도 바로 이 '겻불'이었던 셈이다. 이에 비해 '곁불'은 본래 '목표로 되지 않았던 짐승이 목표로 겨누어진 짐승의 가까이에 있다가 맞는 총알'이란 뜻이다. 예전에는 총탄을 발사할 때 화약에 불을 댕겨서 했기 때문에 총 쏘는 것을 '불

질'이라 했다. 겻불은 여기서 생겨난 말이다. 《우리말큰사전》(한글
학회, 1992)이나 《국어대사전》(금성출판사, 1991) 등은 모두 겻불과 곁
불의 차이를 이렇게 풀고 있다.

그런데 국립국어원에서 펴낸 《표준국어대사전》이 문제로 등장
한다. 여기서는 '겻불'의 풀이는 같지만 그 쓰임새는 순수하게
'겨를 태우는 불' 그 자체로 국한시켰다. 대신 '곁불'의 풀이는
완전히 달라져 전통적인 쓰임새는 사라지고 '얻어 쬐는 불'이란
의미로 대체됐다. 용례 역시 '선비는 죽어도 곁불은 안 쬔다'는
소설 속 표현을 인용했다.

전통적으로 써 오던 '양반은 얼어 죽어도 겻불은 쬐지 않는다'
란 속담이 《표준국어대사전》에 와서 뚜렷한 근거 없이 '곁불'로
바뀐 것이다. 악화가 양화를 구축한 셈이다. 하지만 그다지 신뢰
할 수 없는 자의적 올림말보다는 전통적 속담 말인 '겻불'을 익히
고 쓰는 것이 옳은 방향일 것이다. '겻불'은 엄연히 살아 있는 말
이기 때문이다.

'양반은 얼어 죽어도 겻불은 쬐지 않는다'란 말은 우리말 '딸
깍발이'를 연상시킨다. 딸깍발이는 신이 없어서 마른날에도 나막
신을 신는다는 뜻에서, '가난한 선비'를 일컫던 말이다. 작고한
국어학자 이희승은 수필 〈딸깍발이〉에서 옛날 남산골샌님을 "사
실로 졌지마는 마음으로 안 졌다는 앙큼한 자존심, 꼬장꼬장한
고지식, 양반은 얼어 죽어도 겻불은 쬐지 않는다는 지조, 이 몇
가지들이 그들의 생활 신조였다"고 묘사했다.

'겻불'의 속담과 '딸깍발이'의 가치는 눈앞의 이익만을 좇기에

급급한 지식인의 약삭빠른 삶을 돌아보게 한다. 조금은 고지식하면서도 기개만은 꼿꼿한 딸깍발이 같은 사람도 있어야 세상은 살만하지 않을까?

아는 것만큼 보인다

겻불 겨를 태우는 불. 불기운이 미미하다.

곁불 얻어 쬐는 불. 목표물 근처에 있다가 맞는 총알. 어떤 일에 직접 관여하지 않고 가까이에 있다가 받는 재앙.

꼬장꼬장 가늘고 긴 물건이 굽지 아니하고 쪽 곧은 모양. 늙은이의 허리가 굽지 아니하고 꼿꼿하며 건장한 모양. 성미가 곧고 결백하여 남의 말을 좀처럼 듣지 않는 모양.

남산골샌님 가난하면서도 자존심만 강한 선비를 놀림조로 이르는 말.

딸깍발이 신이 없어 맑은 날에도 나막신을 신는다는 뜻으로, 가난한 선비를 이르는 말. 일본 사람을 낮잡아 이르는 말.

식자우환識者憂患 학식이 있는 것이 오히려 근심을 사게 됨.

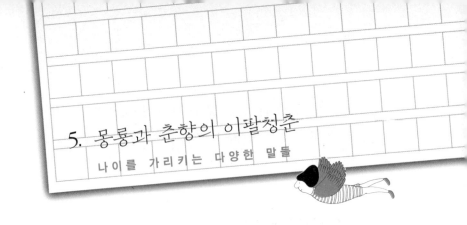

5. 몽룡과 춘향의 이팔청춘
나이를 가리키는 다양한 말들

"네 성은 무엇이며 나이는 몇 살이뇨?"

"성은 성成가이옵고 연세는 십육 세로소이다."

"허허 그 말 반갑도다. 네 연세 들어 보니 나와 동갑 이팔이라."

춘향전의 한 대목이다. 여기에 나오는 '이팔'은 '이팔청춘二八
靑春'과 같은 말로 16세를 가리킨다. 이몽룡과 성춘향이 만나 사
랑을 나눈 때가 16세니 여간 파격적인 애정행각이 아닐 수 없다.
그런데 '이팔'이 어떻게 16을 가리키는 말이 됐을까?

옛날에는 지금보다 훨씬 이른 나이에 결혼하던 풍습이 있었음
이 우리말 속에서도 엿보인다. '과년한 딸'이라고 하면 '나이가
보통의 혼기를 지난 딸'을 가리킨다. 한자로는 '과년過年'이다.
그런데 또 다른 의미의 '과년瓜年'도 있다. 이때 과년瓜年은 '여자
가 혼기에 이른 나이'를 나타내며, 이것이 바로 16세를 가리킨

다. 옛날에는 이 시기가 결혼 적령기였던 셈이다. 과년瓜年은 '파과지년破瓜之年'에서 온 말로 '오이 과瓜'를 파자하면 '팔八'이 두 개 나오는데 여기서 '이팔'과 함께 '16세'란 의미가 만들어졌다.

우리말에는 이 같은 방식으로 나이나 때를 나타내는 별칭들이 있다. 사십구재四十九齋를 칠칠재七七齋라고 하고, 아이가 태어난 날부터 21일째 되는 날은 '세이레'라고 했다. 세이레는 '세+이레'의 합성어인데 이를 '삼칠일'이라고도 한다.

이몽룡이 이팔청춘을 즐긴 한량이었다면 공자는 15세에 학문에 뜻을 두어 지학志學이라고 했다. 이어 30에 이립而立하고, 40에 불혹不惑하며, 50에 지천명知天命, 60에 이순耳順, 70에 종심從心에 이르렀다고 했다.

이 밖에도 나이를 가리키는 말로는 약관, 방년, 고희, 희수, 산수, 미수, 백수 등이 있다. 약관弱冠은 〈예기禮記〉에서 나온 말로, 사람이 태어나서 20세가 되면 약弱이라 하며 비로소 갓을 쓴다는 데서 유래했다. 두보의 시 '곡강曲江'의 구절 "인생칠십고래희人生七十古來稀(사람이 태어나 70세가 되기는 예로부터 드물다)"에서 유래한 '고희古稀'도 알아 둬야 한다. 77세는 희수喜壽, 80세는 산수傘壽, 88세는 미수米壽이다. 99세는 백수白壽라 한다. 또 하늘이 준 인생을 모두 살았다고 하여 '천수天壽를 다했다'고 하며, 한평생 살아 누린 나이란 뜻인 '향년享年'은 '죽은 이의 나이'를 뜻한다.

충년沖年 열 살 안팎의 어린 나이.

지학志學 논어 위정편爲政篇의 '십유오이지간학 十有五而志干學'에서 유래하여, 열다섯 살이 된 나이를 뜻하는 말.

약관弱冠 남자의 스무 살. 또는, 스무 살 전후를 이르는 말.

이립而立 논어의 '三十而立'에서 온 말로, 모든 기초를 세우는 나이 '서른 살'을 이르는 말.

불혹不惑 공자가 40세에 이르러 세상일에 미혹되지 아니하였다는 데서 사물의 이치를 터득하고 세상일에 흔들리지 않을 나이 '마흔 살'을 이름.

망오望五 쉰을 바라본다는 뜻으로, 나이 마흔하나를 이르는 말.

지천명知天命 논어 위정편爲政篇의 '오십이지천명 五十而知天命'에서 천명을 아는 나이 쉰 살을 이르는 말.

망륙望六 사람의 나이가 예순을 바라본다는 뜻으로, 쉰한 살을 뜻함.

이순耳順 논어의 '육십이이순 六十而耳順'에서 나온 말로 '예순 살'을 이르는 말. 인생에 경륜이 쌓이고 사려와 판단이 성숙하여 남의 말을 받아들이는 나이.

환갑還甲 육십갑자의 '갑甲'으로 되돌아온다는 뜻으로 '예순한 살'을 이르는 말. 화갑華甲. 회갑回甲.

진갑進甲 환갑의 이듬해란 뜻으로 '예순두 살'을 이르는 말. 환갑보다 한 해 더 나아간 해라는 뜻.

칠순七旬 일흔 살.

종심從心 공자가 70세가 되어 '종심소욕從心所欲(마음이 하고자 하는 바를 좇았으되) 불유구不踰矩(법도에 어긋나지 않다)'하였다고 한 데서 유래하여 '일흔 살'을 이르는 말.

고희古稀 일흔 살을 뜻함.

희수喜壽 일흔일곱 살. '희喜'자의 초서체가 '칠십칠七十七'을 합쳐 놓은 것과 비슷한 데서 유래.

팔순八旬 여든 살.

망구望九 아흔을 바라본다는 뜻에서 81세를 뜻함. '할망구'로 변천함.

미수米壽 여든여덟 살을 이르는 말.

망백望百 아흔한 살. 91세가 되면 백 살까지 살 것을 바라본다는 뜻.

백수白壽 '百(백)'에서 '一(일)'을 빼면 '白(백)'이 된다는

데서 '아흔아홉 살'을 이르는 말.

6. 난감한 '푸드득' 소리
꼭 구별해 써야 할 말들

"'장사를 벌리다'와 '장사를 벌이다' 중 어느 게 맞습니까?"

"……."

"한국 역사의 '체제'가 붕괴됐다고도 하고, '체계'가 붕괴됐다고도
하는데 어느 것이 바른 표현인가요?"

"……."

"국정홍보처에서 얼마 전 전광판 광고를 통해 '한글의 우수성'에
대해 홍보했지요? 홍보처에서 발행하는 월간지 〈야호 코리아〉에서
도 '우리말 바로 쓰기'란 특집기사를 다뤘지요? 한글의 우수성을
알리는 것도 중요하지만 그보다 우선 발행하는 잡지부터 바로 써
야 할 것 같은데, 어떻게 생각하십니까?"

"……."

2004년 국정감사에서 Y의원이 당시 국정홍보처 홍보자료에

한글 표현 오류가 심각하다고 지적하면서 국정홍보처장을 상대로 한 질의다.

해마다 국정감사 때면 국어의 잘못된 사용실태를 질타하는 의원들이 계속 나오고 있다. 2006년에도 예외는 아니었다. 그해 9월에는 국회 문화관광위원회 소속 M의원이 당시 10월 개관을 앞둔 중앙박물관의 전시물 설명문(원고 상태)에 오탈자가 200여 곳이나 있다는 사실을 밝혀냈다. 그런가 하면 2003년에는 《표준국어대사전》의 오류가 세상에 공개되기도 했다. 정부에서 120억 원이 넘는 예산을 투입해 50여 만 단어를 수록, 지금까지 나온 사전을 집대성한다는 목표로 만든 것인 만큼 파장도 컸다. 그리고 2002년에는 중학교 국정 국어교과서의 표기, 표현에 오류가 많다는 사실이 국감에서 드러났다. 이는 그만큼 우리말에 대한 인식이 커졌음을 나타내는 것이기도 하고, 다른 한편으론 정치권에서 국감자료로 다룰 만큼 우리말 오류가 심각하다는 뜻도 된다.

'벌리다'는 '둘 사이를 떼어서 넓히다'로 쓰이고, '벌이다'는 '일을 베풀어 놓다'란 뜻이다. 따라서 '장사를 벌이다'가 맞는 말이다. '체계'는 '통일된 전체'란 의미이고, '체제'는 '제도나 조직의 양상'이란 뜻으로 구별되므로 '한국 역사의 체계'라고 해야 할 곳이다. 우리말에서 글자는 비슷하지만 전혀 다른 의미로 쓰이는 말이 많기 때문에 주의해야 한다.

특히, "수천 마리 철새 떼가 일시에 '푸드득' 날갯짓을 하며 날아올라……"라고 말하지 않도록 조심할 일이다. '푸드득'은 새의 날갯짓 소리가 아니라 사람이 볼일을 볼 때, 특히 되직하지 않고 액체를 많이 머금은 물질이 터져 나올 때 나는 소리다. 새가 날아오를 때는 '푸드덕' 소리가 난다. 그러니 만일 새가 머리 위에서 '푸드득' 했다면 매우 난감한 일이다. 이런 것들이 워낙 많아서 일일이 외우기는 힘들다. 그래서 꼭 필요한 게 국어사전을 항상 옆에 두고 찾아보는 습관을 들이는 일이다.

그런데 우습게도 정작 놓칠 수 없는 것은 앞서 나온 2004년 Y 의원의 보도자료다. 엄숙하게 한글 오류를 지적하는 보도자료문 제목에 오류가 있었던 것이다. 그 제목은 〈한글 홍보할려면 '장사를 벌리다', '장사를 벌이다' 정도는 구분해야〉였는데 이때 '홍보할려면'은 '홍보하려면'이라고 해야 바른 표기이다.

아는 것만큼 보인다

벌리다 둘 사이를 넓히거나 멀게 하다. 껍질 따위를 열어 젖혀서 속의 것을 드러내다. 우므러진 것을 펴지거나 열리게 하다.

벌이다 일을 계획하여 시작하거나 펼쳐 놓다. 놀이판이나 노름판 따위를 차려 놓다. 여러 가지 물건을 늘어놓다. 가게를 차리다. 전쟁이나 말다툼 따위를 하다.

푸드덕 큰 새가 힘 있게 날개를 치는 소리. 또는 그 모양. 큰 물고기가 힘 있게 꼬리를 치는 소리. 또는 그 모양.

푸드득 든든하고 질기거나 번드러운 물건을 거세게 문지르거나 마주 갈 때 나는 소리. 무른 똥을 힘들여 눌 때 나는 소리.

7. '엘레지'에 담긴 비밀
뜻 모르고 쓰면 민망한 말들

연말이면 중견 가수들이 송년 디너쇼를 앞 다퉈 준비한다. 그중에 뭐니뭐니해도 '엘레지의 여왕' 이미자를 빼놓을 수 없다. 그는 1959년 열아홉 살 나이에 '열아홉 순정'을 발표하면서 데뷔, 50여 년간 노래 인생 외길을 걸으며 대중과 애환을 나눠 온 국민가수다. '동백 아가씨', '섬마을 선생님', '흑산도 아가씨', '울어라 열풍아', '황혼의 부르스', '여자의 일생' 등 대중의 심금을 울리는 주옥같은 노래들을 부른 그에게는 항상 '트로트의 여왕', '엘레지의 여왕'이란 수식어가 따라붙는다.

트로트는 구성지면서도 애절한 느낌을 주는 우리나라 대중가요 장르의 하나다. 트로트란 말 자체는 일본 엔카演歌의 뿌리라고 할 수 있는 미국 폭스트롯foxtrot에서 따온 말이다. 외래어 표기법에 따르면 '단모음 뒤의 t는 받침으로 적는다'는 규정(피켓, 티켓, 로봇 따위)에 따라 '트롯'이라 해야 하지만 관용어로 인정해 그냥 '트로트'라고 쓴다. 이를 '뽕짝'이라고도 하는데 이는 '트로트'를 속되게 이르는 말이다.

엘레지elegy는 슬픔을 노래한 악곡이나 가곡을 말한다. 원래는 '슬픔의 시', '죽은 이에 대한 애도의 시'를 뜻하는 말인데, 18세기경부터 슬픔을 나타내는 악곡의 표제로 많이 쓰이기 시작했다. 우리말로 하면 비가悲歌다.

그런데 순우리말에도 이 엘레지가 있다. 그 말뜻은 영어의 엘레지와는 너무나 동떨어진 '개의 거시기'이다. 한자어로는 구신狗腎이라 한다. 한방에서는 이를 음위증과 대하증 치료에 쓴다고 한다. 구신 중에는 우리가 익히 아는 해구신海狗腎이 유명하다. 보신강정제로 사람들이 많이 찾는다는 이 물건은 바로 물개의 음경과 고환을 가리키는 것이다. 그나저나 사람들의 심금을 울리는 '엘레지의 여왕' 속에서 '개의 거시기'를 떠올린다는 것은 너무 불경스러운 일인 것 같다.

이렇게 따지다 보면 "뭘 그렇게 미주알고주알 캐물어?" 하는 사람도 있을 것이다. 우리가 일상에서 흔히 쓰는 이 '미주알고주알'도 알고 보면 음지에서 양지로 나온 말이다. '시시콜콜, 아주 사소한 일까지 속속들이'란 뜻으로 쓰이는 이 말은 '미주알'과 '고주알'의 결합으로 만들어졌다. 앞뒤를 바꿔 '고주알미주알'이라고도 한다. 이 말의 중심어는 '미주알'이다. 이는 순우리말 명사로서 '항문(똥구멍)에 이르는 창자의 끝 부분'을 가리킨다. '밑살'이라고도 한다. '미주알'은 사람이 살아가면서 남에게 보이고 싶지 않고 감추려는 곳이다. 그래서 '미주알고주알 캔다'라고 하면 '일의 속사정을 속속들이 자세히 알아보는 경우'를 비유적으로 이르는 말이다. '꼬치꼬치'나 '옴니암니'하고도 비슷한 의미의 말이다. '고주알'은 사전에 오른 말은 아니다. 어원이나 뜻이 규명되지도 않았으며 '울긋불긋'의 '울긋'처럼 단지 단어를 만들기 위해(또는 운을 맞추기 위해) 덧붙은 것으로 해석하는 게 일반적이다. 가령 '눈치코치, 세월아 네월아, 울퉁불퉁, 생게망게, 티격태격, 올망졸망, 옹기종기, 곤드레만드레' 등에서처럼 뒤에 붙어 말에 운을 주는 형태인 것으로 알려져 있다. '옴니암니'는 다 같은 이인데 자질구레하게 어금니, 앞니 따진다는 뜻으로, 아주 자질구레한 것을 이르는 말이다.

지역에 따라서는 '미주알고주알'을 '미주리고주리'라고 하는 사람도 있는데 《표준국어대사전》에서는 이를 '미주알고주알'의 잘못이라고 못 박았다. 물론 고유어 중 '미주리', '고주리'란 말도 없다. 한자어로 '고주리'라는 말이 있는데, 그 뜻이 '이질의 하나, 즉 설사가 오랫동안 낫지 않아 거무스름한 피고름이 섞인 대변을 보게 되는 병'이므로 함부로 한글로 '미주리고주리'란 말을 쓸 일은 아니다.

아는 것만큼 보인다

고주리 이질의 하나. 설사가 오랫동안 낫지 아니하여 거무스름한 피고름이 섞인 대변을 보게 되는 병이다.

곤드레만드레 술이나 잠에 몹시 취하여 정신을 차리지 못하고 몸을 못

가누는 모양.

미주알 항문을 이루는 창자의 끝 부분. 밑살.

미주알고주알 아주 사소한 일까지 속속들이.

생게망게 하는 행동이나 말이 갑작스럽고 터무니없는 모양.

시시콜콜 마음씨나 하는 것이 좀스럽고 인색한 모양

엘레지 구신. 개의 외성기를 말함.

옴니암니 다 같은 이인데 자질구레하게 어금니 앞니 따진다는
뜻으로, 아주 자질구레한 것을 이르는 말. 자질구레한 일에
대하여까지 좀스럽게 셈하거나 따지는 모양.

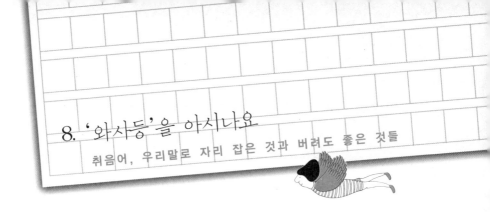

8. '와사등'을 아시나요

취음어, 우리말로 자리 잡은 것과 버려도 좋은 것들

낭만, 독일, 와사등, 아관파천, 보불 전쟁, 영란은행

질문 하나, 이들의 공통점은?

답은 취음어取音語다.

질문 둘, 이들 중 안 써도 될 말은?

와사등과 영란은행이다.

'아관파천俄館播遷'은 개화기 러시아와 일본의 각축 속에 고종과 세자가 러시아 공사관으로 옮겨 거처한 비극적 사건이다. 여기서 '아관'은 '아라사공관'을 뜻한다. '아라사俄羅斯'는 러시아를 가리키는 말로, 줄여서 '아국俄國'이라고도 했다. 또 이를 '로서아露西亞'라고도 했다. 이런 표기는 구한말에 외국 지명을 한자어로 옮긴 데서 비롯된 것이다. 요즘 아라사는 사라졌지만 아관파천은 학술 용어로 남아 있다. 보불전쟁도 전문 용어로 남아 있는 것이다. 이처럼 한자음을 빌려 옮긴 말을 취음어라 하는데 우리말에는 이런 게 꽤 있다.

'와사등'이란 지난날에 가스등을 이르던 말이다. 1930년대 모더니즘 계열의 시를 쓴 김광균의 대표 시집이기도 하다. 와사瓦斯는 가스gas를 일본에서 취음해 만든 한자다. 마땅한 표기수단이 없는 일본인들이 'gas'를 한자를 빌려 '瓦斯'로 적고 '가스ガス'로 읽었던 것. 그 한자를 그대로 들여와 우리 발음으로 읽은 게 '와사'다. 우리는 한글로 '가스'라 적고 읽을 수 있으므로 지금은 자연스럽게 '와사'란 말은 사라졌다.

'영란은행'의 '영란'도 England의 취음으로 만들어졌지만 요즘은 '잉글랜드'로 표기가 바뀌었다. '독일'이란 국명도 같은 경로로 들어왔지만 이 말은 생명력에서 차이가 있다. '독일獨逸' 역시 일본에서 도이칠란트를 취음해 만든 단어다. 20세기 초 우리 신문에서도 볼 수 있는 이 말은 일본인들이 도이칠란트의 앞 글자 일부Deutsch만 취해 '獨逸'로 적고 '도이쓰'라고 읽은 것이다. 이를 우리음으로 읽은 게 '독일'이다. 중국에서는 '德意志[더이즈]'라고 취음해 썼는데 우리도 처음에는 이를 줄여 '덕국德國'이라고도 했다. 이것이 '독일'이 실제 발음과는 전혀 다른 국명으로 불리는 이유이다. 그런데 이 말은 아라사니 불란서(프랑스)니 하는 동종의 취음어들이 원음 표기를 찾아간 것과는 달리 한자 음역어가 그대로 정착해 쓰이고 있다는 점에서 좀 다르다. 이는 관용적 사용 외에도 단어 자체가 경쟁력을 갖고 있기 때문인 듯하다.

한글학자 정재도 선생은 '낭만'에 대해 신랄한 비판을 가한다.

이 말은 프랑스어 '로망티슴(영어의 romanticism)'을 일본에서 앞부분만 취음해 한자로 浪漫이라 적고 '로오망'으로 읽은 데서 비롯됐다. 한국에서 이를 그대로 들여와 소리만 한국 한자음으로 읽은 게 '낭만'이다. 우리는 한글로 '로망'이라 적고 읽을 수 있으니 이것으로 충분하다는 게 정 선생의 지론이다. 하지만 '낭만'은 비록 태생적으로는 결함을 안고 있지만 '낭만적', '낭만주의' 등 다양하게 파생어를 낳아 우리 언어에서 단단히 뿌리를 내린 말이므로 새삼 이를 버릴 수는 없을 것이다.

아는 것만큼 보인다

- **보불전쟁** 프로이센과 프랑스가 벌인 전쟁.
- **아관파천** 1896년 2월 11일부터 1897년 2월 20일까지 친러 세력에 의하여 고종과 세자가 러시아 공사관으로 옮겨서 거처한 사건. 일본 세력에 대한 친러 세력의 반발로 일어난 사건으로, 이로 말미암아 친일 내각이 붕괴되었으며 각종 경제적 이권이 러시아로 넘어갔다. 노관 파천.
- **와사등** '가스'로 순화.
- **취음** 본래의 뜻이나 철자는 고려하지 아니하고 그 음만 취하는 일. 본래 한자어가 아닌 낱말에 그 음만 비슷하게 나는 한자로 적는 일. 예를 들어 '생각'을 '生覺'으로, '각시'를 '閣氏'로 적는 것 따위를 이른다.

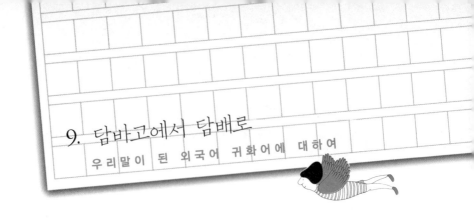

9. 담바고에서 담배로
우리말이 된 외국어 귀화어에 대하여

담배, 빵, 가방, 냄비, 구두, 가마니

이들 말에는 공통점이 하나 있다. 모두 외래어란 것이다. 하지
만 전혀 외래어처럼 느껴지지 않는다. 이처럼 외래어 가운데 오
랜 세월을 지나며 자연스럽게 우리말화한 것을 따로 '귀화어歸化
語'라고 부른다. 우리가 흔히 '외래어'라고 하는 말도 개념적으로
는 '외국어'와 구별할 필요가 있다. 외래어란 '외국어에서 빌려
와 마치 우리말처럼 쓰이는 단어'를 가리킨다. 카메라, 모델, 라
디오 같은 게 외래어인데 이들은 엄연히 국어의 울타리 안에 있
는 말이다. 이에 비해 스쿨, 북, 랭킹, 오픈 같은 말은 굳이 쓰지
않아도 될 '외국어'이다.

'담배'는 포르투갈어 'tabacco'에서 왔다. 옛날에는 '담바고'
로 쓰이다가 끝의 '고'가 줄어들면서 단어 자체도 변형되어 '담

배'로 굳어진 말이다. '빵' 역시 포르투갈어 'pao(발음은 [빠웅])'에서 유래한 말이다. 미국보다 앞서 일본과 교역을 해 온 포르투갈 말이 영어의 'bread'보다 먼저 일본에 전해져 '팡パン'으로 쓰이던 게 우리나라로 넘어와 '빵'이 됐다. '가방'의 어원은 네덜란드어 'kabas'이다. 이를 일본에서 '가방かばん'이라 불렀는데 이것이 우리나라에 전해져 뿌리내린 것이다. 지금은 외래어라는 인식이 없을 정도로 우리말 속에 완전히 동화된 말이다.

'냄비'는 일본어 '나베なべ'에서 온 말이다. 우리 전래의 솥과는 달리 밑바닥이 평평하게 생긴 일본식 조리기구를 가리킨다. 과거에는 '남비'가 표준어였으나 1989년 새로운 '표준어 사정 원칙'이 나오면서 냄비를 표준으로 했다. '구두' 역시 일본어 '구쓰くつ'가 변한 말이다. 구두가 들어온 초기에는 서양신이라 해서 양화洋靴라 했는데, 일본에서 이를 구쓰라 불렀던 것이 우리나라로 넘어오면서 구두로 불린 것이다.

'가마니'는 곡식, 소금 등을 담기 위해 짚을 엮어 큰 자루처럼 만든 용기를 말한다. 가마니는 또 그 자체로 '한 가마니, 두 가마니' 할 때처럼 양이나 무게를 헤아리는 말로도 사용된다. 이 역시 우리 고유어가 아니라 일본의 '가마스かます'에서 비롯된 말이다. 가마니가 들어오기 전에 우리나라에서는 '섬'을 썼다. 그런데 섬은 새끼와 짚을 사용해 곡식을 담기엔 성긴 편이었다. 그러다 보니 꼼꼼하게 짜인 가마니에 밀려 섬은 차츰 자취를 감추게 됐다. 하지만 단위명사로는 남아 있어 지금도 가마니와 섬이 함께 쓰인다. 한자어로는 '석石'이라고도 하며 모두 같은 의미이다.

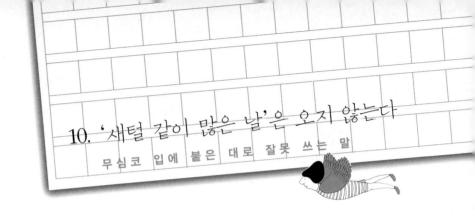

10. '새털 같이 많은 날'은 오지 않는다
무심코 입에 붙은 대로 잘못 쓰는 말

새털 같이 많은 날들을 새 날로, 새 마음으로 맞는 일만큼 좋은 일
은 없다.

—김용택의 〈풍경일기 설뜰〉 중에서

우리가 일상에서 흔히 쓰는 표현 중에는 막상 사전을 찾아보면
없는 말들이 꽤 있다. 무심코 입에 굳은 대로 쓰기는 하지만 잘못
된 말이기 때문이다.

김용택 시인이 쓴 '새털 같이 많은 날'은 실은 '쇠털 같이 많
은 날'이라고 해야 한다. '셀 수 없이 많은 날'을 비유적으로 이
르는 이 말은 '쇠털 같이 허구한 날', '쇠털 같이 하고한 날'처럼
조금씩 변형되어 쓰이기도 하지만 핵심어인 '쇠털'은 변하지 않
는다. 줄여서 '쇠털 같은 날'이라고도 한다. '쇠털'은 '소의 털'이
준 말이다. '새'도 털이 많기는 하지만 '소의 털'에 비할 바가 되

지 않는다. 관용구로 굳은 말이므로 발음이 편리하다고 임의로
바꿔 쓸 수 없다.

'개발새발'이니 '개발쇠발'이니 하는 데서도 비슷한 변형 사례
를 볼 수 있다. '글씨를 아무렇게나 되는대로 갈겨 써 놓은 모양'
을 뜻하는 이 말은 '괴발개발'이 바른 말이다. 이는 '괴발+개발'
로 나눠지는데, '괴'는 '고양이'의 옛말이다. 천방지축 들뛰는 고
양이와 개의 발자국으로 어지럽혀진 모습에서 '괴발개발'이 지금
의 난삽한 글씨 모양을 가리키게 된 것이다. 하지만 '괴'는 요즘
사어死語가 되다시피 했고 '괴발디딤(고양이가 발을 디디듯이 소리 나지
않게 가만가만 발을 디디는 짓)'정도에서나 화석처럼 남아 있을 뿐이다.
이 '괴발'을 사람들이 음상이 비슷한 '개발'로 발음하고 여기서
연상해 뒤의 말을 '쇠발'로 바꾼 게 '개발쇠발'이다. 또 이를 다
시 더 편한 발음으로 바꿔 말한 게 '개발새발'이다. 하지만 발음
만 비슷할 뿐 의미상으로는 모두 거리가 먼, 잘못 쓰는 말이다.

'쇠털 같이 허구한 날'에서 '허구하다'와 '하고하다'도 비슷하
면서도 미세한 차이를 보이는 단어다. 우선 '하고하다'는 고유어
로서 '하고많다'와 같은 말로 '많고 많다'는 뜻이다. 주로 '하고
한'의 꼴로 쓰인다. '하고많다' 역시 주로 '하고많은'의 꼴로 쓰
이며 다른 활용 꼴은 잘 안 쓴다. '허구하다許久―'는 한자어인데
특히 '날/세월 등이 매우 오래다'란 뜻이다. 두 말은 쓰임새가 같
으면서도 달리 쓰이는 경우가 있다. 가령 "하고한 날을 기다림
속에……"같은 데선 '헤아릴 수 없이 많은 날'이 결국 '오랜 날
들'이므로 '허구한'으로 바꿔 써도 괜찮다. 그러나 "하고한 사람

중에 하필이면 너냐"라고 말할 땐 '많다'는 뜻으로 쓴 말이기 때문에 '허구한 사람 중에……'라고 쓸 수 없다.

아는 것만큼 보인다

- **괴발개발** 고양이의 발과 개의 발이라는 뜻으로, 글씨를 되는대로 아무렇게나 써 놓은 모양을 이르는 말.
- **괴발디딤** 고양이가 발을 디디듯이 소리 나지 않게 가만히 조심스럽게 발을 디디는 짓.
- **난삽하다** 글이나 말이 매끄럽지 못하면서 어렵고 까다롭다.
- **들뛰다** 들이뛰다(급하게 마구 뛰다)의 준말.
- **하고하다** 하고많다, 많고 많다.
- **허구하다** '허구한' 꼴로 쓰여 날, 세월 따위가 매우 오래다.

11. 정한수? 정안수? 정화수!
유래를 알면 바른 말이 보인다

가랑잎이 휘날리는 전선의 달밤 … (중략) … 정한수 떠 놓고서 이
아들의 공 비는……

6·25전쟁 때 발표된 '전선야곡'이라는 대중가요의 노랫말이
다. 아마도 나이 지긋한 세대에서는 누구나 즐겨 불렀을 대표적
진중가요다. 이 노래 2절에 '정한수'란 게 나오는데, 이는 사전에
는 없는 단어다. 그럴 수밖에 없는 게 정한수 또는 정안수로 많이
알려진 이 말은 '정화수井華水'가 바른 말이기 때문이다.

희고 붉던 뒤뜰에는 어머니 앞치마 같은
… (중략) …
대접에 떠 놓은 정안수 같이 맑고 깨끗하신 어머니
　　　　　　　　　　　　　　　—박기식〈정안수〉중에서

정화수는 정한수나 정안수로 잘못 알려진 상태에서 시에도 나오고 소설에도 등장한다. 그중에서도 대중가요의 영향이 가장 컸을 것임은 불문가지다. '정안수'는 일부 사전에 '정화수의 변한 말'로 처리되기도 해 악화가 양화를 구축하는 꼴이라 할 만하다. 어원에 대한 이해가 없는 상태에서 발음에 이끌려 그릇된 표기로 알려진 탓일 것이다. 하지만 《표준국어대사전》은 정한수든 정안수든 모두 '정화수의 잘못'임을 분명히 했다.

정화수는 예부터 신에게 바치거나 약을 달이는 물로 쓰는, 이른 새벽에 길어 부정을 타지 않은 우물물을 가리킨다. 요즘은 과학이 발달해 육각수니 이온수니 하는 물들을 찾지만 정화수야말로 조상 때부터 으뜸으로 쳐 오던 물이다. 우리네 어머니들은 집안에 어려운 일이 있거나 누군가 먼 길을 떠날 때 정화수를 장독 위에 올려놓고 소원을 빌었다. 이런 의식은 지금은 많이 없어졌지만 아직도 입시철이면 절이나 교회를 찾아 치성을 드리는 부모님들 모습에서 '정화수 떠 놓고 기도하던' 민간 신앙의 흔적을 엿볼 수 있다.

용어의 유래나 의미를 잘 모르고 입에 굳은 대로 쓰기 쉬운 말로는 '억지춘향/억지춘양'이 또 있다. 주로 '~으로', '~이다' 꼴로 쓰이는 이 말은 '일을 순리로 풀어가는 게 아니라 억지로 우겨 겨우 이뤄지는 것'을 이른다. '억지춘향'은 춘향전을 근거로 한다. 변사또가 춘향으로 하여금 억지로 수청을 들게 하려고 핍박한 데서 나온 말이다. 하지만 '억지춘양'도 나름대로 근거를 제시하면서 많은 이들에게 알려져 있는 것 같다. 이 말은 '영동선을 개설할 때 애초 직선으로 설계된 노선을 경북 봉화군 춘양을 지나도록 억지로 끌어댄 데서 나왔다'는 설이 그것이다. 영동선은 경북 영주와 강릉 경포대 사이를 잇는 산업철도로 1963년에 개통됐다. 실제로 '억지춘양'은 '억지춘향'과 함께 김민수의 《우리말 어원사전》(태학사, 1997)에 올라 표제어로 다뤄지기도 했다.

《표준국어대사전》을 비롯해 요즘 나오는 모든 사전에는 '억지춘향'을 올림말로 다루고 있다. 물론 '억지춘양'이란 말은 없으므로 이는 틀린 말로 보면 된다. 북한에서 펴낸 《조선말대사전》(1992) 역시 '억지춘향'만을 올리고 있음을 볼 때 '억지춘양'은 남쪽에서 와전된 말이 퍼진 것으로 보인다.

아는 것만큼 보인다

불문가지不問可知 묻지 아니하여도 알 수 있음.

악화가 양화를 구축하다 영국의 경제학자 그레샴(Gresham's Law, 1519~1579)이 주장한 것으로 이를 그레샴의 법칙이라고 한다. 그 돈이 표시하는 액면가치(명목 가치)가 같으면서 물건으로서의 가치(실질 가치)가 다른 두 화폐가 있을 때 실질 가치가 높은 쪽(양화)은 별로 유통되지 않고 실질 가치가 낮은 쪽(악화)이 널리 유통된다는 의미. 현재는 선택 오류나 정보 부족으로 동종의 정책이나 상품 중 나쁜 것들이 좋은 것들을 압도하는 사회 병리 현상의 패러독스를 설명할 때 많이 사용된다.

정화수 이른 새벽에 길은 우물물. 조왕에게 가족들의 평안을 빌면서 정성을 들이거나 약을 달이는 데 쓴다.

12. '전력투구'는 나눠지지 않는다
의미구조를 몰라 잘못 쓰는 말들

우스갯소리로 "로미오는 읽었는데 줄리엣은 아직 못 봤다"라고 하면 '무언가 들은 건 있어서 풍월은 읊는데 정확히 모르고 있는 경우'를 빗대 하는 말이다. 우리말 표현 중에도 이처럼 의미를 정확히 이해 못해 잘못 표기하거나 말을 엉뚱한 데서 끊어 읽는 경우가 있다.

"'위기는 곧 기회'란 생각으로 노사勞使가 함께 법정관리 조기 졸업에 전력을 투구하자."

여기에 나오는 '전력을 투구하자'가 일상에서 무심코 쓰기 쉬운 말이면서도 잘못 쓰이는 표현이다. '전력투구全力投球'는 각각 독립된 단어 '전력'과 '투구'로 이뤄진 합성어다. 직역하면 '모든 힘을 다해 공을 던지다'란 말로, 본래 야구 용어이지만 지금은 그 의미가 확대 전이되어 '어떤 일에 온 힘을 기울이다'를 뜻하는 말로 더 많이 쓰인다. 이때 '전력'과 '투구'의 관계는 '온 힘'과 '공을 던짐'이란 의미가 합쳐진 것이므로 굳이 나누려면 '~으로'로 연결된다는 게 드러난다. 이를 '전력을 투구하다'라고 하면 '온 힘을 공을 던짐'이 되어 문장이 성립하지 않는다.

'전력투구'를 동사로 써야 할 때는 접미사 '—하다'를 붙여 '전력투구하다'라고 해 한 단어로 쓰면 된다. 이를 기본형으로 해 변형시키고 싶으면 '전력으로 투구하다' 또는 '전력을 다하다' 식으로 바꿀 수 있고 이보다는 고유어 표현인 '온 힘을 기울이다(쏟다, 다하다)' 등으로 하면 더 자연스럽다. 한자어로는 '진력하다'가 같은 뜻이다.

좀 멋들어진 비유를 한다고 혹여 '화무는 십일홍이라'고 하면 이 역시 안 하느니만 못한 경우이다. '열흘 붉은 꽃이 없다'는 뜻으로 '한번 성하면 반드시 쇠퇴하는 때가 온다'는 말인 '화무십일홍花無十日紅'은 한 덩어리로 이뤄진 단어이므로 끊어서 쓸 필요가 없는 말이다. 이를 구태여 나눈다면 '화는 무 십일홍이라'고 해야 바른 표현이다.

한자성어에 이 같은 경우가 많은 것은 우리가 단어의 의미 구조를 정확히 이해하지 못하고 잘못된 언어 습관에 따라 말하는 경우가 흔하다는 것을 뜻한다.

'월인천강 지곡'일까, '월인천 강지곡'일까? 조선 세종이 지은 '월인천강지곡月印千江之曲'도 일부 사람들이 엉뚱하게 읽곤 한다. '월인천강'은 직역하면 '달이 천 개의 강을 비춘다'란 뜻으로 부처(月)의 교화가 온 세상(千江)에 가득함을 비유한 것이다. '월인천강지곡'에서 '지之'는 우리말 조사 '~의'에 해당하므로 떼어 읽으려면 '월인 천강지 곡'이라 해야 맞는다. '형설지공螢雪之功, 관포지교管鮑之交, 반포지효反哺之孝, 파죽지세破竹之勢, 화중지병 畵中之餠' 등이 같은 유형의 말이다. 이들은 모두 '형(반딧불)과 설 (눈)의 공적'과 같은 구성이므로 떼어서 말할 때는 '형설—지공', '관포—지교' 등이 아니라 '형설지—공', '관포지—교' 식으로 해 야 한다.

아는 것만큼 보인다

관포지교 아주 친한 친구 사이의 사귐을 이르는 말. 중국 춘추 시대의
관중과 포숙아의 우정이 아주 돈독하였다는 고사에서 유래한다.

반포지효 까마귀 새끼가 자라서 늙은 어미에게 먹이를 물어다 주는 효
라는 뜻으로, 자식이 자란 후에 어버이의 은혜를 갚는 효성을 이르는 말.

파죽지세 대를 쪼개는 기세라는 뜻으로, 적을 거침없이 물리치고 쳐들어
가는 기세를 이르는 말.

형설지공 반딧불 · 눈과 함께하는 노력이라는 뜻으로, 고생을
하면서 부지런하고 꾸준하게 공부하는 자세를 이르는 말.

화중지병 그림의 떡.

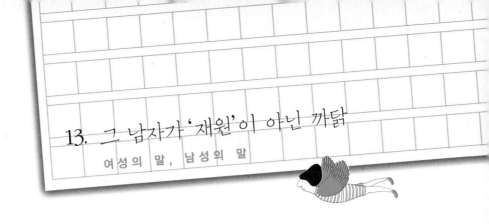

13. 그 남자가 '재원'이 아닌 까닭
여성의 말, 남성의 말

변도윤 여성부 장관은 이명박 정부의 초대 내각을 구성하는 장관
들 가운데 ○○○이다.

요즘 '알파 걸'들은 공부도 잘하고 리더십도 있고 활력이 넘친다.
어려서 남학생들에게 치인 경험이 없고 직장생활 시작할 때도 남
녀 반반 입사하니까 ○○○이란 촌스러운 표현은 아예 모른다.

롯데카드가 봄부터 시작될 새 광고 모델로 김아중을 등장시킨다.
이로써 카드 광고 시장에서 그동안 ○○○이었던 비씨카드의 김태
희와 롯데카드의 김아중이 맞대결하게 됐다.

이들 문장의 ○○○에 공통적으로 해당하는 한 단어는 무엇일
까? '홍일점'이다. 홍일점紅―點은 '푸른 잎 가운데 피어 있는 한

송이의 붉은 꽃'이라는 뜻으로 송나라의 학자이자 당송 8대가의 한 사람인 왕안석(1021~86)의 '영석류시詠石榴詩'에서 유래했다. 여기서 의미가 확대돼 '많은 남자 틈에 끼인 하나뿐인 여자'를 이르는 말로 쓰인다. 특히 이 말은 여자에게만 사용하며, 그것도 무리 중에 둘 이상도 아니고 반드시 한 명만 있을 경우에 쓸 수 있다. 사전에서는 그 쓰임새를 좀더 넓게 풀기도 하는데, '여럿 가운데 오직 하나 이채를 띠는 것'을 비유적으로 가리키기도 한다.

여자에게만 쓸 수 있는 말 중 '미망인未亡人'은 우리말에서 독특한 위치에 있는 말이다. 미망인은 글자 그대로 풀면 '아직 따라죽지 못한 사람'이다. 《춘추좌씨전》의 〈장공편莊公篇〉에서 연유한다. 이 단어는 글자 뜻으로만 보면 남녀 구별이 되지 않지만 실제로는 여자를 가리킨다. 옛날에는 사대부집에서 남편이 죽으면 그 부인은 마치 죄인이라도 된 듯한 자세로 살았다. 그래서 '미처 따라 죽지 못하고 이렇게 살아 있습니다'란 의미에서 미망인이라 했으니 요즘 기준으로 보면 터무니없는 단어다. 시민운동 단체나 우리말 운동가들 사이에서 미망인을 버려야 할 말로 지목하곤 하는 것은 그런 까닭이다. 그런 주장에 동의하는 사람이라면 미망인 대신에 그냥 '부인'을 쓰면 된다. 다만 단순히 부인으로 대체하기엔 무리인 경우도 있기 때문에 문맥을 잘 살펴야 한다.

'남편이 죽고 홀로 남은 여자'를 이르는 말에는 '과부寡婦'도 있다. '적을 과, 지어미 부'자로, 글자 그대로는 '부족한 부인'이란 뜻이다. 지아비 없는 지어미는 한 가지가 부족한 것임에 틀림없으니 과부란 말은 그나마 객관적인 것이라 할 수 있다. 과부에 해당하는 순우리말은 '홀어미'이고 그에 대응하는 말은 '홀아비'이다.

　한자어가 갖는 태생적 의미에 대한 정확한 이해 없이 무심코 쓰다 보면 여성에게만 써야 되는 말을 남성에게 쓰기도 하고, 남성에게만 써야 할 말을 여성에게도 쓰는 실수를 범하게 된다. 대표적인 예가 '재원才媛'이다. '재원'의 사전적 풀이는 '뛰어난 능력이나 재주가 있는 젊은 여자'이다. "○○○ 씨는 학식과 미모를 겸비한 재원이다"처럼 쓴다. 이때 '원媛'자는 계집 녀女 변이 있는 데서도 알 수 있듯이 '미인, 미녀'를 뜻한다. 원媛은 '손톱 조爪＋한 일一＋벗 우友'로 만들어진 글자다. 즉 손으로 한 명의 벗을 끌어당긴다는 뜻으로 '당길 원, 끌 원'자이다. 따라서 여자가 마음을 끌어당기는 게 '미인 원媛'이다. 재원은 여기에 재주 재才가 붙어서 된 말이니 곧 '재주 있는 젊은 여자'를 뜻한다. 비슷한 말은 '재녀'이다. 그러니 아무리 뛰어난 재주가 있다손 쳐도 남자는 결코 '재원'이 될 수 없는 것이다.

　한자의 사용이 점차 줄어들기 때문인지는 몰라도 이 말의 의미 자질이 '여자'임을 놓치는 경향이 있으므로 주의해야 한다. 남자를 가리키는, 재원에 대응하는 말은 재자才子이다.

　그런가 하면 남녀 공통으로 써도 되는 말을 남성 혹은 여성에게 한정지어 쓰는 경우도 있다.

　20세기 초 그들 사이에는 계약결혼과 자유연애가 공존했다. 그러면서도 평생 해로한 두 사람, 바로 실존주의 거장인 사르트르와 페미니즘의 대명사인 보부아르 부부이다. 세기의 사랑으로도 유명한 그들이 만난 것은 사르트르가 24세, 보부아르가 21세 때였다

보부아르가 평생의 반려자를 만난 때는 한창 꽃다운 나이였다. 동서양을 막론하고 20세를 전후한 한창 때는 꽃다운 나이이다. 그래서 이때를 '방년芳年'이라 한다('芳'은 '꽃다울 방'자). 국어사전에서는 '방년 십팔 세/방년 스물의 꽃다운 나이/방년의 처녀' 따위를 용례로 올려놓아 방년이 딱히 특정한 나이에만 쓰이는 게 아니라 20세 전후의 한창 때를 가리키는 말로 쓰인다는 것을 보이고 있다. 다만 방년을 꼭 여자에게만 써야 하느냐 하는 점은 다소 생각할 여지가 있다. '꽃답다'란 말이 '꽃다운 청춘', '꽃다운 청년'이란 표현에서는 남자에게도 쓰이기 때문이다. 따라서 '방년'을 글자 그대로의 뜻으로만 본다면 이는 남녀 공통어라 할 수 있을 것이다. 우리의 언어 관습이 '방년'이란 말을 주로 여자를 가리키는 데 익숙하기 때문에 이를 남자의 경우에 쓰면 어색한 느낌을 주는 게 사실이다.

'묘령의 여인'이라 할 때의 '묘령妙齡'도 방년과 비슷한 말이다. '묘妙'는 '묘하다, 예쁘다, 젊다'는 뜻의 글자다. 그러니 묘령은 글자 그대로 '가장 예쁜 나이'이다. 방년에서와 마찬가지로 20세 안팎이 여자가 가장 예쁠 때란 점에서 자연스레 묘령도 20세 안팎의 나이를 뜻하는 말이 됐다. 이를 간혹 '나이를 짐작할 수 없는 여자' 또는 '정체를 알 수 없는 묘한 여자'란 의미로 쓰는 경우가 있는데 이는 그 뜻을 잘못 알고 쓰는 것이다.

방년이나 묘령이 주로 여자에게 쓰이고 있다면 남자에게 한정 지어 사용하는 말로 '약관弱冠'이 있다. 이 말 역시 본래 20세를 가리키는 말이었지만 최근엔 '20대 혹은 그 전후의 젊은 나이'란 의미로 확대돼 폭넓게 쓰인다. 특히 한자 의식이 흐려진 요즘 일부 사람들이 이 말을 남녀 공용으로 쓰기도 하는 것은 바람직하지 않다. 약관의 유래가 된 '갓(冠)을 쓰는' 의식은 남자들에게 해당하는 것이며 어원이 아직 살아 있기 때문이다.

아는 것만큼 보인다

묘령 주로 '묘령의' 꼴로 쓰임. 스무 살 안팎의 여자 나이.

미망인 아직 따라 죽지 못한 사람이란 뜻으로, 남편이 죽고 홀로 남은 여자를 이르는 말. 남편을 잃고 혼자 지내는 여자.

방년 20세 전후의 한창 젊은 꽃다운 나이.

홍일점 푸른 잎 가운데 피어 있는 한 송이의 붉은 꽃. 여럿 속에서 오직 하나 이채를 띠는 것을 비유적으로 이르는 말. 많은 남자 사이에 끼어 있는 한 사람의 여자를 비유적으로 이르는 말.

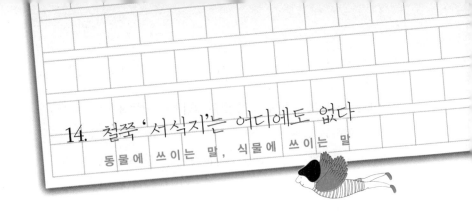

14. 철쭉 '서식지'는 어디에도 없다
동물에 쓰이는 말, 식물에 쓰이는 말

개나리, 벚꽃, 진달래, 목련, 철쭉…… 봄을 알리는 전령들이다. 요즘은 철쭉이 한창이라 행락객들의 발길을 설레게 한다. 특히 전북 무주구천동이나 전남 장흥 제암산, 충북 단양 소백산 일대가 철쭉 집단 서식지로 이름나 매년 5월이면 철쭉제가 열린다.

읽다 보면 사람에 따라 이미 잘못 쓰인 곳을 알아챘을 수도 있고 또는 무심코 넘긴 이들도 있을 것이다. 그렇다면 다음 글은 어떨까.

강원도 정선의 한 깊은 산속, 메마른 숲 속 낮은 바닥으로 짙푸른 풀잎들이 한 무더기씩 자라 있습니다. 멸종위기 식물인 한계령풀입니다. 군락지 면적이 1만2000제곱미터, 기존의 다른 지역에서 발견된 군락지와 면적은 비슷하지만 서식지 환경은 다릅니다.

멸종위기 식물인 한계령풀을 강원도 산속에서 발견했다는 소식을 전하는 한 방송사의 뉴스 대목이다. 여기서도 잘 나가는 듯 하더니 끝에 가서 삐끗했다. 바로 '서식'이 문제의 단어다. 서식棲息의 뜻은 '동물이 깃들여 삶'이다. '서棲'자는 '집이나 보금자리'를 뜻하고 '식息'은 '번식하다, 살다'란 의미이다. 그러니 '서식지'는 당연히 '동물이 깃들여 사는 곳'이다.

또 다른 글에서는 이 서식을 제대로 썼다.

충북 충주시에서 멸종위기의 황금박쥐(천연기념물 452호) 집단 서식지가 세 번째로 발견됐다. 환경보호 국민운동 충주시지회는 최근 충주시 앙성면의 한 폐금광 동굴에서 황금박쥐 10마리가 서식하는 것을 발견했다고 22일 밝혔다.

이처럼 '서식'이란 말은 동물에 한해서만 쓸 수 있는 말이다. 따라서 '태백산 주목 서식지'니 '야생화 서식지'니 하는 표현은 죄다 틀린 말이다. 식물의 경우 대개는 하나의 개체만 있는 게 아니라 집단으로 자라고 있을 터이므로 이런 때는 '군락지'란 말이 적당하다.

군락群落이란 사전적으로 '같은 생육 조건에서 떼를 지어 자란 식물 집단'을 가리킨다.

동물에 쓰이는 '서식하다'란 동사에 대응하는 표현으로 식물의 경우는 그냥 '자라다'란 말을 쓰는 게 자연스럽다. 굳이 한자어로 하자면 '자생하다, 생장하다'란 말을 쓸 수 있을 것이다.

15. 애먼 사람 잡는 엄한 사람?
언중에게 선택받지 못한 말들

말은 세월 따라 변하게 마련이다. 규범이 정해지는 것도 결국 말의 시장에서 어떤 형태가 살아남느냐에 따른 결과다. 그것이 이른바 '표준어'다. 우리가 일상생활에서 아무리 흔히 쓰는 말일지라도 규범과 다르다면 우리는 그 말을 짝사랑하고 있는 꼴이다. 그렇지만 다행히 말에 관한 한 영원한 짝사랑은 없다. 말이란 궁극적으로 공급자이자 수요자인 언중言衆에 의해 결정되기 때문이다.

가령 '가을이 영그는 들판' 같은 표현은 그전에는 '가을이 여무는……'이라고 해야만 표준어법에 맞는 말이었다. '가슴을 덥히는 훈훈한 인정'이라고 하면 틀리게 쓴 것이고 '가슴을 데우는……'이라고 해야 맞았다. 자식한테 '아들아, 네 꿈의 나래를 마음껏 펼쳐라'라고 말하고 싶은 사람은 '아들아, 네 꿈의 날개를……'이라고 해야 교양 있는 사람으로 인정받았다. 또 한껏 멋들어지게 '들녘 가득한 봄 내음'이라고 써 봤자 그것은 틀린 말이고 '들녘 가득한 봄 냄새'라고 해야만 맞는 말이었다. 다만 표준어법대로 따르자니 도무지 말맛이 나지 않는다는 데에 문제가 있었다.

결국 우리가 일상적으로 줄기차게 써 오던 '영글다, 덥히다, 나래, 내음, 뜨락' 같은 말이 함께 표준어로 인정받았다. 물론 그러기까지 오랜 시일 말의 시장에서 '사랑받기 싸움(말들 간의 헤게모니 다툼)'이 벌어졌음은 불문가지이다. 이 밖에 '미류나무 → 미루나무', '강남콩 → 강낭콩', '미싯가루 → 미숫가루' 따위는 이제 어원의식이 희박해져 굳이 본래 말을 살려 쓸 필요가 없을 만큼 뒷말이 언중의 입에 정착한 경우다. 이런 때는 아예 그 전 말을 버리고 새로 변화된 형태의 것을 표준으로 잡는다. 대개는 방언으로 있던 것이거나 단순히 발음상의 차이로 말의 형태가 바뀐 게 많다.

그런데 이와는 달리 우리가 무심코 쓰는 말 가운데 어원이 분명함에도 잘못 입에 오르내려 굳어가는 말이 꽤 있다. 가령 "엄한 사람 잡지 마라", "엄한 소리 하고 있네"라고 할 때의 '엄한'이 그런 경우다. 이때는 '애매하게 엉뚱한, 즉 아무 잘못이 없거나 관련이 없는데 억울하게'라는 뉘앙스로 하는 말이다. 하지만 사전에서 아무리 '엄하다'를 찾아봐야 그런 뜻은 없다. 우리가 익히 알고 있는 한자어 '엄嚴하다'와는 관련이 없는 말이기 때문이다. 그러면 그 정체는 무얼까?

이 말은 '애먼'이란 고유어가 잘못 알려져 쓰이는 것이다. '애먼'은 '엉뚱하게, 애매하게 딴'이란 뜻을 갖고 있다. "애먼 사람

욕먹게 하다"처럼 쓰인다. 그 연원은 '애매하다'에서 파생된 것으로 보인다. 순우리말 '애매하다'는 '아무 잘못이 없이 원통한 책망을 받아 억울하다'란 뜻이다. 이 말이 줄면 '앰하다'가 되는데 여기서 하나의 관형사로 굳은 '애먼'이 나왔다고 할 수 있다. '애매한〉앰한〉애먼'의 과정을 거친 말로 보는 것이다. 따라서 우리가 흔히 말하는 "엄한 사람 잡지 마라"는 "애먼 사람……"이라고 해야 바른 표현이다. 적어도 아직까지는 그렇다는 얘기다. 물론 언젠가 '엄한 사람'이 압도적으로 세력을 얻는 반면 '애먼 사람'은 계속 외면당한다면 그때 당당히 표준어로 대접받을 수 있을 것이다.

아는 것만큼 보인다

애먼 일의 결과가 다른 데로 돌아가 억울하게 느껴지는.

애매하다 아무 잘못 없이 꾸중을 듣거나 벌을 받아 억울하다.

애매曖昧하다 희미하여 분명하지 아니함. 희미하여 확실하지 못함. 이것인지 저것인지 명확하지 못하여 한 개념이 다른 개념과 충분히 구별되지 못함을 이른다.

16. '감질맛'은 어떤 맛일까
형태가 비슷해 잘못 쓰고 있는 말

대형우량주 중간배당 '감질맛'… 배당률 1% 미만

[코스닥 시황] 감질맛 나는 반등

투자심리가 얼어 있을 때 증시 소식을 전하는 신문들의 제목에서 볼 수 있는 말이다. '감질맛 난다'는 말을 많이 쓰지만 이는 들여다보면 해괴한 말이다. 본래는 '무언가 몹시 먹고 싶거나, 가지고 싶거나, 하고 싶어서 애타는 마음이 생기다'란 뜻으로 '감질나다'란 말이 있다. 사람들은 여기서 의미를 좀더 강하게 해 '한꺼번에 욕구가 충족되지 않고 찔끔찔끔 맛만 보아 안달이 나는 상태'를 나타내기 위해 '감질맛'이란 말을 만들어 쓰는 것 같다. 그런데 '감질'이란 말의 뜻을 보면 '감질맛'이란 게 도대체 얼마나 황당하고 얼토당토않은 표현인지 알 수 있다.

감질疳疾은 사전적으로는 '먹고 싶거나 가지고 싶어서 몹시 애

타는 마음'으로 풀이된다. 하지만 본래는 한의학에서 '감병疳病'
이라고 하는 병으로, 어린아이들이 젖이나 음식을 잘 조절하지
못해 생기는 질병을 말한다. 질疾이 바로 치질, 간질, 안질 등에
서 쓰인 것과 같은 '병을 뜻하는 말'이다. 그래서 감질이 나면 속
이 헛헛해 무언가 먹고는 싶은데 몸에 탈이 나 마음껏 먹지도 못
해 안달을 하게 된다. 여기서 유래한 '감질나다'가 세월이 흐르면
서 의미가 일반화되어 '몹시 먹고 싶거나 가지고 싶거나 하고 싶
어서 애타는 마음이 생기다'란 뜻으로 쓰이게 된 것이다. 그러니
병 이름인 '감질'과 '맛'이 어울려 하나의 단어를 이룰 하등의 이
유가 없다.

그럼에도 불구하고 사람들이 '감질나다'를 자주 '감질맛 나다'
로 오인하는 것은 형태가 비슷한 다른 말 '감칠맛'에 이끌려 쓰기
때문인 것 같다. '음식물이 입에 당기는 맛'을 나타내는 감칠맛은
'감치다'의 관형형에 '맛'이 결합된 합성어다. '감치다'는 '음식
의 맛이 맛깔스러워 입에 당기다'란 뜻의 순우리말이다. '혀를 감
치고 드는 알싸한 맛이 목구멍을 타고 넘어갔다《해신의 늪》, 한승원)'
처럼 쓰인다. 감칠맛은 의미가 좀더 확장돼 맛뿐만 아니라 '마음
을 끌어당기는 힘'이란 뜻도 갖고 있다. "목소리가 감칠맛 있게
곱다", "그는 이야기를 감칠맛 나게 잘한다"처럼 쓰인다. 따라서
'감질나다'와 '감칠맛 나다'는 전혀 다른 차원의 말이므로 구별
해야 한다.

이처럼 비록 어원은 부정적인 의미자질이었지만 실생활에서
자주 쓰이면서 그 쓰임새가 변형된 말들 중엔 '염병할'도 있다.

'염병染病'은 두 가지로 쓰이는 말이다. 하나는 글자 그대로 전염병이란 뜻이다. 다른 하나는 특이하게도 '장티푸스'를 가리키기도 하는데 이 의미로 더 많이 쓰인다. 지금은 의학이 발달해서 장티푸스 정도는 어렵지 않게 고칠 수 있지만 예전엔 장티푸스가 전염병 가운데서도 가장 무서운 병이었기 때문에 염병이 장티푸스를 가리키게 됐다고 한다(《정말 궁금한 우리말 100가지》, 조항범). 여기서 파생된 '염병할'은 "염병할, 날씨도 지독히 덥네", "염병할 ××"처럼 단독으로 감탄사나 관형사로도 쓰이는데 그 내용을 들여다보면 '장티푸스를 앓을'이란 뜻인 셈이다. 비록 욕으로 하는 것이지만 우리 실생활에 깊숙이 들어와 자리 잡은 말이다. '장티푸스'는 장腸+티푸스의 합성어로, 예전엔 차음으로 장질부사腸窒扶斯라고도 했다.

아는 것만큼 보인다

감병 젖이나 음식 조절을 잘못하여 어린아이에게 생기는 병. 얼굴이 누렇게 뜨고 몸이 여위며 배가 불러 끓고, 영양 장애, 소화 불량 따위의 증상이 나타난다.

감질 어떤 일을 몹시 하고 싶거나 무엇이 먹고 싶거나 하여 애타는 마음. 바라는 마음에 아주 못 미쳐 성에 안 참. 감병.

감치다 어떤 사람이나 일이 눈앞이나 마음속에서 사라지지 않고 계속 감돌다. 음식의 맛이 맛깔스러워 당기다.

헛헛하다 배 속이 빈 듯한 느낌이 있다. 채워지지 아니한 허전한 느낌이 있다.

17. '임연수'는 누구인가
잘못 알려진 생선 이름

이놈 몰골이 볼수록 가관이다. 머리는 엄청 크고 납작한데 입이 몹시 큰 게 아래턱은 툭 튀어나왔다. 몸통과 꼬리는 가늘고 짧아 얼핏 보면 머리통과 입만 있는 것처럼 보인다. 게다가 피질은 회갈색에다 돌기까지 덮여 있어 아주 흉한 모습이다.

몸길이 50센티미터 정도의 이 물고기 이름은 '아귀'이다. 하지만 지역에 따라 물꿩(경남), 물텀벙(인천), 망청어(함경), 아꾸 또는 아꿰(전남), 아구(서울·경기) 등으로 더 많이 알려져 있다. 사전을 찾아보면 물꿩이나 망청어는 방언으로 올라 있지만 인천지역에서 통용되는 물텀벙이나 전라지방의 아구(아꿰)는 아예 다뤄지지도 않았다. 특히 아구는 '아귀'를 잘못 발음한 것이다. 따라서 맛 좋고 영양가 많은 '아구탕'이나 '아구찜'은 '아귀탕', '아귀찜'이라 해야 바른 말이다. 우리 고유어 넙치를 한자어로 '광어', 가오리를 '홍어'라 하듯이 아귀는 한자어로 '안강鮟鱇'이라 한다. '안강망 어선'에서의 '안강'이 바로 아귀를 뜻한다. '안강망'이란 '아귀를 잡는 데 쓰는, 눈이 굵은 그물'을 가리킨다.

이처럼 생활에서 흔히 접하는 물고기 이름 중 잘못 알려진 게 꽤 있다. 비교적 값이 싸고 맛도 좋아 즐겨 먹는 '이면수'는 '임연수어'가 바른 표기다. 옛날 함경도지방에 사는 '임연수林延壽'란 사람이 이 물고기를 잘 낚았다는 데서 생긴 이름이다. '임연수어'에서 '어魚'가 탈락하고 받침이 흘러내려 자연스럽게 '이면수'가 됐을 터이지만 《표준국어대사전》에서는 아직 '임연수어'의 잘못이라 밝히고 있다.

'황새기젓', '황세기젓'도 잘못 쓰는 말이다. 이 음식의 바른 말은 '황석어젓'이다. '황석어黃石魚'란 '참조기'를 가리키는 한자어이다. 조기를 한자어로 '석수어石首魚'라 이르는데 이 말이 준 게 '석어'다. 조기 가운데 참조기는 누런빛을 많이 띤다고 해서 한자어로 황석어가 된 것이다. 이 역시 어원의식이 약해져 받침이 흘러내리면서 어형변화를 일으켜 황새기젓 또는 황세기젓으로 발음하기 쉬우나 바른 말은 여전히 '황석어젓'이다.

밑반찬으로 많이 먹는 '뱅어포'의 '뱅어'는 무엇일까? 뱅어의 원말은 '백어白魚'다. 백어란 몸길이 10센티미터 정도의 반투명한 흰색 물고기다. '백白'의 중국발음이 [pai](외래어 표기법에 따른 한글 표기는 '바이')인 데서도 알 수 있듯이 옛날에는 '배어'로 불렸다. 이 말이 어형변화를 일으켜 뱅어가 된 것이다.

우리말에서 이런 현상은 '이어鯉魚〉잉어, 부어〉붕어, 바올〉방울, 머에〉멍에' 등에서도 볼 수 있다. 그래서 뱅어의 경우는 위 경우들과 달리 변한 말을 표준어로 삼았다.

그런데 우리가 즐겨 먹는 뱅어포는 실은 뱅어로 만들어진 게 아니다. 뱅어포의 재료는 '괴도라치'다. 괴도라치는 장갱잇과의 바닷물고기로 뱅어와는 전혀 관련이 없다. 괴도라치의 잔 새끼를 '실치'라 하는데 이를 말려 여러 마리씩 붙여 납작한 조각으로 만든 게 뱅어포다. 아마도 여리고 반투명한 실치가 뱅어 새끼와 비슷하다 해서 '뱅어포'라 이름 붙여진 것으로 보인다.

아는 것만큼 보인다

- **뱅어** 뱅엇과의 민물고기.
- **뱅어포** 괴도라치(장갱잇과의 바닷물고기)의 잔 새끼인 실치를 말려 납작한 조각으로 만든 것.
- **아구** '아귀'의 잘못.
- **이면수** '임연수어'의 잘못.
- **황강달이** 민어과의 바닷물고기.
- **황석어젓** 황석어(참조기)로 담근 젓.
- **황세기** 황강달이의 충청방언.

18. 쇳대도 긴다…

방언은 저급하고 틀린 말이 아니다

군에서 암호는 야간에 적군과 아군을 구별하는 유일한 소통수단
이다. 전라도 출신 신병이 처음으로 야간순찰을 나섰다. 그날 암
호는 '자물통—열쇠'였다. 칠흑 같은 어둠 속을 조심스레 나가던
신병이 보초병과 맞닥뜨렸다.

　보초: 손들어! 뒤로 돌아. 움직이면 쏜다. 자물통!
　당황한 신병이 일순 암호를 잊었으나 퍼뜩 떠오르는 게 있었다.
　신병: 쇳대.
　그러자 적으로 오인한 보초병이 총을 쐈다. 신병은 억울하게 죽어
　가면서 한마디 말을 남겼다.
　신병: 쇳대도 긴다…….

사투리와 관련된, 시중에 떠도는 우스개 중의 하나다. 나이 지

굿한 어른들에게는 여전히 '쇳대'가 익숙하겠지만 요즘 학생들 사이에서는 잘 쓰이지 않는 것 같다. 이 말은 강원, 경기, 경상, 전라, 충청, 함경 지방에서 쓰이는 사투리이고, 표준어는 '열쇠' 다. 하지만 방언 치고는 그 쓰임새가 거의 전국적인 분포를 보인 다('기다. 아니다' 할 때의 '기다'는 사투리가 아니라 '그것이다'가 준말이다). 이 처럼 '현대 서울말'이 아니라는 이유로 수많은 방언들을 표준어 와 차별해 온 것은 우리 언어 정책의 실책 중 하나로 꼽힌다.

우리는 그동안 방언에 대해 매우 인색한 태도를 보여 온 게 사 실이다. 이는 학교 교육에서도 마찬가지다. 7차 교육과정 개편 전까지도 '표준어는 맞는 말, 방언은 틀린 말' 또는 '표준어는 우 월하고 세련된 말, 방언은 저급하고 부정확한 말'이란 식으로 가 르쳐 왔다.

이에 비해 북한에서는 문화어(남한의 표준어에 해당하는 말) 속에 다 양한 방식으로 방언을 수용했다. 가령 '아이스크림'을 다듬은 말 '얼음보숭이'는 방언을 이용한 외래어 순화작업의 한 사례다. 평 안·황해도 방언인 '보숭이'는 우리 표준어 '고물'을 가리키는 말이다. 물론 이 말은 북한주민들 사이에서 뿌리내리지 못해 결 국 1992년 만들어진 《조선말대사전》에서 폐기되고 다시 '아이스 크림'이 문화어로 복귀하는 곡절을 겪기도 했다. '아지'는 '나무 의 가지'의 강원방언인데 남에서는 '가지'만 표준이지만 북에서 는 '아지'와 '가지'를 함께 문화어로 쓴다. 이런 복수문화어는 '더부치/호주머니, 잎새/잎사귀, 수리개(소리개)/솔개, 가마치/눌 은밥, 엄지/어이, 뜨락/뜰, 나래/날개, 내음/냄새, 또아리/똬리'

등 수없이 많다(후자가 우리 표준어로 남쪽에서는 하나만 인정한다). 우리가 입말에서 흔히 쓰는 '~라구', '~하구요'도 중부방언의 한 형태인데 표준어로는 '~라고', '~하고요'라 해야만 한다. 하지만 정작 북한에서는 두 가지 형태를 모두 받아들였다. 이미 널리 퍼져 있는 말은 방언 여부를 떠나 문화어로 삼은 것이다.

최근 들어 우리도 '나래'니 '뜨락'이니 하는 일부 말들을 함께 쓸 수 있도록 허용하긴 했지만 그동안의 부정적 인식으로 인해 방언의 세력이 많이 위축된 것이 사실이다. 물론 공식적인 글에서는 표준어를 쓰는 게 원칙이나 그것이 곧 방언은 저급하고 틀린 말이란 의미는 아니다. 방언도 소중히 가꾸고 지켜나가야 할 우리 문화유산이다. 방언에는 삶의 향기가 묻어 있기 때문이다.

아는 것만큼 보인다

- **방언** 한 언어에서, 사용 지역 또는 사회 계층에 따라 분화된 말의 체계.
- 사투리. 신약 시대에, 성령에 힘입어 제자들이 자기도 모르는 외국말을 하여 이방인을 놀라게 한 말. 또는 황홀 상태에서 성령에 의하여 말해진다는, 내용을 알 수 없는 말.
- **눋은밥** 솥 바닥에 눌어붙은 밥에 물을 부어 불려서 긁은 밥.
- **똬리** 짐을 머리에 일 때 머리에 받치는 고리 모양의 물건. 짚이나 천을 틀어서 만든다. 둥글게 빙빙 틀어 놓은 것. 또는 그런 모양.
- **어이** 짐승의 어미.

아! 으악새 슬피 우니 가을인가요…….

　해마다 가을이면 생각나는 노래다. 가을을 다룬 노랫말이야 무수히 많지만 그중에서도 유독 이 노래가 떠오르는 건 노랫말 가운데 있는 '으악새'의 정체를 두고 여러 얘기가 있어서인지도 모른다. 우선 아무 생각 없이 노래만 즐기는 사람은 "뭐 그런 새가 있겠지" 하고 만다. 조금 관심 있는 사람은 "으악새는 새가 아니라 '억새'를 길게 발음한 거야. 가을바람이 억새풀을 스치는 소리를 운치 있게 '슬피 운다'고 한 거지"라며 알은체를 한다.

　국어사전에서는 '으악새'를 '억새(볏과의 여러해살이풀)'의 방언으로 풀이한다. 국립국어원에서 주도하고 있는 21세기 세종계획의 '남한방언 검색 프로그램'을 통해 보면 억새의 방언은 악새(전북), 어벅새(경북), 억쌀(전남) 등 십수 개에 이른다. 그러다 보니 노랫말에 나오는 으악새는 실제론 억새를 가리키는 것이란 주장이 거의 정설로 굳어져 있는 듯하다. 하지만 민간 국어단체인 '국어문화 운동본부'를 이끌고 있는 남영신 회장은 좀 다른 주장을 편다. '으악새'는 실제로 새란 것이다. 원래는 '왁새'인데 이를 길게 발음한 것이란 얘기다. '왁새'는 '왜가리'의 평안도 사투리다. 이 왜가리는 우리나라에서는 흔한 여름 철새인데, 봄에서 초여름에 남쪽에서 날아와 지내다가 가을에 다시 남쪽으로 간다. 《표준국어대사전》에서도 '왁새'는 '왜가리'의 북한어로 풀이한다.

그런데 이런 창작품에 쓰인 어휘가 표준어냐 아니냐를 두고는 말글에 관여하는 사람들 간에 뿌리 깊은 인식의 차이가 있어 온 게 사실이다. 대표적인 것이 이효석의 《메밀꽃 필 무렵》이다. 이 소설은 애초엔 제목이 '모밀꽃 필 무렵'이었다. '모밀'은 메밀의 고어이기도 하고 지금은 방언으로 남아 있기도 한 말이다. 시중에서도 모밀국수니 모밀냉면이니 하는 식으로 여전히 많이 쓰인다. 물론 표준어는 '메밀'이므로 공식적인 표기로 따지자면 '모밀'은 마뜩지 않은 말이다. 이는 조선어학회가 1936년 《조선표준말모음》에서 모밀을 버리고 메밀을 표준으로 잡은 이래 계속돼 왔다. 우리가 알고 있는 이효석의 《메밀꽃 필 무렵》은 결국 표준어란 가치가 문학작품 이름까지 바꾸게 만든 결과다. 지금도 그의 후손은 소설의 원제목을 찾아달라고 주장한다고 한다. 방언은 방언대로 보존할 가치가 충분하다는 것은 두말할 필요가 없을 것이다. 문학작품에 쓰인 말까지 표준어의 잣대를 대야 하는지는 한번 생각해 볼 일이다.

출생시기: 개화기 서양문물이 들어올 때, 특히 근대소설이 형성되던 시기.

출신: 영어에서 왔지만 일본과 중국, 한국 고유의 요소가 뒤섞임.

특징: 글에서는 자주 볼 수 있지만 말할 때는 거의 안 씀.

이는 '그녀'에 대한 개요이다. 1926년 발표된 양주동의 〈신혼기〉에서 처음 등장하는 것으로 알려진 '그녀'는 실제로는 그 전부터 쓰였을 테니 나이로 치면 100살은 됐을 것이다. 하지만 태어나면서부터 끊임없이 시빗거리이자 고민의 대상이 되어 온 특이한 단어다.

이 말이 지금도 간간이 공격받는 까닭은 그 출신성분에 있다.

"우리말에는 원래 3인칭 대명사가 없었다. 그런데 예전부터 '그'란 말이 자꾸 쓰여 글말 체계를 흔들어 놓고 있다. '그'는 본래 '그이, 그 사람, 그 녀석'처럼 관형사로만 쓰이던 것이 지금은 영어의 'he'에 해당하는 대명사 행세를 한다. 더 가관인 것은 'she'를 나타내기 위해 '그녀'까지 만들어 쓰고 있는데, 이는 출처와 어감에 상당히 문제가 있는 말이다. 우리가 말로 할 때는 절대 '그'나 '그녀'를 쓰지 않는다는 데서도 이들이 억지로 글말에 편입됐음을 알아야 한다. '그'의 기득권을 무시할 수 없다면 적어도 남녀 공용으로 써야 할 것이다. '그녀'는 쓰지 말자."

2004년 8월 서울대학교에서 정년퇴임한 조동일 교수의 '그녀' 비판이다.

'그'나 '그녀'는 개화기 때 영어의 'he'와 'she'에 대응하는 우리말을 찾는 과정에서 태어난 말이다. 하지만 원조는 일본이다. 우리보다 앞서 19세기 말 일본에서도 같은 고민을 했는데 이들은 'he'와 'she'를 '彼(가레)/彼女(가노조)'로 만들어 썼다. 이것을 그대로 들여와 옮긴 게 바로 '그/그녀'다. 1917년 발표된 이광수의 《무정》에서는 '그'를 여성과 남성에 두루 쓴 데서 알 수 있듯이 초기에는 남녀 구별 없이 사용하기도 했다.

6·25전쟁 후 '그녀'란 말이 글말에서 급속도로 퍼지기 시작하자 〈현대문학〉은 1965년 3월호에서 '그녀'의 타당성에 관해 집중적으로 검토하는 특집을 실었다. 물론 그때 이미 '그녀'는 문인들에게 압도적인 지지를 얻고 있었다. 이 말이 마뜩지 않았던 당시 최현배 선생을 비롯한 일단의 비판론자들은 대안으로 '그미, 그네, 그니, 그매, 그히, 그냐' 등을 제시하고 써 보기도 했지만 하나도 성공하지 못했다.

어쨌든 '그녀'는 1세기에 걸친 고민 과정을 거치면서 입말에서는 거의 쓰이지 않는 반면 글말에서는 확고한 세력을 갖췄다. 국립국어원은 이같은 현실적 쓰임새를 인정해 《표준국어대사전》에서 '그녀'를 3인칭 대명사로 올렸다. 최근엔 '그녀'에 대한 시비가 이런 조어상의 문제라기보다는 성차별이란 관점으로 넘어간 듯하다. 영어에서도 Man이 '남자'이면서 '인간/인류'를 나타내듯이 사실은 '그'도 대표성을 가진 단어다. 그런 점에서 '그'를 남녀 통칭으로 쓰자는 움직임은 바람직한 것으로 보인다.

아는 것만큼 보인다

그네 듣는 이에게 가까이 있거나 듣는 이가 생각하고 있는 사람들을 가리키는 삼인칭 대명사. 앞에서 이미 이야기한 사람들을 가리키는 삼인칭 대명사.

그니 그이의 방언(경기).

그미 주로 소설에서, '그녀'를 멋스럽게 이르는 말.

글말 문자 언어. 문자로 표기한 말. 음성 언어에 상대하여 글자를 매개로 표기한 것을 이른다.

마뜩하다 주로 '않다', '못하다'와 함께 쓰임. 제법 마음에 들 만하다.

입말 구어. 문장에서만 쓰는 특별한 말이 아닌, 일상적인 대화에서 쓰는 말.

21. 도랑물 흘러서 개울물
문학적 표현과 과학적 언어 사이의 간극

실 같은 물줄기들이 흐르며 또 물을 불러 모아 작은 도랑물을 만든
다. …이렇게 키운 섬진강 물줄기는… 수마이산 봉우리에서 생긴
또 한 가닥의 도랑을 만나 비로소 시내를 이루며…….

섬진강 시인으로 유명한 김용택의 산문집 《섬진강을 따라가며
보라》의 한 대목이다. 우리말 운동가인 남영신 국어문화운동본
부 회장은 이 대목을 가리켜 우리말에 대한 세심한 주의가 필요
한 부분이라고 지적한 적이 있다. 도랑물이 몸을 불려 개울을 거
치지 않고 곧바로 시내를 이룬다고 한 것은 아쉽다는 것이다(《안
써서 사라져가는 아름다운 우리말》, 남영신).
　문학적 표현과 언어의 과학적 사용에는 간극이 있게 마련이지
만, 사실을 묘사하는 데 적확한 말의 사용을 굳이 외면할 이유는
없을 것이다. '도랑'이란 '폭이 좁은 작은 개울'을 말한다. 가령

논밭에 물을 대는, 건너뛸 수 있을 정도의 폭을 가진 물길을 도랑이라 한다. 또 시골에서 수챗물 흐르는 길도 도랑이다. 지저분하고 더러운 이런 도랑을 특히 '도랑창'이라 부른다.

'도랑 치고 가재 잡다'라고 하면 두 가지 의미를 갖는다. 우선 '한 가지 일로 두 가지 이득을 보다'란 뜻으로 많이 쓰인다. 우리말에는 이 표현과 비슷한 뜻을 담은 여러 관용구가 있어 다양하게 바꿔 쓸 수 있다. '꿩 먹고 알 먹고', '누이 좋고 매부 좋고', '임도 보고 뽕도 따고', '굿 보고 떡 먹고' 모두 사전에 오른 말이므로 얼마든지 쓸 수 있다. 하지만 '마당 쓸고 돈 줍고'나 '피박에 싹쓸이' 같은 말은 우스갯소리로나 통하지 아직 글에서는 허용되지 않는 표현이다. 이 밖에 한자어로 '일거양득', '일석이조'도 같은 의미이다. 또 다른 쓰임새는 일의 순서가 잘못돼 애쓴 보람이 나타나지 않음을 비유적으로 가리킨다. 이는 본래 도랑을 치고 나면 돌 틈이나 밑에 숨어 살던 가재를 잡을 수 없으므로 일의 우선순위가 잘못됐다는 데서 비롯된 말이다.

이 도랑이 좀더 커져 멱을 감을 정도가 되면 '개울'이다. 개울은 골짜기나 들에 흐르는 작은 물줄기이다. 개울 중 좀 작다 싶은 게 '실개울'이다. 실개천이나 소류小流는 같은 말이다. 개울이 커지거나 평지로 나오면 '시내'가 된다. 어원적으로 '시'는 '가느다란, 썩 작은, 엷은'의 뜻을 더하는 접두사 '실'에서 온 말로서 시내는 아직 배를 띄우기에는 작은 물길이다.

시내가 넓어져 비로소 나룻배 정도가 다닐 수 있을 폭이 되면 '내'이다. '개천' 또는 '하천'이라고도 한다. '내'가 더욱 커져 넓고 길게 흐르면 '강'이다.

내 중에 가장 아름다운 내는 미리내가 아닐까. 미리내는 '은하수'를 가리키는 우리말 이름이다. 하지만 불행히도 아직 방언으로 처리돼 있다. 그렇다 하더라도 말 자체는 표준어 못지않은 언어세력을 갖고 있다. '미리'는 용의 경상·제주 방언이다. 그러니 '용이 사는 내'가 미리내이다.

아는 것만큼 보인다

개천 개골창(수챗물이 흐르는 작은 도랑) 물이 흘러 나가도록 길게 판 내.

도랑 매우 좁고 작은 개울.

미리내 은하수의 경상·제주 방언.

수채 집 안에서 버린 물이 흘러가도록 만든 시설. 북한에서는 물건을 나르기 위하여 물이 흐르도록 만든 시설을 말함.

실개울 폭이 매우 좁은 작은 개울.

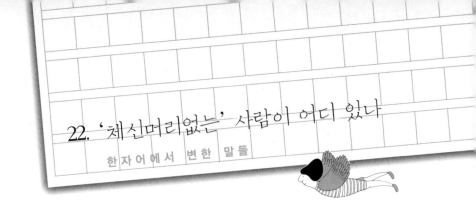

22. '체신머리없는' 사람이 어디 있나
한자어에서 변한 말들

지룡, 백채, 고초, 해정, 차양

알 듯 말 듯한 이 말들의 정체는 뭘까? '지렁이, 배추, 고추, 해
장, 챙'이다. 일상에서 흔히 쓰이는 순우리말 같은 이들의 원말은
각각 '地龍, 白寀, 苦草, 解酲, 遮陽'이다.

이처럼 우리말 가운데는 한자어에서 변한 말이 꽤 많다. 지렁
이는 '지룡'에 사람이나 동물, 사물을 나타내는 말을 만드는 접미
사 '-이'가 붙으면서 발음까지 변해 생긴 말이다. 배추나 고추도
원말에서 음운 변화를 일으키며 우리말화한 것이다.

'해장술, 해장국'과 함께 흔히 '해장한다'라는 말도 많이 쓴다.
'해장'은 '해정解酲'에서 온 말이다. 이때의 '정酲'은 '숙취하다',
즉 '술에 취해 있음'을 뜻한다. 결국 변한말 해장은 '술에 취한
것을 풀다'란 뜻이다. 오랜 시일이 지나면서 해정이 음운 변화를

084

거쳐 지금의 해장이란 말로 굳은 것이다. 술을 많이 먹은 다음 날 해장한다고 하면서 이를 '장을 푼다解腸'란 뜻으로 잘못 알고 있는 경우도 있으므로 주의해야 한다.

'차양遮陽과 챙'의 관계도 본말인 한자어 '차양'이 '챙'으로 줄어들어 우리말화한 경우다. 차양은 '모자 끝에 대서 햇빛을 가리는 부분'이기도 하고 '처마 끝에 덧붙여 햇빛이나 비바람을 막는 좁은 지붕'을 가리키기도 한다. "네 말은 당최 이해할 수가 없어"라고 할 때의 '당최' 역시 한자어 '당초當初에'가 줄어서 된 말이다. '도대체', '도무지'와 비슷한 뜻인 이 말은 주로 부정적 서술어와 어울려 그 서술어의 부정적 의미를 강조할 때 쓰인다.

'언행이 경솔해 남을 대하는 위신이 없다'란 뜻으로 쓰는 '채신없다'란 말도 마찬가지다. '채신머리없다'는 이 '채신없다'를 속되게 이르는 말이다. '채신사납다', '채신머리사납다'란 말도 함께 쓴다. '채신'은 '처신處身'을 얕잡아 이르는 말이다. 처신이란 '세상살이나 대인관계에서 가져야 할 몸가짐이나 행동'을 뜻한다. "처신을 잘해야 남의 원망을 듣지 않는다"처럼 쓰인다. 처신은 한자어이지만 여기서 변한 말 채신은 고유어처럼 굳었으므로 한글로만 쓴다. 또 이는 단독으로는 잘 쓰이지 않고 주로 '~없다, ~사납다'란 말과 어울려 부정적 의미를 나타낸다. 이를 자칫 '체신없다, 체신머리없다, 체신사납다'라고 쓰기 쉬운데 이는 틀린 말이므로 주의해야 한다.

주착主着이 변한 '주책', 초생初生달이 변한 '초승달', 음陰달이 변한 '응달'도 모두 같은 경우로, 뒤의 변한 말이 어법에 맞는 것이고 앞의 것은 비표준이다. 특히 '주책'의 경우 '주책없다'와 '주책이다'란 표현이 두루 같이 쓰이곤 하지만 규범으로 인정된 것은 '주책없다' 하나뿐이므로 주의해야 한다.

아는 것만큼 보인다

- **당초當初** 일이 생기기 시작한 처음.
- **당최** 부정의 뜻이 있는 말과 함께 쓰인다. '도무지', '도대체', '영'의 뜻을 나타내는 말.
- **주착** 주책의 잘못.
- **주책** 일정하게 자리 잡힌 주장이나 판단력. 일정한 줏대가 없이 되는대로 하는 짓.
- **차양** 햇볕을 가리거나 비가 들이치는 것을 막기 위하여 처마 끝에 덧붙이는 좁은 지붕.
- **채신** '처신(세상을 살아가는 데 가져야 할 몸가짐이나 행동)'을 낮잡아 이르는 말.
- **체신** 사람의 몸뚱이.

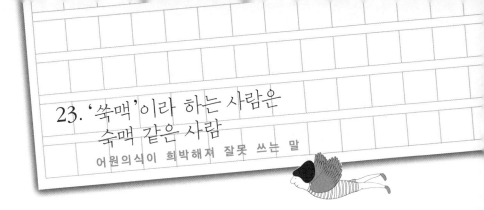

23. '쑥맥'이라 하는 사람은
숙맥 같은 사람
어원의식이 희박해져 잘못 쓰는 말

누구나 한번쯤은 대박을 꿈꾸며 산다. 평소 복권이라면 거들떠보지도 않던 A씨. 오늘은 집 밖으로 나오자마자 로또 복권부터 샀다. 간밤에 좋은 꿈이라도 꾼 걸까? 하지만 짐짓 태연한 듯이 이렇게 말했다. "당첨 되고 안 되고는 '복골복'이다."

우리가 흔히 쓰는 말이더라도 직접 사전을 찾아보지 않으면 정확한 뜻을 모르는 말들이 의외로 많다. '복골복' 같은 말은 '복걸복', '볶을복' 등으로 변형돼 쓰이기도 하는데, 막상 사전을 찾으면 나오지 않는다. 이 말의 바른 표기는 '복불복福不福'이기 때문이다. 이는 유복과 무복, 즉 사람의 운수를 이르는 말로서 같은 경우, 같은 환경에서 여러 사람의 운이 각각 차이가 났을 때 쓰는 말이다. 시중에 나와 있는 대부분의 사전은 물론이고 북한의 《조선말대사전》에서도 표제어로 올리고 있는 것으로 보아 오래전부터 전국적으로 쓰던 말임을 알 수 있다.

이 말이 언제부턴지 '복골복' 식으로 변형돼 쓰이는 것은 어원 의식이 희박해지면서 잘못 발음한 것이 입에서 굳어져 버린 탓이 크다. 한편으로는 한자를 잘 쓰지 않음으로 인해 정확한 한자어에 대한 이해가 부족한 데서 오는 탓도 있을 것이다. 왜냐하면 이런 유형의 말들 중엔 한자어가 상당 부분을 차지하기 때문이다.

가령 사리 분별을 못하는 어리석은 사람을 얕잡아 이르는 말이 '숙맥'인지 '쑥맥'인지 헷갈려 하는 게 그런 경우다. 숙맥이 '숙맥불변菽麥不辨'에서 온 말이고 그 뜻은 말 그대로 '콩인지 보리인지도 구별하지 못 한다'란 것을 알면 헷갈릴 염려가 없다.

"산수갑산을 가는 한이 있어도 이건 절대 양보 못해!"라고 말하는 이가 있다면 이 역시 잘못 알고 하는 소리다. '산수갑산'은 어떤 결심을 해야 하는 상황에서 각오해야 할 매우 어려운 상황을 강조해서 말할 때 쓰이는데, 바른 말은 '삼수갑산三水甲山'이다. 이는 조선조 때 귀양지인 함경남도 북서쪽 삼수와 갑산 지방을 가리키는 데서 온 말이다. 이곳은 우리나라에서 가장 추운 지역으로 오지 중의 오지였으니 예부터 이곳을 간다는 것은 곧 죽음을 각오할 정도란 뜻을 담은 말이 된 것이다.

장사 지낸 후 세 번째 지내는 제사를 삼우제三虞祭라고 하는데, 이 말도 한자 의식이 흐려져 정확한 표기를 모르는 사람이 많은 것 같다. 가령 삼오제니 삼오재니 삼우재니 하는 식이다. 물론 그러다 보니 발음도 대충한다. 초우初虞, 재우再虞, 삼우三虞가 있다고 이해하면 외우기 쉽다.

이와 관련해 주의할 말은 '사십구재四十九齋'다. '사람이 죽은 지 49일 되는 날에 지내는 재'를 말한다. 사십구재는 불교에서 온 말로 '칠칠재七七齋'라고도 한다. 불교 용어에서 '재齋'는 '명복을 빌기 위해 드리는 불공'을 뜻한다. 이를 '사십구제'로 착각해 잘못 쓰기 쉬우니 조심해야 한다.

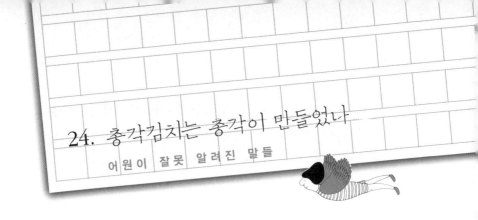

24. 총각김치는 총각이 만들었다

어원이 잘못 알려진 말들

2006년 9월 일본 왕실에서 41년 만에 남아가 태어났다. 아키히토 일본 국왕의 둘째 며느리인 기코 여사가 아들을 출산해 일본 전역이 축제 분위기에 휩싸였다. 그런데 이 아기는 자연분만이 아니라 제왕절개 수술로 태어났다고 한다. 제왕절개帝王切開란 모체의 배를 가르고 인공적으로 태아를 꺼내는 것을 말한다. 우리의 관심은 무슨 연유로 이 수술에 '제왕'이란 단어가 붙었을까이다.

제왕절개 수술은 영어로는 'Caesarean Operation'이다. 이 말은 독일어 카이저슈니트Kaiserschnitt에서 넘어온 것인데, '카이저'는 황제를 뜻하고 '슈니트'는 수술을 의미한다. 이 카이저슈니트를 일본에서 직역한 말이 '데이오셋카이帝王切開'이고 이를 그대로 들여와 우리말로 옮긴 것이 '제왕절개'이다. 속설에는 로마의 황제 율리우스 케사르가 이 수술로 태어나 그의 이름에서 유래했다는 말이 있지만 이는 사실과 다르다.

독일어 '카이저슈니트'는 원래 라틴어 섹티오 카이사레아sectio caesarea에서 유래했다고 한다. 카이사레아caesarea는 '자르다, 베다'란 뜻의 말이다. 그런데 이 말이 카에사르(케사르, 영어식 발음은 시저)와 발음이 비슷해 'Caesarean'이라 하면 제왕이란 뜻과 절개란 두 가지 의미를 담은 중의어重意語가 된 것이다. 북한에서는 제왕절개술과 함께 순화어로 '애기집가르기'란 말이 사용되기도 한다. 남쪽에서는 '아기'가 표준어인데 '아기집'이란 말은 남에서도 '자궁'을 일상적으로 이르는 말로 많이 쓰인다.

이처럼 어원이 엉뚱하게 잘못 알려진 말 중에 '총각김치, 총각무'가 있다. '총각'은 어원의식이 약해져 우리 고유어로 착각하는 경우도 많은데 이는 한자로 '總角'이다. 총總은 지금은 주로 '모두, 다'란 뜻으로 쓰이지만 본래 '꿰매다, 상투 틀다'란 뜻도 갖고 있다. 각角은 물론 '뿔 각'이다. '총각'이란 장가가기 전 머리를 양쪽으로 갈라 뿔 모양으로 동여 맨 머리를 가리키는 말이다. 이는 조선시대 때 혼인을 하지 않아 상투를 틀지 못하는 남자들이 하던 풍습으로, 머리를 가운데서 두 갈래로 나누어 양쪽에 뿔처럼 맨 것을 가리켰다.

여기서 파생된 게 '총각김치'다. 손가락 굵기이거나 그보다 조금 큰 무를 무청째 양념에 버무려 담근 김치인 총각김치는 재료로 쓰는 무의 모습이 마치 '총각'과 같다고 해서 생긴 말이란 게 정설이다. 꼭지미역을 총각미역이라고 하는 데서도 '총각'의 비슷한 쓰임새를 찾을 수 있다. '총각무'란 말은 속설에 총각의 '거시기' 모습과 비슷해 만들어진 것이라고 해 김치 버무리던 아낙

네의 얼굴을 괜스레 붉어지게 했다는 우스갯말도 있지만 이는 근거 없는 것이다. 이를 예전엔 '알타리무, 알타리김치'라고도 했는데 지금은 '총각무김치, 총각김치'로 통일됐다. 이는 1988년 개정 표준어 규정에서 '고유어 계열의 단어가 생명력을 잃고 그에 대응하는 한자어 계열의 단어가 널리 쓰이면 한자어 계열의 단어를 표준어로 삼는다'는 규정에 따른 것이다.

아는 것만큼 보인다

나박김치 김치의 하나. 무를 얄팍하고 네모지게 썰어 절인 다음, 고추·파·마늘·미나리 따위를 넣고 국물을 부어 담근다.

덤불김치 무의 잎과 줄기, 또는 배추의 지스러기로 담근 김치.

동치미 무김치의 하나. 흔히 겨울철에 담그는 것으로 소금에 절인 통무에 끓인 소금물을 식혀서 붓고 심심하게 담근다.

벼락김치 무나 배추를 간장에 절여 당장 먹을 수 있도록 만든 김치. 급살김치. 급살저.

비늘김치 통무를 돌려가며 비늘 모양으로 저며 그 틈에 소를 넣어 통배추와 함께 담근다. 비늘깍두기.

섞박지 배추와 무·오이를 절여 넓적하게 썬 다음, 여러 가지 고명에 젓국을 쳐서 한데 버무린 뒤 조기젓 국물을 부어 익힌 김치.

숙깍두기 늙은이가 먹을 수 있도록 무를 삶아서 담근 깍두기. 숙홍저라고도 함.

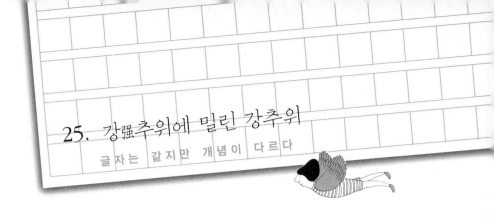

25. 강强추위에 밀린 강추위
글자는 같지만 개념이 다르다

겨울 날씨가 눈발이라곤 거의 비치지 않은 채 마른하늘에 강추위
로만 일관되는 걸 보고…….

　　　　　　　　　　　　　　　　　　　－《완장》, 윤흥길

봄보리는 겨울의 강추위에서 얼어 죽지 않고 아기손가락 같은 줄
기를 파릇파릇 내밀고 있었다.

　　　　　　　　　　　　　　　　　　－《불의 제전》, 김원일

　세상이 꽁꽁 얼어붙을 듯한 매운 추위를 가리켜 사람들은 '강
추위'라고 한다. 그런데 이 강추위는 순우리말일까 한자어일까?
대개는 한자어 '강强'을 생각하곤 '强추위'로 이해하는 것 같다.
하지만 실은 '강强추위'는 나중에 생긴 말이고 본래는 고유어로
서의 '강추위'가 있었을 뿐이다. 윤흥길의 《완장》(1983)에 나오는

'강추위'가 고유어로 쓰인 것이다. 본래 '강추위'란 '눈도 바람도 없이(따라서 마른하늘이고 맑은 날씨이다) 몹시 매운 추위'를 말한다. 이런 부류의 말에는 강추위 외에도 강더위(비가내리지 않고 볕만 쬐는 더위), 강마르다(살이 없이 매우 마르다), 강다짐(밥을 국이 없이 꼭꼭하게 먹는 상태) 등이 있다. 이들의 공통점은 '어떤 상태가 다른 것의 섞임 없이 한 가지만으로 돼 있다'는 것이다.

1997년 전7권으로 완간된 김원일의 《불의 제전》에 나오는 '강추위'는 고유어 '강추위'와는 매우 다르다. 이때의 '강추위'는 '눈이 오고 매서운 바람이 부는 심한 추위'를 뜻한다. 여기에 해당하는 말은 한자어 '강强추위'다. 이것은 '강한 추위, 매우 심한 추위'의 뜻으로 통용되는 말이다. 겨울이면 단골손님처럼 나오는 방송뉴스에 "기습적인 강추위에 폭설까지 겹쳐 출근길 교통대란이 예상됩니다"라는 대목에 쓰인 '강추위'가 전형적인 쓰임새다.

예전에는 이 말을 자의적으로 만들어 쓰는, 잘못된 말로 보았으나 《표준국어대사전》에서 고유어 '강추위'와 함께 한자어 '강强추위'도 표제어로 올림으로써 단어로 인정됐다. '강强-'은 '매우 센' 또는 '호된'의 뜻을 더하는 접두사로 '강염기, 강타자, 강행군' 등의 말이 있다. '강强-'의 이 용법은 사람들이 의도적으로 썼든, 고유어 '강추위'의 개념을 정확히 몰라서 썼든 결과적으로 일상생활에서 워낙 많이 사용돼 1990년대 후반 사전에 오른 것이다. 따라서 순우리말 '강추위'나 한자어 '강추위'나 글자로는 같지만 개념적으로는 매우 다른 말이다. 고유어 '강추위'의 핵심은 눈이 오지 않는다는 것으로, '마른 추위'라고도 한다. 한자어

'강추위'에는 '눈도 오면서 매우 춥다'란 의미가 담겨 있다.

고유어로서의 접두사 '강—'은 이 밖에도 강술, 강된장, 강조밥, 강기침, 강서리, 강호령 등 여러 말을 파생시켜 놨다. 시골 중에서도 아주 깊은 시골을 '깡촌'이라 하는데 이 역시 '강촌'에서 변한 말로 볼 수 있다. 하지만 깡촌은 아직 사전에 올라 있지 않다. '깡술(깡소주)을 벌컥벌컥 마신다'라는 말이 있다. 이는 '안주도 없이 마시는 술(소주)'을 뜻한다. 그런데 여기서 깡술, 깡소주는 아직까지는 규범적으로 '강술, 강소주'가 바른 표기이다.

사전은 보수적인 측면이 있어 어떤 말이 단어로 오르기까지에는 오랜 시간이 걸린다는 점을 감안하더라도 깡촌이나 깡술, 깡소주 같은 말은 이제 단어로 대접 받을 자격이 충분하지 않을까.

아는 것만큼 보인다

강— 몇몇 명사 앞에 붙어 '다른 것이 섞이지 않은'의 뜻을 더하는 접두사(강굴/강된장/강술/강참숯/강풀). 몇몇 명사 앞에 붙어 '마른' 또는 '물기가 없는'의 뜻을 더하는 접두사(강기침/강모/강서리). 몇몇 명사 앞에 붙어 '억지스러운'의 뜻을 더하는 접두사(강울음/강호령). 몇몇 명사, 형용사 앞에 붙어 '호된' 또는 '심한'의 뜻을 더하는 접두사(강더위/강추위/강마르다/강밭다).

강強— 일부 명사 앞에 붙어 '매우 센' 또는 '호된'의 뜻을 더하는 접두사(강염기/강타자/강행군).

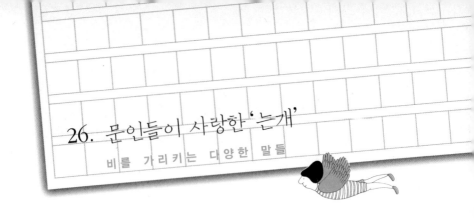

26. 문인들이 사랑한 '는개'

비를 가리키는 다양한 말들

는개, 개부심, 한맛비, 그믐치, 먼지잼, 줄비

낯설지만 어디서 들어 본 듯한, 살가운 말들이다. 모두 비雨를 가리키는 우리 고유어들이다. 이외에 비를 가리키는 말이 더 있는데 여러 날을 비가 지루하게 오는 것을 '장마'라 하고 그 비를 '장맛비'라 한다. 이럴 땐 날이 대개 흐리고 축축해 을씨년스럽기까지 하다. 그래서 '궂은비'라고도 한다.

농사짓기를 천하지대본으로 여겼던 우리 민족은 비를 가리키는 수십 가지 이름을 남겼다. 소나기를 비롯해 보슬비, 이슬비, 가랑비, 안개비, 장대비, 여우비, 실비, 억수, 웃비, 단비, 약비, 여기다 한자어까지 합치면 족히 4,50개는 된다. 우리말이 비에 대해 이같이 세분화된 이름 체계를 갖고 있다는 것은 우리 민족이 그만큼 '비'를 중요시했다는 가치체계의 한 단면을 보여준다.

비 가운데 가장 약하게 내리는 것을 '는개'라고 하는데, 안개처럼 보이면서 이슬비보다 가늘게 내리는 비를 이른다. 살포시 는개가 내리는 날은 사뭇 몽환적인 분위기를 띠기도 해 문인들이 작품 소재로 많이 다룬다. 한자어로는 무우霧雨 또는 연우煙雨이다. 이슬비는 말 그대로 이슬처럼 내리는 비를 가리킨다. 는개보다 굵고 가랑비보다는 가늘다. 가랑비는 이슬비보다 좀 굵으면서도 가늘게 내리는 비를 말한다. 보슬비/부슬비는 모두 가랑비의 종류다. "가랑비에 옷 젖는 줄 모른다"란 말은 '아무리 사소한 일이라도 계속되면 무시하지 못할 정도로 커진다'는 뜻으로 쓰인다. '가랑비'는 '안개비'라고도 부르며 한자어로는 세우細雨다. 보슬비는 바람 없이 조용하게 내리는 가랑비다. '보슬보슬'이란 부사는 '눈이나 비가 가늘고 성기게 조용히 내리는 모양'을 나타내는 의태어이다. 부슬비는 '보슬비'의 큰말이다. 보슬비와 부슬비도 가는비와 한가지다. 사전에 가는비가 나와 있다. 그렇다고 '굵은비'도 성립하는 것은 아니다. '가는비'는 단어이지만 '굵은비'란 낱말은 없으므로 쓸 때는 '굵은 비'로 띄어 써야 한다. 여우비는 맑은 날 볕이 나 있는데 잠깐 오다 그치는 비이고, 소나기는 갑자기 세차게 내리다가 곧 그치는 비다. 소낙비라고도 하며 소나기와 소낙비는 복수표준어이다.

'장대비'는 장대같이 굵은 빗줄기로 세차게 쏟아지는 비를 뜻한다. '폭우暴雨'가 같은 말이다. 빗방울의 굵기를 기준으로 비의 종류를 보면 '안개〈는개〈이슬비〈가랑비＝보슬비/부슬비＝안개비＝실비＝세우〈장대비/억수' 순으로 세차진다(안개는 비로 치지 않으며 는개부터 비다).

　'개부심'은 장마로 큰물이 난 뒤, 얼마 동안 멎었다가 다시 비가 내려 명개(갯가나 흙탕물이 지나간 자리에 앉은 검고 보드라운 흙)를 부시어 내는 일, 또는 그 비를 가리키는 말이다. '한맛비'는 부처의 설법이 모든 중생에게 고루 끼쳐 주는 것이, 마치 비가 온갖 초목을 골고루 적셔 아름답게 하는 것과 같다는 뜻이다. 먼지잼은 겨우 먼지나 자게 할 정도로 조금 오는 비를 나타낼 때 쓴다. 그믐치는 음력 그믐께에 오는 비, 줄비는 끊임없이 쫙쫙 내리는 비(북한말이다)를 가리킨다.

아는 것만큼 보인다

가랑비 보슬비와 이슬비.

개부심 장마로 홍수가 진 후에 한동안 멎었다가 다시 내려, 진흙을 씻어 내는 비.

건들장마 초가을에 비가 내리다가 개고, 또 내리다가 개곤 하는 장마.

궂은비 끄느름하게 오랫동안 내리는 비.

그믐치 음력 그믐께에 내리는 비나 눈.

꿀비 농사짓기에 적합하게 내리는 비.

날비 놋날(돗자리를 칠 때 날실로 쓰는 노끈)처럼 가늘게 비끼 내리는 비.

누리 우박.

는개 안개보다 조금 굵은 비.

단비 꼭 필요할 때에 알맞게 내리는 비.

떡비 가을비. 가을걷이가 끝나 떡을 해 먹으면서 여유 있게 쉴 수 있다는 뜻으로 쓰는 말.

먼지잼 먼지나 잠재울 정도로 아주 조금 내리는 비.

목비 모낼 무렵에 한목 오는 비.

못비 모를 다 낼만큼 흡족하게 오는 비.

보름치 음력 보름 무렵에 내리는 비나 눈.

보슬비 알갱이가 보슬보슬 끊어지며 내리는 비.

복비 복을 가져다주는 비라는 뜻으로, 농사철에 때맞춰 내리는 비를 이르는 말.

부슬비 보슬비보다 조금 굵게 내리는 비.

비꽃 비가 내리기 시작할 때 성기게 떨어지는 빗방울.

소나기 갑자기 세차게 내리다가 곧 그치는 비.

실비 실처럼 가늘게, 길게 금을 그으며 내리는 비.

안개비 안개처럼 눈에 보이지 않게 내리는 비.

약비 요긴한 때에 내리는 비.

억수 물을 퍼붓듯이 세차게 내리는 비. 악수.

여우비 맑은 날에 잠깐 뿌리는 비.

오란비 장마의 옛말.

웃비 아직 우기雨氣는 있으나 좍좍 내리다가 그친 비.

이슬비 는개보다 조금 굵게 내리는 비.

작달비 굵고 세차게 퍼붓는 비. 장대비.

장맛비 장마 때 오는 비.

줄비 끊임없이 쫙쫙 내리는 비.

채찍비 굵고 세차게 내리치는 비.

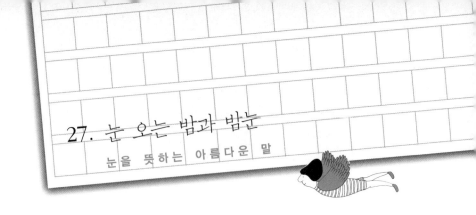

27. 눈 오는 밤과 밤눈
눈을 뜻하는 아름다운 말

어느 먼—곳의 그리운 소식이기에

이 한밤 소리 없이 흩날리느뇨

…(중략)…

내 홀로 밤 깊어 뜰에 나리면

먼—곳에 여인의 옷 벗는 소리

—김광균 '설야' 중에서

글쓰기 요체 중 하나는 '내가 쓰는 글이 어떤 성격의 글인가'를 정확히 파악하는 것이다. 그에 따라 과학의 언어로 글을 쓸 것인지, 시적 언어가 어느 정도 허용될 것인지가 결정된다. 가령 '눈빛'을 과학의 언어로 말하면 '대기 중의 수증기가 찬 기운을 만나 얼어서 땅 위로 떨어지는 얼음의 결정체'이다. 하지만 '눈'을 시의 언어로 풀면 김광균 시인에게서처럼 서글픈 옛 자취이기도 하고 추억이면서 슬픔이기도 하며 먼 곳에 여인의 옷 벗는 소리이기도 하다.

시의 언어는 그만큼 수사적 표현이 풍부하고 개인적, 주관적인 글쓰기가 가능하지만 과학의 언어는 엄격하고 정교하며 객관적인 쓰임새를 요구한다. 과학의 언어와 시의 언어는 언어 사용의 측면에서 양 극단에 놓여 있긴 하지만 그 사이에 공통적으로 필요로 하는 조건은 어휘력이다. 다양하고 섬세한 표현을 가능하게 하는 것은 얼마나 풍부한 단어를 구사할 수 있느냐에 달려 있다.

눈은 예부터 농사와 밀접하게 연관돼 있어서 한겨울 때맞춰 적당히 오면 이듬해에 풍년이 든다는 게 우리네 선조들의 경험칙이다. 삶과 직접적으로 연결돼 있다 보니 눈 이름도 풍성하다.

겨울이면 폭설로 피해를 입는 곳이 있다. 폭설暴雪은 갑자기 많이 내리는 눈을 말한다. 순우리말로 하면 소나기눈이고 줄여서 소낙눈이라고도 한다. 소나기가 쏟아지듯 별안간 퍼붓는다는 데서 생긴 말이다. 이에 비해 연말 연초에 포근히 적당한 양으로 내리는 눈은 풍년을 기약하는 눈이라 하여 '서설'이라고 했다. 서설瑞雪은 말 그대로 상서로운 눈이다. 이런 눈이 오는 날이면 날씨도 포근해 속담에서도 '눈 온 뒤에는 거지가 빨래를 한다'고 했다. '눈이 온 다음 날은 거지가 입고 있던 옷을 벗어 빨아 입을 만큼 따스하다'는 말이다.

김광균 시인의 '설야'에 나오는 눈은 '야설夜雪'이다. 순우리말로 하면 '밤눈'인데, 말 그대로 밤에 내리는 눈을 뜻한다. 밤눈중 사람들이 잠든 한밤중에 몰래 내려 아침에 탄성을 자아내게 하는 눈은 '도둑눈' 또는 '도적눈'이라고 한다.

눈 중에도 함박눈이 눈싸움하기에는 그만이다. 비교적 포근한 날에 습기를 많이 머금은 함박눈은 눈송이가 굵고 탐스럽게 내려 잘 뭉쳐진다. 이에 비해 기온이 낮고 바람이 세게 부는 건조한 날에는 잘 뭉쳐지지도 않는 눈이 내린다. 보통 가루 모양으로 흩날리면서 내리는데 이를 '가루눈'이라 한다.

추운 날에는 또 하늘에서 빗방울이 갑자기 찬 공기를 만나 쌀알같이 알갱이 져서 내리기도 하는데 이는 '싸라기눈'이라 하며 준말로는 '싸락눈'이다. 싸라기는 부스러진 쌀알을 가리키는 말인데 싸라기눈과 같은 말로 쓰이기도 한다. 이 싸라기눈이 좀더 커져 지름 5밀리미터쯤 되는 얼음 덩어리로 떨어지면 '우박雨雹'이다. 또 눈 같기도 하고 비 같기도 한, 눈과 비가 함께 오는 것은 진눈깨비라고 한다.

아는 것만큼 보인다

- **가랑눈** 조금씩 잘게 내리는 눈. 분설·세설.
- **가루눈** 가루 모양으로 내리는 눈. 기온이 낮고 수증기가 적을 때 내림.
- **길눈** 한 길이 될 만큼 많이 쌓인 눈.
- **도둑눈** 밤사이에 사람들이 모르게 내린 눈. 도적눈.
- **마른눈** 비가 섞이지 않고 내리는 눈.
- **복눈** 복을 가져다주는 눈이라는 뜻으로, 겨울에 많이 내리는 눈을 이르는 말.
- **서설** 상서로운 눈.

소나기눈 갑자기 많이 내리는 눈. 폭설.

숫눈 눈이 와서 쌓인 상태 그대로의 깨끗한 눈.

싸라기눈 빗방울이 갑자기 찬 바람을 만나 얼어 떨어지는 쌀알 같은 눈.

자국눈 겨우 발자국이 날 만큼 적게 내린 눈. 박설.

진눈깨비 비가 섞여 내리는 눈.

찬눈 보기에 쌀쌀한 느낌이 드는 눈을 뜻하는 북한말.

28. 동지섣달 꽃 본 듯이
달과 날을 뜻하는 우리말

'설'이란 새해의 첫날을 명절로 이르는 말이다. 새해 첫날을 나타내는 말로는 한자로 '으뜸 원元'이나 '머리 수首', '처음 초初'자를 써서 '원단元旦(설날 아침), 원일元日, 신원新元, 세수歲首, 정초正初' 등 여러 가지가 있다. 그중에서도 설 다음으로 많이 쓰이는 말은 '정월 초하루'일 것이다.

'정월正月'은 음력으로 한 해의 첫째 달이다. 그 첫째 달 첫날을 '정월 초하루'라고 한다. 이날은 웃어른께 세배를 올리며 떡국을 먹는데 우리 풍습에서는 이날 비로소 한 살을 더 먹는다고 했다. 설을 쇠는 것을 '과세過歲'라고 한다. 예전에 정부에서 양력 1월 1일을 명절로 공식화했던 시절이 있었지만 민간에서는 뿌리 깊은 전통에 따라 여전히 음력 1월 1일에 설을 쇠었다. 그러다 보니 두 번에 걸쳐 설을 쇠는 꼴이 됐는데 양력의 것을 신정, 음력의 것을 구정이라 해 구별했다. 이를 이중과세二重過歲라 한다.

물론 현재는 양력 1월 1일은 새해 첫날의 의미만 갖고 명절로서는 인정받지 못하므로 음력 1월 1일만을 설이라 한다. 따라서 요즘은 신정, 구정이란 구별 자체가 적절치 않은 말이며 특히 설날을 구정이라 하는 것은 바른 표현이라 할 수 없다. 또 설 자체가 음력을 기준으로 하는 말이므로 '음력설'이란 것도 군더더기일 뿐이다.

우리말에서 1월부터 12월까지를 나타내는 전통적인 말은 '정월, 이월, 삼월, 사월, 오월, 유월, 칠월, 팔월, 구월, 시월, 동짓달, 섣달'이다. 동지冬至는 24절기의 하나로 양력으로 치면 12월 22일경이다. 음력으로는 11월 중에 들어 있다. 이날은 일 년 중 낮이 가장 짧고 밤이 가장 길다. 하지만 이날을 기점으로 낮이 점점 길어지기 때문에 동지에는 음기가 극성한 가운데 양의 기운이 싹튼다고 보아 한 해의 시작으로 간주하기도 했다. 동지가 든 달이라고 해서 음력 11월을 동짓달이라 한다.

섣달이란 '설이 드는 달'이란 뜻에서 나온 말이다. 음력 12월을 가리킨다. 지금은 음력 1월 1일, 즉 새해 첫날을 설이라고 하지만 아주 오래전에는 동짓달을 새해 첫 달로 잡은 적도 있고 음력 12월 1일을 설로 쉰 적도 있다. 따라서 음력 12월을 설이 드는 달이란 의미에서 '설달'이라고 부르게 된 것이다. 이 설달이 섣달로 바뀐 것은 '이틀+날'이 '이튿날'이 되고 '술+가락'이 '숟가락'으로, '바느질+고리'가 '반짇고리'로 변한 것과 같은 이치이다. 우리말에서 역사적으로 'ㄷ'과 'ㄹ'은 넘나드는 현상을 보여 'ㄹ' 받침의 말이 다른 말과 어울려 'ㄷ'으로 바뀐 사례는 많이 있다.

따라서 섣달이란 말은 음력 12월, 즉 '한 해의 마지막 달'을 가리켜 부르는 말이지만 이 단어 속에는 아주 옛날 '한 해가 시작하는 달'로도 쓰였다는 사실이 화석처럼 남아 있다.

'섣달'은 한자로는 '랍臘'이다. '옛 구舊'자를 써서 구랍舊臘이라 하면 '지난해 섣달'을 가리키는 말이다. 한자어를 많이 쓰던 몇 년 전까지만 해도 신문에서 흔히 볼 수 있던 단어다. 가령 '구랍 30일'이라 하면 새해 초에 '지난해 12월 30일'을 나타내는 말로 쓰였다. 하지만 한자어 사용이 줄어들면서, 또 그 자체로는 뜻이 쉽게 드러나지 않는다는 점에서 점차 단어로서의 생명력이 약해져 최근에는 잘 쓰이지 않는다. '구랍'은 또 엄밀히 말해 섣달이 음력의 개념이란 점에서 '지난해 12월'을 가리키기에는 시간적으로 맞지 않는다는 단점도 갖고 있다. 하지만 정초니 섣달이니 하는 말을 최근에는 양력의 개념으로도 많이 쓰는 현실을 감안하면 이들의 쓰임새는 좀더 지켜봐야 할 일이다.

우리말에서 이 '랍'의 쓰임새는 매우 드물다. 참고로 이 말이 들어간 단어로 '법랍'과 '희랍'을 알아 둘 만하다. 법랍法臘은 불교 용어로, 승려가 된 뒤로부터 세는 나이를 말한다. 한자 '납'이 연말에 신에게 제사 지내는 것에서부터 세말歲末의 의미가 유래한 것처럼, 불가에서 하안거夏安居의 수행을 마치면 한 살로 쳐서 법랍을 헤아렸다. 희랍希臘은 글자의 뜻과는 상관없는 차음 표기이다. 그리스를 가리키는 말이다. 희랍이 그리스를 의미하게 된 까닭은 그리스의 본래 명칭이 헬라스Hellas(그리스는 영어식 표기)이기 때문이다.

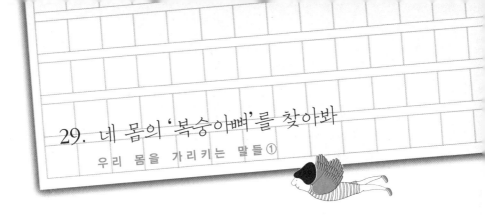

29. 네 몸의 '복숭아뼈'를 찾아봐
우리 몸을 가리키는 말들①

그곳에 가면 복숭아 축제를 볼 수 있다. 그곳은 1970년대 중반까지 나주 배, 대구 사과와 함께 전국 3대 명물 과일의 산지로 손꼽혔다. 지금은 도시화로 인해 복숭아 과수원은 거의 사라졌지만 그 명성은 여전히 이어져 오고 있다. 그곳은 바로 부천이다. 부천의 옛 이름은 '소사'인데 그보다는 오히려 '복사골'이란 말로 더 유명하다. 복사골은 복숭아가 줄어진 '복사'와 마을을 뜻하는 '골'이 어우러진 말이다. 부천에서는 해마다 5월이면 '복사골 예술제'가 개최된다.

'복사'는 어원적으로 복숭아의 옛 형태인 '복성화'에서 '복숑와 → 복쇼아 → 복사'의 과정을 거쳐 만들어졌다. '복사꽃'은 당연히 '복숭아꽃'의 준말이다. 한자어로는 '도화桃花'다. 현대 국어에서 복사는 복숭아에 밀려 단독으로는 잘 쓰이지 않고 복사골이나 복사꽃같이 합성어 형태로 많이 쓰인다. 이 말이 또 하나의 근사한 합성어를 이룬 게 '복사뼈'이다. '발목 부근에 안팎으로 둥글게 나온 뼈'를 가리키는 이 말 역시 원래는 '복숭아뼈'에서 온 것이다. 그런데 사람들은 복사뼈보다는 복숭아뼈를 더 많이 쓰고 있는 것 같지만 우리말에서의 대접은 오히려 그 반대다. '복숭아뼈'는 '복사뼈의 잘못'이라 해 인정하지 않는 것이다. 이는 '복사뼈'가 이미 의학 용어로 널리 쓰여 복숭아뼈를 버리고 복사뼈만을 표준으로 인정한 데 따른 것으로 알려져 있다. 그러니 우리 몸에서 '복숭아뼈'란 곳은 없는 셈이다.

이와 관련해 안상순 금성출판사 사전팀장은 "복사는 복숭아의 준말인데도, 기이하게 '복숭아뼈'는 그동안 규범으로 인정되지 않았다. 더구나 '복사'는 자립적인 말로는 거의 쓰이지 못하고 합성어로나 겨우 쓰이고 있다. 따라서 사람들이 '복사뼈'보다 '복숭아뼈'를 더 친숙하게 느끼는 것은 매우 자연스러운 일이다"라고 설명한다.

우리 몸의 특정 부위를 나타내는 말 중에 '횡경막'은 아예 틀린 표기를 맞는 것으로 알기 십상인 경우이다. '횡경막의 수축과 이완 작용.' 생물시간에 호흡에 관해 배울 때 많이 나오는 이 단어의 바른 표기는 '횡격막橫膈膜'이다. '횡격막'은 아마도 한자 의식이 흐려진 데다 '횡격막'의 발음이 [횡경막]으로 나기 때문에 사람들이 무심코 쓰는 것 같다. '횡격막'은 우리 고유어로 하면 '가로막'이다. 배 속을 가로로 막고 있는 막이라 해서 붙여진 이름이다. 사전적 풀이는 '포유류의 배와 가슴 사이에 있는 막'이다.

고깃집에 가면 차림표 중에 '갈매기살'이란 게 있는데 이 '갈매기살'의 어원도 실은 여기에 있다. 돼지의 가슴과 배를 가로막고 있는 막에 붙어 있는 살이 바로 '가로막살'이다. 이 부위는 분량은 적지만 기름기가 없고 부드러우면서도 쫄깃한 맛을 내 예전부터 귀한 육질로 쳤다. 이 말이 오랜 세월을 거치면서 접미사 '이'가 붙어 '가로마기살'로 바뀌고 다시 '이'모음역행동화에 의해 '가로매기살'이 됐다가 글자가 축약돼 '갈매기살'로 굳었다는 게 정설이다. 그러니 갈매기살은 바다의 갈매기와는 전혀 상관없는, 돼지고기의 일종인 것이다.

'팔의 위아래 마디가 붙은 관절의 바깥쪽'을 나타내는 말은 '팔꿈치'일까 '팔굽'일까? 둘 다 맞을 것 같지만 사전에서는 '팔굽'은 '팔꿈치'의 잘못으로 규정하고 있다. 그러나 북한에서는 '팔굽'으로 쓴다는 점이 특이하다. '뒤꿈치(○)'와 '뒷굽(×), 발굽(×)'의 관계도 비슷하다. '발의 뒤쪽 발바닥과 발목 사이의 불룩한 부분'은 '뒤꿈치'라고 한다. '발꿈치'도 같은 말이며 '발뒤축'도 비슷하게 쓰인다. 그러나 이를 '뒷굽' 또는 '발굽'이라 하지는 않는다. '발굽' 또는 '굽'은 '초식 동물의 발끝에 있는 크고 단단한 발톱'을 이르는데, 이는 다른 말이므로 구별해야 한다. '말발굽'과 같이 쓰인다. '굽'은 또 '구두 밑바닥의 뒤축에 붙어 있는 부분'을 뜻하기도 한다. '굽이 높은 구두를 신다'와 같이 쓸 때의 '굽'이 그것이다. 따라서 이런 의미로 쓰인 '뒷굽(뒷굽을 갈았다)'에서 '뒷'은 불필요한 군더더기란 점이 드러난다. '굽' 자체가 의미를 모두 담고 있기 때문이다.

관자놀이 귀와 눈 사이의 맥박이 뛰는 곳. 그곳에서 맥박이 뛸 때 관자가 움직인다는 데서 나온 말이다.

귓바퀴 겉귀의 드러난 가장자리 부분.

꼭뒤 뒤통수 한가운데.

눈두덩 눈언저리의 두두룩한 곳.

눈시울 눈언저리의 속눈썹이 난 곳.

눈초리 눈의 귀 쪽으로 째진 부분.

단전 배꼽 아래로 한 치 다섯 푼 되는 곳.

덜미 목의 뒤쪽 부분과 그 아래 근처.

명치 사람의 가슴뼈 아래 한가운데의 오목하게 들어간 곳.

살쩍 관자놀이와 귀 사이에 난 머리털.

오금 무릎의 구부러지는 오목한 안쪽 부분.

장딴지 종아리 뒤쪽의 살이 불룩한 부분.

정강이 종아리의 앞면 뼈 부분.

콧방울 코끝 양쪽으로 둥글게 방울처럼 내민 부분.

30. '귓밥'은 파낼 수 없다
우리 몸을 가리키는 말들②

바다가 보이는 언덕 위에

우체국이 있다

나는 며칠 동안 그 마을에 머물면서

옛사랑이 살던 집을 두근거리며 쳐다보듯이

오래오래 우체국을 바라보았다

키 작은 측백나무 울타리에 둘러싸인 우체국은

문 앞에 붉은 우체통을 세워두고

하루 내내 흐린 눈을 비비거나 귓밥을 파기 일쑤였다

　　　　　　　　　−안도현의 '바닷가 우체국' 중에서

　엽서, 편지, 우체통, 여관방⋯⋯. 지금은 점차 찾아보기 어려운, 추억 속의 낱말이 되어 가는 이런 소품들을 통해 아련한 소통의 그리움을 자아내 널리 알려진 시이다. 그런데 여기엔 아쉽게도 옥에 티가 있다. 시인이며《우리말 지르잡기》,《작가들이 결딴 낸 우리말》등의 저자 권오운 씨가 그것을 집어냈다. "안도현은 그의 시에서 '귓밥을 팠다'고 노래했다. '귓밥'은 '귓불'과 같은 말이다. '귓바퀴의 아래쪽에 붙어 있는 살'이 귓불이다. 그런데 여기서는 '팠다'고 했으니까 귓불이 아니라 '귀지'를 이르고 있음을 알 수 있다. '귓구멍 속에 낀 때'인 귀지를 일부 지방에서 더러 '귓밥'으로 쓰고 있다."

권오운 씨의 지적대로 '귓밥'은 '귓불'과 같은 말이다. 우리가 일반적으로 '귀'라고 할 때 가리키는 것이 바로 '귓바퀴'이다('귓 바퀴'는 정확히 말하면 '겉귀의 드러난 가장자리 부분'을 말한다). 이 귓바퀴의 아래쪽에 붙어 있는, 도톰하게 늘어져 있는 살을 '귓불'이라 한다. 사람들이 이를 '귓볼'로 알고 있는 경우가 대부분이지만 이는 틀린 말이다. 아마도 이는 비슷하게 말랑말랑한, 뺨의 한복판을 가리키는 '볼'을 연상해 쓰는 데서 비롯된 것 같다. '귓불'은 물론 '귀+불'의 구성이다. 이때의 '불'은 고어에서는 '붏'로 쓰였는데 두둑하면서도 늘어진 살을 나타내기도 하고 '불알'의 준말로 쓰이기도 한다. 국립국어원에서 조사한 자료에 따르면 실제로 귓불의 관련 방언에는 '귀불알, 구이불알' 따위가 있다. '귓불'을 '귓방울'로 쓰기도 하는데 이 역시《표준국어대사전》은 '귓불의 잘못'으로 풀고 있다.

귓불을 귓볼이나 귓방울로 잘못 알기 십상인데 비해, 같은 말 귓밥은 귀지를 뜻하는 것으로 알고 있는 경우가 많다. 귀지를 또 '귀에지'로 쓰기도 하는데 이 역시《표준국어대사전》은 '귀지'

의 잘못이라 못 박았다. 그러니 귀지는 '파거나 후비는' 것이고, 귓불이나 귓밥은 '두둑하다, 두툼하다'라고 말해야 한다.

그럼 그 귀지를 파내는 기구, 즉 나무나 쇠붙이로 숟가락 모양으로 가늘고 작게 만든 것은 무엇일까. '귀지개, 귀개, 귀후비개, 귀쑤시개, 귀파개, 귀이개.' 조금씩 형태를 달리 해 여러 가지로 쓰이지만 굳이 표준어를 고르라면 '귀이개' 하나뿐이다. 사전에서는 귀지개나 귀개는 귀이개의 잘못, 귀후비개와 귀쑤시개는 귀이개의 방언으로 정리했다. 귀파개는 사전에 없는 말이다. 비슷한 형태의 여러 말을 버리고 굳이 '귀이개' 하나만을 표준으로 삼은 것은 이 말의 뿌리가 아직 살아 있다고 봤기 때문이다. '귀이개'의 구성은 '귀+이+개'인데 우선 '-개'는 날개, 덮개, 마개, 지우개, 이쑤시개 등에서처럼 '간단한 도구'의 뜻을 더하는 접미사이다 '이'는 '틈이나 구멍 속을 긁어내거나 도려내다'란 뜻인 '우비다'의 옛말 '우의다'가 변한 것이다.

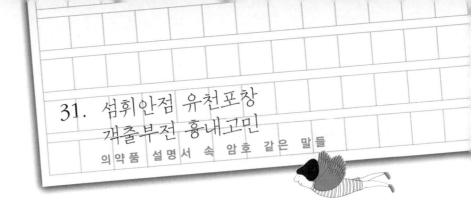

31. 섬휘안점 유천포창
객출부전 흉내고민
의약품 설명서 속 암호 같은 말들

섬휘안점, 유천포창, 객출부전, 흉내고민, 태자독성, 담즙울체,
어린선······

고사성어 같기도 하고 무슨 암호 같기도 한 이 난해한 말들은
엄연히 우리말 속에 자리 잡고 있는 것들이다. 물론 일반적으로
통용되는 단어는 아니고, 일부 사람만 알아보는 전문 용어이다.
하지만 우리가 일상생활에서 비교적 자주 그것도 쉽게 접할 수
있는 것들이다.

대체 이들의 정체는 무엇일까? 다른 말을 살펴보면 감을 잡는
데 도움이 될 것이다.

염좌, 열창, 건선, 소양증, 난청, 농양, 동통, 이명, 현기, 발
한, 토혈······

이쯤 되면 비로소 무엇을 말하는 것인지 알 수 있을 것 같다. 미국산 쇠고기 수입 문제로 나라 안 관심이 온통 촛불집회에 쏠려 있던 2008년 6월 말 일부 신문의 지면 한쪽에는 알쏭달쏭한 제목의 기사 하나가 자리를 차지하고 있었다.

'계안, 고창, 담마진… 무슨 뜻인지 아세요.'

시중 약국에서 유통 중인 일반 의약품의 포장 용기와 설명서에서 찾아낸, 뜻을 도무지 알 수 없는 한자 용어들이다. 식품의약품안전청에서 이미 2002년 '일반의약품 표시기재 가이드라인'을 통해 어려운 한자어로 된 의약품 설명을 쉽게 풀어 쓰라고 권고한 적이 있는데, 이번에 한국소비자원이 그 실태를 밝힌 것이다. 식약청은 당시 바꿔 쓸 용어 241개를 선정했었다. 하지만 이는 어디까지나 권고 사항이고 실제로는 여전히 '가역적(되돌릴 수 있는)', '개선(일명 옴)', '객담(가래)' 같은 알쏭달쏭한 말들이 사용된다는 게 확인된 셈이다.

일상생활에서는 거의 쓰이지 않는 이런 어려운 한자 용어는 사실 조금만 신경 쓰면 쉽고 익숙한 말로 바꿀 수 있는 것들이다.

우선 '염좌나 열창, 소양증'은 그중 비교적 낯익은 말이다. 이들을 대체하는 말은 각각 뻠, 찢긴 상처, 가려움증이다. '경면'이란 의식을 잃어 가는 수면에 가까운 상태를 뜻하는데 '졸음'이라 할 수 있다. '계안'이란 낯선 단어는 우리가 잘 아는 '티눈'이다. '고창'은 장 안에 가스가 차서 배가 붓는 병으로, '고창증'이라 하면 곧 복부 팽만감을 말한다. 도무지 감을 잡을 수 없는 '담마진'은 '두드러기'를 전문적으로 이르는 말이다. '동계'나 '심계항진' 같은 것은 심장의 박동이 빨라짐을 말하는데, 두근거림이라 하면 금방 알 수 있다.

'맥립종'이라 하면 무슨 큰 질병같이 느껴지지만 실은 누구나 앓아 본 적이 있는 다래끼이다. '농양'도 '고름집'으로 순화된 말이다. '화농'은 얼핏 불에 데어 고름이 생긴 것을 말하는 듯하지만 외상을 입은 피부나 각종 장기에 고름이 생기는 것을 뜻한다. '곪음'이라 하면 쉽게 알 수 있다. '건선'도 알 듯 말 듯하지만 '마른비늘증'을 이르는 말이다. '현훈'이라 하면 여간해서 알아보기 어렵지만 '어지러움'이라 하면 누구나 안다. '개선'도 아리송한 단어인데, '옴'을 가리킨다. '섬망'도 무슨 말인지 모르겠지만 바로 '헛소리'를 말한다.

이런 것들은 그나마 《표준국어대사전》 등에 올라 있어 조금만 정성을 들이면 확인이라도 할 수 있다. 하지만 '섬휘안점, 유천포창, 객출부전, 흉내고민……' 등 더 낯선 수많은 용어들은 아예 대사전에도 없고 식약청의 가이드라인에서조차 다루지 않은 것들이다. 의약품의 난해한 한자어 설명이 제조사가 의도한 것이든 무의식적인 결과였던 간에 소비자에 대한 배려가 없다는 것은 분명하다.

읽는 사람을 생각하지 않는 일방적인 설명이 소비자의 공감을 얻지 못할 것임은 너무도 자명한 일이다. 일반적인 글쓰기에서도 마찬가지다. 읽는 이를 염두에 두지 않은 거창한 한자어, 무겁고

현학적인 표현 등은 곧바로 글쓰기의 실패를 가져온다. 물론 한자어와 쉽게 풀어 쓴 말은 기능이 서로 달라 글의 종류에 따라 적절히 조절해 써야 한다. 다만 일반적인 글쓰기에서는 굳이 어렵고 딱딱한 한자어를 쓰기보다 쉽게 풀어 쓰는 게 자연스러운 글쓰기의 요령이다. 가령 '해후하다, 회동하다'라는 말은 '만나다'를 쓰면 충분할 것이고, '대치하다'나 '무마하다' 같은 말은 '맞서다'나 '달래다'라고 쓰면 글이 훨씬 편해진다.

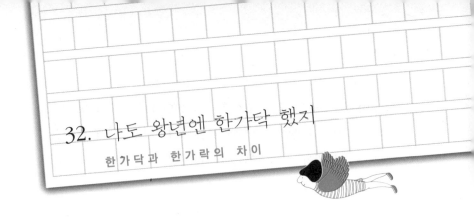

32. 나도 왕년엔 한가닥 했지
한 가 닥 과 한 가 락 의 차 이

면 한가닥으로 일인분 만드는 중국 국수.

예전에 'ㅇㅇㅇ 투데이'란 한 TV 프로그램에서 중국의 먹거리
를 소개하면서 자막에 쓴 말이다.

"야, 노래라면 나도 한가닥 해." 우리가 일상생활 속에서 주위
사람들에게 흔히 해 봤음직한 말이다.

모두 '한가닥'이란 말이 쓰였지만 아쉽게도 제대로 한 말이 아
니다. '한가닥'과 비슷한 것 같으면서도 다른 말이 '한가락'이다.

'가락'은 몇 가지로 달리 쓰이는데, 우선 '가늘고 길게 빠진,
토막난 물건의 낱개'를 가리킨다. 손가락, 발가락, 엿가락, 가락
국수 따위에 쓰인 '가락'이 그것이다. '엿 한 가락', '잔칫집에서
국수 한 가락 얻어먹지 못하고 돌아왔다'처럼 쓰인다. 이에 비해
'가닥'은 '한군데서 갈려 나온 낱낱의 줄기'를 말한다. '머리를

두 가닥으로 땋다. 창을 열자 수많은 가닥의 햇살이 쏟아졌다'식으로 쓰인다. 그러니 가령 기계로 면발을 뽑을 때 면발이 세 갈래로 나온다면 '세 가닥으로 나온다'라고 말할 수 있다. 그러나 이미 나온 면발 낱낱을 가리킬 때는 '가락'이 되는 것이다. 그래서 위에서도 '면 한가닥'이 아니라 '면 한 가락'이다. 또 이때 '한'은 관형사이므로 반드시 띄어 써야 한다.

'가락'은 그 외에도 '일을 해 나가는 솜씨나 능률 또는 기분'을 뜻하기도 하고, '소리의 높낮이가 길이나 리듬과 어울려 나타나는 음의 흐름'을 나타내기도 한다. 이때의 '가락'은 단독으로 쓰이기도 하지만 '한'이란 말과 결합해 새로운 단어를 이룬 '한가락'으로 많이 쓰인다.

'한가락'은 '어떤 방면에서 썩 훌륭한 재주나 솜씨'를 가리키며, '노래나 소리의 한 곡조'를 뜻하기도 한다. 관용어로 '한가락 뽑다'라고 하면 '노래나 소리 또는 춤, 재주, 솜씨 따위를 한바탕 멋들어지게 해 보이다'라는 뜻이다. '한가락 하다'는 '어떤 방면에서 뛰어난 활동을 하거나 이름을 날리다'란 뜻으로 쓰인다. 그러니 친구가 무언가를 잘할 때는 "이야, 너도 제법 한가닥 하네"라고 하지 말고 "너도 제법 한가락 하네"라고 말해야 한다. 마찬가지로 무심코 "그 친구는 노는 쪽에서 한가닥 하지"라고 말하기 십상이지만 이를 "한가락 하지"라고 해야 바르다.

"내가 그 바닥에서는 한주먹 했지."

"노래라면 한노래 합니다."

"사실 미모 하면 내가 한미모 하죠."

요즘은 한 걸음 더 나아가 이런 말들도 쓰이지만 이는 정상적인 단어는 아니다. 관형사인 '한'이 뒷말과 단단히 결합해 새로운 단어를 만든 '한가락', '한몫', '한가위', '한가운데' 같은 말에 이끌려 일시적으로 만들어 쓰는 것일 뿐이다. 이런 방식의 조어는 상황에 따라 '한+○○' 식으로 끝없이 생성될 수 있기 때문에 일일이 단어로 사전에 올리지 않는다.

33. 차례상엔 정종보다 청주를
상표 이름이 일반명사로 굳어진 말

추석은 음력으로 8월 15일이다. 이날은 '중추절' 또는 '한가위'라고도 한다. '한'이란 말은 '크다'란 뜻이고 '가위'는 '가운데'란 뜻의 옛말이다. 8월의 한가운데에 있는 큰 날이란 것이다.

추석 차례상에 올리는 음식 가운데 약주는 어느 지방에서든 빠지지 않는다. '약주藥酒'는 맑은 술의 다른 말이기도 하고 일반적으로 술을 점잖게 부르는 말이기도 하다. 맑은 술이란 다름 아닌 '청주淸酒'를 가리킨다.

그런데 요즘도 이 청주를 가리켜 '정종'이라 부르는 사람이 있다. '정종正宗'은 일제 강점기 때 들어온 일본의 청주 상표 중 하나가 널리 쓰여 일반명칭처럼 잘못 굳어진 것이다. 이 말은 일본 전국시대를 누볐던 다테 마사무네伊達正宗란 사람에서 유래했다. 다테 마사무네는 도요토미 히데요시, 도쿠가와 이에야스를 잇는 유명한 사람인데, 그의 가문에서 자랑하는 두 가지가 있었다고 한다. 하나는 바로 정교하고 예리한 칼이고, 다른 하나는 쌀과 국화로 빚은 청주였다. 옛날 일본 사람들은 청주를 빚으면서 가문의 이름을 붙였는데 이 술맛이 너무나 좋아 사람들이 이를 가리켜 '국정종菊正宗'이라고 불렀다는 것이다.

따라서 우리가 알고 있는 '정종'이란 말은 일본말 마사무네正宗를 우리음으로 읽은 것이고 이는 옛날 일본의 수많은 청주 가운데 하나일 뿐이다. 한국이나 일본이나 예로부터 써 오던 일반명칭은 '청주'이다. 그러니 '정종'을 쓸 이유가 없는 것이다

이처럼 본래 고유명사이던 게 일반명사처럼 널리 쓰이는 말이 꽤 있다.

크레파스, 포스트잇, 호치키스, 스티로폼, 포클레인, 지퍼, 바바리,
롤러 블레이드, 바리캉, 샤프펜슬

이들 가운데는 바꿔 써야 할 말이 있고, 적절한 대체어가 없어 그대로 굳은 말도 있다. 외래어(정확히는 외국어)가 지나치게 많은 글은 읽기에 자연스럽지 않다. 문제는 '지나친 외래어 사용'의 기준을 어디까지로 잡느냐 하는 것이다. 이때 흔히 제시되는 게 우리말 대체어가 있느냐의 여부이다.

'크레파스'는 일본에서 만든, 막대기 모양의 화구畵具를 나타내는 상표명이다. 프랑스어 크레용crayon(그림을 그리는, 막대 모양의 채색 재료)에 파스텔pastel을 결합시켜 만든 말이다. 일본말로는 구레파스クレパス인데, 이를 그대로 읽어 나이 든 사람들 중에는 지금

도 [구레빠쓰]라고 말하는 이들이 더러 있다. 우리가 미술용품을 말할 때 본래 용어인 크레용을 두고 굳이 일본에서 만든 크레파스란 말을 쓸 이유는 없을 것이다.

'포스트잇Post-it'은 미국의 3M사가 만든 상품명이다. 한쪽 끝의 뒷면에 접착제가 붙어 있어 종이나 벽에 쉽게 붙였다 떼었다 할 수 있도록 만든 종이쪽을 가리킨다. 오래도록 마땅한 대체어 없이 그냥 포스트잇으로 불리던 이 말은 2004년 11월 국립국어원에서 '붙임쪽지'란 말로 바꿨다. 아직 설익은 말이지만 단순히 포스트잇이라고 하기보다 붙임쪽지라고 하면 의미가 훨씬 분명해진다.

'여러 장의 종이를 사이에 끼우고 누르면 ㄷ자 모양의 가는 꺾쇠가 나오면서 철하게 만들어진 기구'를 '호치키스Hotchkiss'라고 한다. 이런 기구를 나타내는 말은 '스테이플러stapler'이지만 호치키스란 상표명이 유명해지면서 지금은 원래의 일반 용어를 밀어냈다.

단열재나 포장재료 등으로 많이 이용되는 '스티로폼styrofoam'은 속에 작은 기포를 무수히 지닌 가벼운 합성수지이다. 이 역시 원래 상표명인데 이 제품이 대중적으로 쓰이면서 보통명사화했다. 화학 용어로서의 정확한 말은 '발포 스티렌 수지'이지만 일상 용어로는 쓰이지 않는다. 스티로폼으로 외래어 표기가 정착되기 전에는 '스티로폴' 또는 '스치로폴' 등으로 쓰기도 했으나 모두 잘못 쓰던 것이다.

어떤 대상에 이름을 붙인다는 것은 고유한 '의미'를 부여하는 작업이며 다른 것과의 관계를 구별 짓는 과정이다. 그렇게 탄생한 고유명사가 보통명사화한다는 것은 그 말이 '상징'의 힘을 갖췄다는 것을 뜻한다. 수사학적으로는 일종의 전의轉義를 통한 어휘화이다. 이는 새로운 용어를 만들어 내는 것과 같아 부족한 어휘의 공백을 메워주는 효과를 가져온다. 그런 점에서 위에 나온 말들을 모두 굳이 나쁘다고 볼 수만은 없을 것이다. 다만 우리말로 바꿀 수 있는 경우라면 가능한 한 대체어를 쓰는 게 바람직하다. 또 태생적으로 적절치 않은 말도 구별해 버릴 것은 버려야 한다.

"북한에서는 전구를 불알이라고 한다던데 맞아?"

"너 그것도 몰라? 북한에서는 한자말이나 외래어는 잘 안 쓰고 우리말로 바꿔 부르잖아."

"그럼 형광등은 뭐라 그래?"

"그거야 긴불알이지."

"샹들리에는?"

"떼불알."

누군가 우스갯소리로 한 말이겠지만 이런 얘기가 한때 그럴 듯하게 퍼진 적이 있다. 골키퍼를 '문지기', 코너킥을 '구석차기'로 다듬어 쓰는 북한을 두고 이를 과장해 지어낸 것이다.

광복 이후 반세기가 넘게 떨어져 살다 보니 북한의 말이 우리와 많이 달라진 것은 사실이다.

닭알공기찜, 게사니구이, 남새튀김, 배밤채, 기장밥

2007년 남북 정상회담차 평양을 다녀온 노무현 대통령이 방북 기간에 북에서 맛본 음식 이름들이다. 알 듯 말 듯한 이런 이름이 정상회담 내내 남쪽에서 화제에 오른 까닭은 이들이 남북한의 달라진 말의 차이를 단적으로, 그리고 극명하게 보여주는 사례이기 때문이다.

이들 중 단연 주목을 받은 것은 게사니구이였다. '게사니구이'는 수육과 비슷한 요리로 알려졌는데, 수육은 삶아 익힌 쇠고기를 말한다. 이 수육은 본래 숙육熟肉에서 온 말이다. 세월이 흐르면서 받침이 떨어져 나가 수육으로 굳어진 것이다. '게사니'는 강원, 경기, 함경 지역에서 쓰이는, 거위의 방언이다. 북한에서는 게사니가 표준어, 즉 북한의 문화어이고 날짐승 이름으로서의 거위란 말은 쓰지 않는다. 특이한 건 북한에도 거위란 단어가 있긴 한데 이는 '회충'을 뜻하는 말이다. 회충蛔蟲의 본래 우리 고유어가 '거위'이다. 남에서는 거의 사어화한 이 말이 북에서는 오히려 회충을 대신하는 표준어로 자리 잡고 있는 셈이다. 당연히 북한에서는 회충이란 단어는 쓰지 않는다. 여러 차례 말 다듬기를 통해 한자어인 회충을 버렸기 때문이다. 그래서 배에 회충이 있어 소화가 안 되고 식욕도 없으며 점점 야위어 가는 병을 가리켜 '거위배앓이'라고 한다. 그러니 남한 사람들이 북한에 가서 혹여 실수로라도 "거위구위를 먹는다"라고 한다면 한바탕 소동이 일어날 만한 일이다.

'닭알공기찜'은 남한의 계란찜 같은 것으로 알려졌다. 닭알은 달걀 또는 계란의 북한어이다. 북에서는 달걀이나 계란은 공식적으로 쓰지 않는다. 물론 사전에 올림말로 소개돼 있긴 하지만 둘 다 버리고 닭알만을 표준어로 채택했다.

북한에서 '남새'는 '배추, 무, 오이, 가지, 파, 마늘, 호박 따위를 통틀어 일컫는 말'이다. 우리말의 야채野菜나 채소菜蔬와 같다. 남쪽에도 '남새'란 말이 남아 있지만 실생활에서 거의 쓰지 않는 반면 북에서는 표준어이다. 이에 비해 야채나 채소는 역시 한자말이란 이유로 버렸다. 북한 사회과학출판사에서 펴낸 《조선말대사전》에는 이들 말이 단어로 올라 있긴 하지만 쓰지 않는 말로 처리돼 있다.

앞그루작물가을, 날치기참호대사격, 고정판동시물에뛰여들기, 뜨락또르, 따쥐끼스딴

무슨 뜻인지 알듯 모를 듯 암호 같은 이 말들은 북한의 초·중등 교과서나 〈로동신문〉 등에서 실제로 쓰고 있는, 북에서는 일상적인 단어들이다. 그렇다고 남한 사람들에게도 전혀 낯선 말은 아니다. 다만 일부 외래어 표기를 제외하곤 잘 쓰이지 않기에 우리에겐 멀어진 것들이 대부분이다.

'앞그루'는 그루갈이를 할 때 먼저 재배하는 농작물을 뜻한다. 한자어로는 '전작前作'이라 한다. '그루갈이'란 무엇일까? 그루갈이는 '한 해에 같은 땅에서 두 번 농사짓는 일, 또는 그렇게 지

진짜 국어

은 농사'를 말한다. 한자어로 하면 이모작二毛作이다. 논에서는 보통 여름에 벼, 가을에 보리나 밀을 심어 가꾼다. 그러니 앞그루 작물이란 이모작에서 먼저 짓는 작물, 즉 전작물이다.

그러면 '앞그루작물가을'은 무엇일까? '가을'은 여기서 계절이 아니라 벼나 보리 따위의 농작물을 거둬들이는 것을 말한다. 남에서는 사전적으로만 남아 있고 실생활에서는 거의 사라져 가는 말이지만 북한에서는 살려 쓰고 있다. 우리는 '수확'이라고 해야 금방 알아듣는다. 따라서 앞그루작물가을이란 '이모작에서 먼저 지은 작물을 수확하는 것'을 말한다. 중요한 점은 북에서 쓰는 이런 말들이 남한에서 역시 특이한 단어들이 아니란 것이다. 남에서도 어엿한 단어로 존재하며 사전에도 다 올라 있다. 다만 오랫동안 우리가 잘 안 써서 낯설게 보일 뿐이다.

'날치기참호대사격'은 사격의 한 종목으로 우리는 클레이 트랩이라고 부른다. '고정판동시물에뛰여들기'는 수영의 플랫폼 싱크로나이즈드를 가리킨다. '뜨락또르'나 '따쥐끼스딴'은 얼추 미루어 짐작할 수도 있다. 각각 트랙터, 타지키스탄의 북한식 표기이다. 우리는 영어 발음을 기준으로 해 적지만 북한에서는 러시아말에 영향을 많이 받았다.

학령전녀자아이들이 흔히 입는 달린옷의 한 가지. 이 나이 아이들의 신체적특성을 고려하여 가슴아래부분이 몸에 붙지 않고 허리선이 없게 만든다.

북한의 《조선말대사전》에 나오는 이 풀이를 남한 사람들이 본다면 얼마나 이해할까? 짧은 두 문장으로 되어 있는 이 설명문에는 남한 말과 다른 북한 말의 몇 가지 특징이 잘 담겨 있다. 우선 눈에 띄는 것은 '학령전녀자아이들', '신체적특성', '가슴아래부분' 등에서 보이는 띄어쓰기 방식이다. 남한 식으로 다시 쓰면 '학령 전 여자아이들', '신체적 특성', '가슴 아래 부분'이다. '학령'이란 '초등학교에 들어가야 할 나이'를 뜻하는데 이는 남북한이 같이 쓰는 말이다. 남한에서는 단어를 기준으로 해 띄어쓰기를 철저히 적용하는 반면 북한에서는 원칙은 같지만 우리보다 붙여 쓰는 경우가 훨씬 많다. 명사가 나열되거나 관형어의 수식을 받는 꼴이더라도 의미상 한 덩어리로 묶일 수 있다면 모두 붙여 쓰기 때문이다.

'달린옷'은 원피스를 다듬은 말이다. 북한에서는 광복 이후 궁극적으로 한자 폐지를 염두에 두고 한자어의 우리말 순화작업을 적극적으로 펼쳐 왔다. 외래어의 경우도 마찬가지다. 여러 차례 소위 '다듬은 말'을 내놓으면서 손질을 더해 1986년 최종적인 다듬은 말 2만 5000여 개를 공포해 써 오고 있다. 달린옷도 그중의 하나다. 그러면 전체 풀이가 나타내는 단어는 무엇일까? 답은 '나리옷'이다. 이 역시 다듬은 말인데 우리의 '드레스'에 해당한다.

하지만 북한의 다듬은 말에 대해서는 오해가 많다. 대표적인 게 '얼음보숭이'다. 아직도 북한에서 아이스크림을 얼음보숭이라 하는 줄 알고 있는 사람이 많은 것 같다. 북한에서는 한때 얼음보숭이를 쓰도록 정책적으로 장려한 적이 있다. 그러나 주민들 사이에 뿌리를 내리지 못해 실패했다. 결국 1992년 펴낸《조선말대사전》에서는 얼음보숭이를 버리고 아이스크림을 표준어로 올렸다. 남쪽이나 북쪽이나 외래어 순화가 매우 어려운 일이란 것을 보여 주는 예이다. 사실 앞서 소개한 전구는 북에서 '전등알'로 쓴다. 형광등은 남북이 같고 샹들리에는 북에서 '샨데리야(다듬은 말로 '장식등')'로 다르게 적는다. 노크를 '손기척'으로 바꿔 부르는 것도 우리가 본받을 만하다.

이처럼 남북한 말의 차이는 대개 단어 사용이 다른 데서 오는 것이다. 북한의 달라진 말을 단순히 호기심 차원에서 바라보는 것은 경계해야 할 일이다. 언젠가 이뤄 내야 할 통일에 대비하기 위해선 남북이 서로 이해의 폭을 넓혀야 한다. 그것은 우리가 함께 쓰는 우리말과 글을 통해 다져 가는 게 지름길이다.

아는 것만큼 보인다

가급금	→ 상여금	나사틀개	→ 스패너
가루젖	→ 분유	냄내다	→ 배웅하다
거위	→ 회충	눈썹먹	→ 마스카라
게사니	→ 거위	단물약	→ 시럽
과일단물	→ 주스	달린옷	→ 원피스
곽밥	→ 도시락	달못찬아이	→ 미숙아
글장님	→ 문맹자	동거살이	→ 셋방살이
끌신	→ 슬리퍼	따기군	→ 소매치기
나리옷	→ 드레스	뜨게부부	→ 사실혼

몸틀 → 마네킹	전망식당 → 스카이 라운지
배움나들이 → 수학여행	주머니종 → 무선 호출기
비행안내원 → 스튜어디스	집난이 → 시집간 딸
살물결 → 스킨로션	찔게 → 반찬
색동다리 → 무지개	하루살이 양말 → 스타킹
손전화 → 휴대폰	해방처녀 → 미혼모
아고 → 시어머니	
오림책 → 스크랩북	
원주필 → 볼펜	

국어의 재발견
- 조어와 약어의 세계

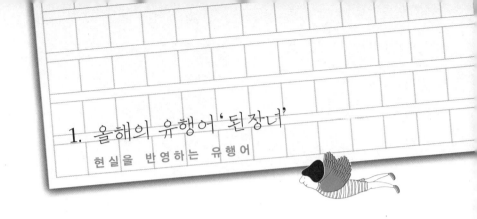

1. 올해의 유행어 '된장녀'
현실을 반영하는 유행어

아침에 일어나 유명 여배우가 광고하는 샴푸로 머리를 감는다. 명품 화장품으로 유행하는 생얼 메이크업을 마친 뒤 유명 브랜드 원피스를 입고 작은 토트백을 들고 집을 나선다. 음, 마치 연예인이 된 듯한 기분이다. 점심은 2천 원짜리 라면으로 때우는 한이 있어도 커피는 스타벅스에서 5천 원짜리를 마셔야지. 오후에는 미팅에서 만난 파트너가 맘에 들지 않았지만 3000cc 외제차를 몰고 있는 것을 보고는 금방 태도를 바꾼다. 어차피 남친은 엔조이 상대에 불과하니까! 결혼은 키 크고 옷 잘 입는 의사하고 해야…….

카드 빚은 쌓일지언정 온몸은 명품으로 치장하고 비싼 식사와 브랜드 커피는 포기할 수 없는 그. 그 이름은 '된장녀'다. 야후코리아는 2006년 인터넷을 뜨겁게 달군 인기 검색어 1위에 '된장녀'를 올렸다. 올해의 유행어가 된 것이다. 유행어의 사전적 풀이는 '비교적 짧은 시기에 걸쳐 언어사회에 널리 퍼져 입에 오르내리는 말'이다. 유행어가 단어가 되는 것은 그 말이 얼마나 오래 쓰이느냐에 달려 있다.

'된장녀'의 키워드는 '허영심'이고 그 말 속에는 '풍자'가 들어 있다. 몇 년 전 유행한 '공주병'과 '미지공(미친년 지가 공주인 줄 알아를 줄인 말)'이란 말도 약간의 허황된 의식을 비꼬는 신조어다. 그런 점에서 '된장녀'는 '미지공'과 '공주병'의 연장 선상에서 태어난, 우리 시대 특정한 사고思考의 흐름을 반영하는 말이라 할 수 있다.

'미지공'과 '공주병'은 유행어란 점은 같지만 결과는 상반된 모습으로 갈렸다. '공주병'은 지금 당당히 사전에 올라 있는 단어인 반면 '미지공'은 사람들의 기억에서 사라졌다. 마찬가지로 '된장녀'란 말의 생명력도 언중에게 달려 있다. 문화적 사회적 현실을 반영하는 유행어는 시간이 흐를수록 제2, 제3의 의미가 덧칠해지면서 확대 재생산되는 경향이 있다. '된장녀'와 페미니즘 논란도 이런 차원에서 이해하면 된다.

'된장녀'가 우리 시대의 사회상을 정확히 짚어 낸 말이라면 언중에 의해 계속 유지될 테고 그렇지 않고 단편적이고 의도적인 왜곡에 의해 일시적으로 반짝한 말이라면 얼마 안 가 사라지는 운명에 처할 것이다.

신조어(신어) 새로 생긴 말. 또는 새로 귀화한 외래어를 뜻함. 문민정부 시절, 노태우 전 대통령이 비자금 문제로 구속되자 항간에는 '검은돈'과 '돈세탁'이라는 신조어가 생겨났고 그로부터 1년 후인 1996년에 이 두 단어가 국어사전에 등록되었다. 새내기는 대학생들 사이에서 신입생을 뜻하는 말로 사용되다가 국어사전에 올랐다.

유행어 비교적 짧은 시기에 걸쳐 여러 사람의 입에 오르내리는 단어나 구절. 신어의 일종으로 해학성, 풍자성을 띠며 신기한 느낌이나 경박한 느낌을 주기도 한다. 요샛말, 시쳇말.

표준어 한 나라에서 공용어로 쓰는 규범으로서의 언어. 의사소통의 불편을 덜기 위하여 전 국민이 공통적으로 쓸 공용어의 자격을 부여받은 말로, 우리나라에서는 교양 있는 사람들이 두루 쓰는 현대 서울말로 정함을 원칙으로 한다.

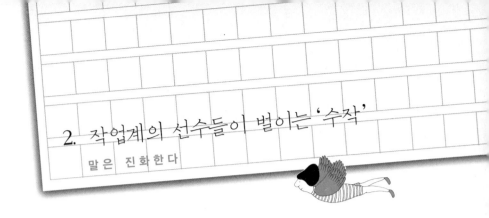

2. 작업계의 선수들이 벌이는 '수작'
말은 진화한다

작업계의 대표 선수 민준과 지원이 만났다. 선수는 선수를 알아보
는 법! 이들에게 평범한 작업버전이 통할 리 없다. 드디어 그동안
갈고 닦은 비장의 작업 기술을 실전 테스트해 볼 상대를 만난 민준
과 지원의 작업 대결은 슬슬 달아오르기 시작한다.

  몇 해 전 개봉한 영화 〈작업의 정석〉을 소개하는 인터넷 글이
다. 만약 이 글을 북한 사람들이 보았다면 아마도 무슨 뜻인지 몰
라 어리둥절했을 것이다. '작업의 정석'이라니? 또 '작업계'는 뭐
고 '작업버전'은 뭐란 말인가? 도대체 무슨 작업이기에……. 하
지만 요즘 남한에서는 아주 잘 통하는 말이다. 특히 젊은 세대에
서는 이 말이 단순히 일시적인 유행어 차원을 넘어 보편적인 단
어로 쓰일 정도로 이미 뿌리를 깊이 내린 것 같다.
  '작업'의 본래 사전적 풀이는 단순하다. '작업 시간, 작업 능률

이 떨어지다'에서처럼 '어떤 일을 함'을 말한다. 또는 '교량 복구 작업, 전산화 작업'처럼 '일정한 목적과 계획 아래 하는 일'을 뜻하기도 한다. 그것은 정신적, 육체적 노동의 뜻이 담긴 '일'의 개념인 것이다. 그런데 이런 '작업'이 요즘 남녀 간의 관계에 쓰이면 사뭇 뜻이 달라진다.

'작업을 걸다, 작업하다, 작업 중이다.' 이렇게 말할 때의 '작업'은 '남자가 여자를, 또는 여자가 남자를 꾀는 일'을 가리킨다. 물론 품위 있는 말은 아니고 편한 사이에서나 쓸 수 있는 다소 애교스러운 표현이다. 아직 사전에는 오르지 않았지만 2003년 국립국어원의 《신어자료집》에 수록됐으니 생명력에 따라 언젠가는 새로운 단어 풀이로 오를 수도 있을 것이다.

이처럼 톡톡 튀는 '작업'의 위력에 밀려나 다소 낡은 듯한 어감으로 느껴지는 말이 있다. 바로 '수작'이다. '수작을 걸다'는 관용어로 쓰이는 말인데 '먼저 수작을 해 상대편이 말을 하게 하다'란 뜻이다. 박경리의 《토지》에는 '젊은 주모가 초장부터 헤프게 수작을 걸어온다'란 대목이 나온다. 그러니 남녀 사이에 누군가 상대방에게 수작을 거는 것은 곧 '작업하는' 것이다.

수작酬酌은 한자에서도 드러나듯이 본래 '술잔을 서로 주고받는 것'이다. 갚을 수酬, 따를 작酌으로써, 술잔을 주거니 받거니 하는 것을 가리킨다. 여기에서 뜻이 확대돼 '서로 말을 주고받음, 또는 그 말', '남의 말이나 행동, 계획을 낮잡아 이르는 말'을 뜻하게 됐다. '수작하다'를 기본형으로 해서 '수작을 떨다, 수작을 부리다, 수작을 붙이다, 수작을 걸다' 식으로 쓰인다. 옛날에는 단순히 서로 술잔을 주고받는 게 '수작'이었는데 그러다 보니 자연히 말을 나누게 돼 결국 남녀 간의 '꾐'을 뜻하는 말로 의미가 확대됐다. 하지만 지금은 이 말도 '작업'에 밀려나 그 위치를 내놓게 된 셈이다.

예나 지금이나 '작업'에는 술이 빠지지 않았던 모양이다. '수작'을 나타내는 관용어로는 '권커니 잣거니'가 있다. 이를 또 '권커니 잡거니'라고도 한다. '술을 남에게 권하면서 자기도 받아 마시며 계속하여 먹는 모양'을 뜻한다. 이 말은 적을 때 '권커니 작거니, 권커니 자거니, 권커니 잣거니' 등 여러 가지로 나타나기도 하는데,《표준국어대사전》에서는 앞의 두 표기만 허용했다.

'권커니'는 물론 '권하다'에서 온 것일 테고 '잣거니'는 '작(酌)'에서 온 말로 볼 수 있다. '작(酌)'은 '잔질하다', 즉 '술을 잔에 따르는 것'을 뜻한다. 그래서 일부에서는 '권커니 따르거니'라고 말하는 사람도 있다. 이 '따르거니'에 해당하는 말이 바로 '작(酌)거니'이다. 그렇다면 본래는 '권커니 작거니'였을 터인데 이 말의 발음이 지금은 '잣거니'로 바뀐 것으로 풀이된다.

'잡거니'는 '잔을 잡아 권하고 받아 마시고' 하는 모양에서 '권커니 잡거니'가 표제어로 오른 것으로 보인다. 말은 사람에 따라 익숙한 표기가 달리 나타날 수 있지만 표준어는 그중 현재 지배적으로 쓰이는 것을 취한 것이다. 따라서 까닭 없이 여러 표기가 혼재돼 쓰일 때는 사전을 따르는 것이 지름길이다.

처음에 그것은 단순히 컴퓨터 칩을 가리키는 명칭에 지나지 않았다. 더구나 컴퓨터 성능의 급속한 진화에 따라 곧 다른 것으로 대체돼 사람들의 기억에서 사라질 운명이었다. 그러나 어느 땐가 사회적인 의미가 더해지는 순간 그것은 지속적이고 광범위한 쓰임새를 보이는, 그리고 그 어떤 표현보다도 강력한 함의를 지닌 말로 다시 태어났다. 바로 '386'이다.

'386'은 본래 컴퓨터 용어로 탄생했다. 컴퓨터 프로세서(칩)를 개발 생산하는 미국의 인텔사가 1980년대 초에 내놓은 것이 286 프로세서였다. 인텔은 1985년 성능을 향상시킨 386 프로세서를 선보였으며 1989년엔 486급을, 1993년부터는 더 한층 앞선 프로세서인 펜티엄 시대를 열었다. 그것은 진화의 역사였다.

따라서 1990년대에 386이란 말은 486이나 펜티엄에 비해 한참 뒤떨어진, '구식, 구형'이란 의미의 상징어로 쓰였다. 이 말이 사회적인 의미를 담은 신어로 탈바꿈해 특정 세대를 지칭하게 된 것은 1990년대 후반 들어서다. 당시는 정보화 사회의 도래와 함께 1960년대에 태어나 30대의 나이에 들어선 세대가 정치적으로 주목받던 시절이었다. 자연스레 컴퓨터 용어인 386에 사회적인 의미가 더해졌다. '30대, 80년대 학번, 60년대 출생'의 조합이 이뤄진 것이다.

새로운 의미로 부활한 '386'은 일종의 두문자어頭文字語이다. 아직도 사전에 오른 말은 아니지만 그 쓰임새의 빈도나 광범위성, 지속성 등을 보면 단어로서의 자격은 이미 충분히 얻었다고 봐야 한다. 사회적 의미를 담은 '386'이 강력한 언어 세력을 얻을 수 있었던 것은 이 말이 '칼랑부르calembour'이기 때문이다.

칼랑부르란 수사학적으로 일종의 동음이의어에 의한 말장난이다. 우리말로 하면 '신소리' 같은 것이다. 가령 1997년 말 한국의 외환위기 직후 많이 사용되던 '연봉錢爭', '외국錢力' 같은 표현이 그런 것이다. 각각 전쟁戰爭이나 전력戰力이란 말을 염두에 둔 것으로 '돈 싸움', '돈의 힘'이란 의미를 암시하는 상징어이다. 이런 말이 단순히 '돈 싸움'이니 '돈의 힘'이니 하는 것보다 더 강렬하게 쓰이는 것은 그 말이 갖고 있는 언어적 '긴장감' 때문이다.

'386'도 본래 컴퓨터 칩을 가리키는 데서 출발해 새로운 의미가 더해지면서 본래의 쓰임새와의 사이에 '틈'을 만들었다. 이 틈이 언어적으로 '긴장'을 유발하는데 이로 인해 이 말은 사람들에게 깊은 인상을 남기면서 짧은 시간 안에 급속도로 퍼질 수 있었던 것이다. '사오정(45세 정년), 오륙도(56세까지 직장에 있으면 도둑놈),

진짜 국어

141

이태백(20대 태반이 백수)' 같은 말도 같은 유형의 말들이다. '3金(김영삼, 김대중, 김종필)', 'G7(서방 선진 7개국)'과 같은 말이 정식 단어가 아니면서도 강력한 의미기능을 갖는 것도 마찬가지다.

'386'의 탄생 시점이 중요한 것은 이 말의 중심이 3에 있기 때문이다. 즉 '1990년대에 30대인 사람들'이 이 단어가 생겨난 배경의 핵심이다. 그러니 386세대는 2000년대 들어서는 486이라 해야 이치에 맞겠지만 그렇게는 잘 부르지 않는다. 물론 386이 혁신적인 가치관의 변화 등으로 재탄생이라 할 만한 어떤 '도약(업그레이드)'을 이룬다면 그때는 '486'이란 말도 새로운 생명을 얻어 단어처럼 쓰일 수 있을 것이다.

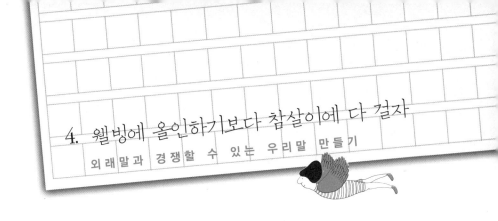

4. 웰빙에 올인하기보다 참살이에 다 걸자
외래말과 경쟁할 수 있는 우리말 만들기

"올인은 사리에 맞지 않는 용어이니 사용하지 말아야겠습니다."

2006년 초에 노무현 대통령은 뜬금없이 '올인all-in'을 화두로 꺼냈다. 물론 그 배경에는 '정치 올인'이니 '경제 올인'이니 하는 표현이 정부 정책을 왜곡해 전달한다는 지적이 있었다. 그런 점에서 순수하게 외래어로서의 '올인'을 언급한 것은 아니다.

청와대는 2003년에도 정책프로세스니, 국정과제 태스크포스니 하는 외래어투 조직 명칭을 업무과정개선, 국정과제담당 식으로 고친 적이 있다. 당시 청와대의 이같은 인식전환은 민간단체인 '우리말 살리는 겨레모임'에서 한글날을 앞두고 청와대 비서실을 '우리말 헤살꾼' 후보로 올린 게 직접적인 발단이 되었다.

'올인'은 본래 도박에서 돈을 모두 잃은 상태를 뜻하거나 갖고 있는 돈을 한판에 모두 건다는 뜻으로 쓰이는 용어다. 이 말이 일반에 급속히 전파된 것은 2003년 한 방송국에서 드라마 〈올인〉을 방영하면서부터다. 그러다 2004년 17대 총선을 앞두고 정치권이나 정부에서 'ㅇㅇ에 올인' 식으로 앞 다퉈 쓰기 시작하면서 용도가 무분별하게 확장되더니 지금은 '어떤 것에 모든 역량을 쏟아 붓는 상황'을 나타내고 싶을 때 두루 쓰이는 말로 자리 잡았다. 전에는 '총력을 기울이다', '전력투구하다'란 말로 설명되던 상황에서 지금은 '올인'으로 통하는 것이다. 국립국어원에서 뒤늦게 다듬은 말로 '다걸기'를 제시했지만 아직 '올인'을 대체하기에는 역부족이다.

'웰빙'도 2003년 중반을 지나면서 급격한 쓰임새를 보인 외래어다. 이 말이 신문지상에 오른 것은 2001년 초다. 처음에는 상품이나 상호명으로 간혹 소개되었는데 당시에는 별로 주목받지 못했다. 그러다 건강에 대한 관심이 커지면서 '웰빙가전', '웰빙주택' 식으로 의식주와 관련된 사회생활 전 분야로 쓰임새가 확산돼 하나의 신드롬을 형성했다. 이 말 역시 국립국어원에서 '참살이'로 다듬었지만 그 세력은 미미한 형편이다.

국립국어원은 2004년 7월부터 '모두가 함께하는 우리말 다듬기' 사이트(www. malteo. net)를 개설해 함부로 쓰이는 외래어, 외국어를 대상으로 순화작업을 펴 왔다. 위에 나온 것 외에도 '스크린도어 → 안전문, 파이팅 → 아자, 메신저 → 쪽지창, 포스트잇 → 붙임쪽지, 내비게이션 → 길도우미' 등이 대표적인 것이다. 2005년 말에는 그 가운데 가장 잘 다듬었다고 평가받는 것을 뽑았는데 '누리꾼(네티즌)'이 최고의 말로 선정됐다.

외래어라고 무조건 배척할 일은 아니다. 하지만 우리말도 자꾸 개발하고 사용해 외래말과 경쟁할 수 있는 토대는 마련해야 한다. 나머지는 언중의 선택에 맡기면 될 것이다. 웰빙이나 올인 같은 말이 처음에는 강력한 부상어浮上語였지만 어느새 상투어가 되다시피 한 것처럼, 참살이나 다걸기가 지금은 어색해도 자꾸 써서 익어지면 정겨운 말이 될 수도 있다. 그것이 말의 속성이다.

아는 것만큼 보인다

가이드 → 길라잡이, 안내인	블로그 → 누리사랑방
꼬붕 → 부하, 졸개	블루오션 → 대안시장
나시 → 민소매, 맨팔	비트박스 → 입소리손장단
다운로드하다 → 내려받다	샐러던트 → 계발형직장인
다크서클 → 눈그늘	스킨십 → 피부교감
뗑깡 → 생떼	스타일리스트 → 맵시가꿈이
러닝머신 → 달리기틀	스테디셀러 → 사랑상품
러시아워 → 혼잡 시간	스토리보드 → 그림줄거리
레이싱 걸 → 행사빛냄이	스팸 메일 → 쓰레기편지
로고송 → 상징노래	스포일러 → 영화헤살꾼
로밍 → 어울통신	슬로푸드 → 여유식
룸메이트 → 방짝, 방친구	쓰키다시 → 곁들이 안주
리플 → 댓글	알파걸 → 으뜸녀
모티켓 → 통신예절	웹서핑 → 누리검색
무빙 워크 → 자동길	유시시UCC → 손수제작물
백댄서 → 보조춤꾼	이모티콘 → 그림말

캡처 → 장면갈무리	팝업 창 → 불쑥창
컬러링 → 멋울림	풀 세트 → 다모음
콘텐츠 → 꾸림정보	프리터족 → 자유벌이족
퀵서비스 → 늘찬배달	피처링 → 돋움연주
파파라치 → 몰래제보꾼	히키코모리 → 폐쇄은둔족

※출처:모두가 함께하는 우리말 다듬기(www. malteo. net)

5. '—짱' 전성시대
인터넷 문화가 만들어 낸 신조어

"앞으로는 '탈레반'이라 하지 말고 '개혁짱'으로 불러 주시기 바랍니다."

몇 해 전 모당의 S의원이 기자들에게 특별한 주문을 했다. 자신의 강성 개혁 이미지 때문에 세간에 '탈레반'이란 별명이 따라붙자 "탈레반은 너무 과격하고 부정적인 이미지가 강하다"며 이미지 관리에 나선 것이다.

맞짱, 노짱盧—, 얼짱, 몸짱, 안짱安—, 개혁짱, 강짱强—⋯⋯. 바야흐로 '짱' 전성시대다. 어지간한 명사 뒤에 갖다 붙이면 새로운 말이 탄생한다. 생산성이 매우 뛰어나다는 뜻이다. 그런 점에서 이 '짱'은 부족한 우리말 명사 수를 늘려놓는 데 기여하고 있다고 할 만하다.

2000년 이후 일반화한 '짱' 시리즈의 원조는 '맞짱'이다. 대개 1990년대 후반 학생들, 특히 초·중등학교 아이들 사이에 쓰이던 은어가 일반에 퍼진 것이란 게 정설이다. 본래는 학급에서 싸움을 가장 잘하는 아이를 가리켰다고 한다. 그런 아이를 '짱' 또는 '일짱'이라고 불렀다. 이 말은 순서에 따라 '이짱'이니 '삼짱'이니 하는 식으로 가지를 쳐 나갔다. 물론 이때의 '짱'은 단독으로도 쓰이니 품사로 치면 명사라 할 것이다. 그러나 "짱 재미있다"라고 할 때처럼 부사로도 쓰인다. 이것이 '마주'란 뜻과 결합하면서 '맞짱' 또는 '맞장'이란 말로 쓰였는데 신문에서는 대략 1998년도부터 등장하기 시작했다. 이후 계속 두 가지 표기가 혼재돼 오다가 2004년에 와서야 '맞짱'이 비로소 단어의 지위를 얻는다.《훈민정음국어사전》(금성출판사, 2004)이 '맞장'은 버리고 '맞짱'을 선택한 것이다.

'—짱'이 일반에게 급속히 보급된 계기는 이보다 조금 앞선 2002년 12월 대통령 선거가 계기가 된 듯하다. 당시 선거는 인터넷 혁명으로까지 불릴 정도로 젊은 세대들의 인터넷 참여가 활발했었는데, 민주당 후보로 나선 노무현 씨를 그의 지지자들이 '노짱'으로 불렀다. 이어 2003년 들어 '얼짱'과 '몸짱' 열풍이 불면서 '—짱' 신조어가 폭발적인 위력으로 퍼져 나갔다. 그해 말에는 대선자금 수사를 지휘한 대검 중수부장의 이름을 딴 '안짱'이 가세하더니 2004년 초에는 정치인들까지 자신을 '—짱'으로 불러주길 바라게 됐다. 그러나 종내에는 '강짱(강도 혐의를 받던 여자의 외모가 예쁘다는 뜻인 '강도얼짱'을 줄인 말)'까지 나와 이 말이 갖는 강력한 조어력과 함께 언어의 '윤리성'을 돌아보는 계기가 되기도 했다.

이처럼 가히 신드롬이라 할 만한 언어문화적 위치에 올라 있지만 '짱'의 어원은 아쉽게도 아직 확실하게 밝혀지지 않았다. 《훈민정음국어사전》이 '맞짱'을 올림말로 처리했음에도 불구하고 여전히 '맞장'을 주장하는 세력도 만만치 않은 것은 그런 데서 비롯된다. 어원을 따지는 작업이 중요한 까닭은 그것이 '맞장'으로 쓸 것인지, '맞짱'으로 할 것인지를 판단하는 준거가 되기 때문이다.

'—짱'류의 어원으로는 대개 두 가지가 제시된다. 하나는 우리말에서 우두머리를 나타내는 한자어 장長에서 왔을 거란 설이다. 반장이니, 학생회장이니 하는 말에서 최고, 대표란 개념이 떨어져 나와 발음이 된소리로 바뀌면서 표기도 따라간 것이라고 보는 것이다. 이런 해석은 우리말에서 비슷한 식의 소리의 전이 사례가 꽤 있다는 것을 보면 좀더 '그럴듯함'을 확보한다. 즉, '기氣'에서 온 '끼', '백back'이나 '검gum'을 '빽'과 '껌'으로 발음하는 것 등을 보면 본래의 말에서 된소리로 변질되면서 좀더 추상적 개념으로 확대 발전한 것이라 짐작할 수 있다. 이런 추정은 '얼짱/몸짱' 같은 말에서 적절하게 들어맞는다. 따라서 어원적으로 '—장'인 말이 추상화 단계를 거치면서 '—짱'으로 바뀐 것이라고 풀이할 수 있다.

또 하나는 일본말에서 유래했을 거란 설이다. 정용기 전 서울신문 편집위원은 "일본어에 접미사 '—짱ちゃん'이 있다. 친한 사이 이름에 붙여 친근감을 나타낼 때 쓰인다. 이는 어린이 말이다. 그리고 어린이가 어른을 부를 때, 어른이 어린이를 부를 때도 쓰인다. 이 '—짱'이 일본만화가 대량으로 수입되면서 번역판을 본 만화 독자를 통해 우리말에 퍼진 것이라 생각된다"라고 했다. 이

관점에서는 '노짱' 같은 말이 잘 들어지만 '맞장/맞짱'을 설명하기에는 여전히 미진하다.

결국 '맞장/맞짱'은 어원적으로 심증은 가지만 객관적으로 규명되는 말은 아니다. 이런 경우 언어사용의 공시적 형태를 찾아 그 유사성을 기준으로 가장 설득력 있는 하나를 '선택'할 수밖에 없다. 우선 현실적 쓰임새를 보면 '노짱'이나 '얼짱' 따위에서는 '-짱'이 분명히 자리 잡았다. 이를 절대 '노장, 얼장' 식으로 쓰는 경우는 없기 때문이다. 그렇다면 어차피 어원적으로 딱 떨어지지 않는 '맞장/맞짱'의 경우 소리 나는 대로 적는다는 게 우리 맞춤법의 정신이다. 따라서 '맞장'을 버리고 '맞짱'을 취하는 게 합리적 선택이라 할 수 있다.

아는 것만큼 보인다

올림말 사전 따위의 표제 항목에 넣어 알기 쉽게 풀이해 놓은 말.

신드롬 어떤 것을 좋아하는 현상이 전염병과 같이 전체를 휩쓸게 되는 현상. '증후군'으로 순화.

심증 마음에 받는 인상. 재판의 기초인 사실 관계의 여부에 대한 법관의 주관적 의식 상태나 확신의 정도.

추정 추측하여 판정함. 확실하지 않은 사실을 그 반대 증거가 제시될 때까지 진실한 것으로 인정하여 법적 효과를 발생시키는 일.

6. 면벌부의 등장
언어에 스며든 세대차이

'면벌부.' 중학교 2학년 사회 교과서 47쪽에 나온다. '면죄부'가 아니다. 요즘 학교에서는 이렇게 배운다. 비교적 최근에 나온 2004년판 사전을 찾아봤더니 예상했던 대로 '면죄부'만 나와 있다. 이번엔 교회에 다니는 친구한테 물어봤다.

"면벌부가 뭔지 알아?"

"……."

꿀먹은 벙어리다. 그래서 친절하게 설명해 줬다.

"면죄부란 건 말 그대로 죄를 면해 주는 거잖아. 그런데 사실은 죄는 이미 지은 거고, 그 죄에 대해 벌을 면해 주겠다는 거 아니겠어? 그래서 면벌부라고 해야 맞대."

그랬더니 그제야 "어, 그거 일리 있는 얘기네"라고 한다.

'면벌부'는 7차 교육과정에서 바뀐 단어다. 2000~2004년까지 초등학교부터 고등학교에 순차적으로 적용했다. 그 전에는 누구나 다 면죄부로 배웠고 그렇게 알고들 썼다.

면죄부 또는 면벌부란 게 무엇인가? 바로 중세 말 루터의 종교 개혁 기폭제가 됐던, 돈 받고 교황청에서 팔던 그것이다. 영어로는 indulgence고 한자로 하면 免罪符 또는 免罰符다. 교과서에 나오는 설명을 그대로 옮기면 "면벌부(면죄부 또는 대사부라고도 함)는 원래 십자군에 참전했거나 자선 행위를 한 사람들에게 교황이 발급한 것으로, 비교적 가벼운 죄를 짓고 받게 되는 벌을 일정한 속죄 행위를 통해 면제받는 것이었다. 그러던 것이 점차 남용되어 교황의 부족한 재정을 보충하는 방편으로 이용되기도 하였다"로 되어 있다. 아직 면죄부를 병용하고는 있지만 정식 용어는 면벌부가 됐다.

면죄부로 써 오던 말을 면벌부로 과감히 바꾼 곳은 교육인적자원부다. 7차 교육과정 개편에 맞춰 나온 편수자료를 통해서다. 편수자료란 초·중등학교에서 용어를 통일되게 가르치도록 하기 위해 교육부에서 만드는 일종의 용어집이다. 물론 교과서도 이를 따른다.

가톨릭에서는 신부에게 고백성사를 함으로써 죄를 용서받는다고 한다. 하지만 벌까지 없어지는 건 아닌데 일정한 요건을 거쳐 그 벌까지도 사해 주는 게 바로 면벌부란 얘기다. 가톨릭에서는 면벌부니 면죄부니 하는 것보다 오히려 '대사大赦'를 일반적으로 많이 쓴다고 한다. 어쨌든 중요한 건 그동안 써 오던 면죄부의 퇴장이며 동시에 면벌부의 새로운 등장이다.

면죄부는 종교 용어로 출발했지만 지금은 일반 용어화한 말이다. 우리는 일상생활에서도 "그래봐야 면죄부를 주는 것뿐이 더되는가?" 식으로 이 말을 흔히 쓴다. 더구나 우리말에서 '죄'는매우 폭넓은 의미로 쓰인다. "못된 짓을 하더니 끝내 죄를 받았다"라고 하는 데서 '벌'의 의미도 담고 있음을 알 수 있다. "너 그러면 죄 받는다"란 말에서는 분명 죄와 벌이 구별되지 않는다.사전에도 반영돼 있다. '면벌부'가 언젠가 뿌리를 내려 '면죄부'를 대체할지는 지금으로선 속단할 수 없다. 다만 한동안 면벌부와 면죄부가 뒤섞여 세대간 언어적 혼란을 줄 것은 불을 보듯 뻔하다. 일반 언중言衆에게 생소한 말을 정부에서 나서 인위적으로도입하는 것은 지나치게 언어를 재단裁斷하는 행위란 비판 역시피할 수 없을 것이다.

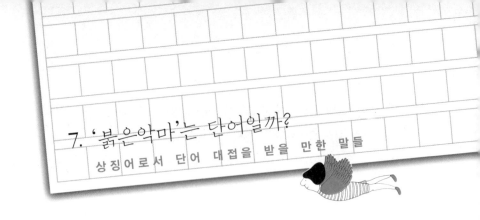

온 국민을 밤잠 설치게 하던 2006년 월드컵. 국가대표팀은 비록 16강 문턱을 넘지 못했지만 2006년 월드컵에서도 '붉은악마'를 비롯한 우리의 응원 열기는 세계를 또 한번 놀라게 했다. 그런데 여기서 '붉은악마'는 띄어 써야 할까, 붙여 써야 할까? 혹여 글쓰기에서 띄어쓰기가 대수롭지 않다고 생각한다면 이는 오산이다.

'선거전選擧戰'과 '선거 전前'이 구별되지 않고, '큰집(아우가 맏형의 집을 이르는 말)'과 '큰 집(집의 규모를 가리키는 말)'이 뒤섞일 경우 의미전달에 실패하기 십상이다. '사회주의적자립적민족경제'란 말은 쉽게 눈에 들어오지 않는다. 우리말을 이렇게까지 붙여 쓰는 사람이 있겠느냐고 반문할지 모르지만 북한에서는 오히려 이게 규범이다. 북한의 맞춤법은 나름대로 근거를 두고 만들어졌지만 그렇다 해도 우리에겐 비능률적인 방식으로 보인다.

'붉은악마'는 두 개의 단어로 이루어졌고 아직 사전에 오른 말

154

도 아니므로 '단어별로 띄어 쓴다'는 한글맞춤법 규정에 따라 '붉은 악마'로 띄어 쓰면 그만이다. 그러나 심리적으로는 한 단어로 붙여 쓰고 싶다는 게 문제다. 우리말에는 이처럼 단어화하지는 않았지만 단어 사이에 휴지休止가 잘 느껴지지 않아 붙여 쓰기 쉬운 말들이 꽤 있다.

공적 자금—공적자금
미국계 투자은행—미국계투자은행
적립식 펀드—적립식펀드
통신용 반도체—통신용반도체
알 권리—알권리,
검은 돈—검은돈,
검은 손—검은손,
큰 손—큰손,
젊은 층—젊은층
젊은 이—젊은이

이 가운데 단어는 '검은돈, 검은손, 큰손, 젊은이'뿐이다. 나머지는 모두 규범적으로는 띄어 써야 맞는다. 하지만 북한에서 '적的, 계系, 용用, 형形/型, 식式, 급級, 성性' 따위의 접미사가 붙어 연결되는 말은 모두 붙여 쓴다는 데서도 알 수 있듯이 이들은 사람에 따라 띄어 쓰는 게 오히려 어색하게 느껴질 수 있을 것이다.

'검은손'은 흉계를 품은 손길이라는 말이며, '검은돈'은 뇌물

진짜 국어

155

의 성격을 띠거나 기타 정당하지 못한 방법으로 주거나 받는 돈이라는 뜻으로 '검다黑'라는 의미를 벗어나 단어가 된 말이다. 수사적으로는 전의轉義에 해당하며 구체적으로는 환유 또는 은유를 거친 단어다. 하지만 이마저도 비교적 최근(《훈민정음국어사전》, 2004)에 와서야 단어로 대접받았다. '큰손'도 마찬가지. '큰 손'은 손의 크기를 두고 하는 말이지만 '큰손'은 '증시에 영향을 미칠 정도로 많은 거래를 하는 사람이나 기관'을 비유적으로 이르는 말이다.

이런 연장 선상에서 보면 '붉은악마'도 단순히 색깔을 나타내는 의미의 '붉은악마'가 아니라 국가대표 축구팀을 응원하는 응원단을 지칭하는 상징어로서 단어화한 것으로 볼 수 있을 것이다. 그러나 아직 사전에 오른 말은 아니다. 이런 말들은 그 사용 빈도나 지역적 역사적 계층적 분포 등에서 충분한 세력을 갖췄다고 판단될 때 비로소 단어로 승격하게 된다.

아는 것만큼 보인다

검은돈 뇌물의 성격을 띠거나 그 밖의 정당하지 못한 방법으로 주고받는 돈을 이르는 말.

검은손 속셈이 음흉한 손길, 행동, 힘 따위를 비유적으로 이르는 말.

적자 붉은 잉크를 사용하여 교정을 본 글자나 기호. 지출이 수입보다 많아서 생기는 결손액. 장부에 기록을 할 때 붉은 글자로 기입한 데서 유래한다.

회색분자 소속, 정치적 노선, 사상적 경향 따위가 뚜렷하지 아니한 사람.

흑백논리 모든 문제를 흑과 백, 선과 악, 득과 실의 양 극단으로만 구분

하고 중립적인 것을 인정하지 아니하려는 편중된 사고방식이나 논리.

흑자 검은색의 글자. 또는 먹으로 쓴 글자. 수입이 지출보다

많아 잉여 이익이 생기는 일. 수입 초과액을 표시할 때 주로

흑색 잉크를 쓰는 데서 유래한다.

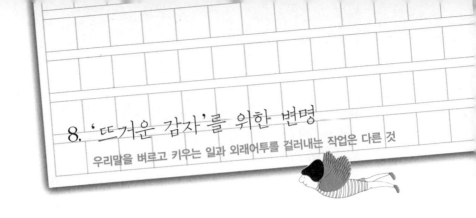

북방한계선(NLL)은 근본 문제 중의 근본 문제로 2차 정상회담의 '뜨거운 감자'다.

쇠고기의 검역이 재개됐고, 이 가운데 해당 상자 쇠고기에서 다시 갈비뼈가 발견됨에 따라 미국산 쇠고기의 수입재개가 '뜨거운 감자'로 떠올랐다.

언론 보도에서 '뜨거운 감자'란 말을 자주 볼 수 있다. 이 '뜨거운 감자'는 비단 사회적으로 큰 이슈뿐만 아니라 특정 단체나 집단, 개인 차원에서도 쓰이는 용어다. 즉 '나에게는 ~이 뜨거운 감자다'란 식으로 표현할 수 있다. 사회가 급속도로 다양화하고 이해관계가 복잡해지면서 이런 단어를 더욱 자주 접하게 된다.
그런데 일각에서는 이 말이 영어에서 온 것이란 점을 들어 그

다지 바람직하지 않은, 심지어 쓰지 말아야 할 외래어투로 간주하기도 한다. 물론 적절한 우리말이 기왕에 있고 표현하는 데도 부족함이 없는데 구태여 외래말이나 표현을 쓴다면 이는 바람직하지 않은 것이다. 하지만 외래말이라 하더라도 우리말 표현체계를 더욱 다양하고 풍성하게 하는 것이라면 이는 오히려 장려해야 할 부분이다. 특히 우리말에 없는 외래 표현은 우리말을 풍부하게 해 주는 효과가 있기 때문에 단순히 "외래어투니까"란 식으로 배척할 일은 아니다.

뜨거운 감자는 영어의 'hot potato'를 직역한 말로서 우리말에는 없는 표현이다. 갓 구워낸 맛있는 감자는 겉은 식은 것처럼 보이더라도 속은 뜨거운 기운이 남아 있어 자칫 한입 덥석 베어 물기라도 하면 입 안을 데일 수도 있다. 하지만 맛있는 감자를 먹고 싶기는 하니 뱉을 수도 없고 난처한 처지에 빠지는 것이다.

뜨거운 감자는 여기에서 유래했다. 시기적으로는 미국에서 베트남 전쟁 당시 언론에서 진퇴양난에 빠진 베트남 전쟁을 가리키는 은유적 표현으로 쓰기 시작한 것으로 알려져 있다. 엄청난 물량을 쏟아 부으면서도 베트남 전쟁이 미국의 의도대로 풀리지 않고 자국 내에서는 오히려 반전시위가 점점 커져만 가던, 수렁 속으로 빠져들던 상황을 언론에서 묘사한 것이다.

따라서 이 용어는 사회적으로 큰 쟁점으로 떠올라 있지만 해결이 쉽지 않은 또는 잘못 건드렸다가는 오히려 화를 당하게 될, 그래서 다루기 껄끄러운 현안을 이르는 말이다. 본래는 할 수도 안 할 수도 없는 매우 난처한 상황을 나타내는 말인데 요즘 우리 사

회에서는 단순히 첨예한 쟁점, 다루기 곤란한 핫 이슈 정도의 뜻
으로 쓰기도 한다. 따라서 그냥 '큰 쟁점'은 아니고 큰 쟁점이면
서 다루기 매우 껄끄러워 이러지도 저러지도 못하는 사안을 이르
는 말이다. 이를 단순히 '큰 쟁점'이라 바꾸기도 어려울뿐더러 미
묘한 의미 차이를 지닌 말이기 때문에 굳이 다른 말을 찾아 쓴다
면 이는 우리 스스로 말의 폭을 좁히는 결과가 될 수도 있다.

우리말을 벼르고 키우는 일과 외래어투를 걸러내는 작업은 다
른 것이란 뜻이다. 힘 있는 우리말을 만들어 가기 위해서는 비록
외래어투일지라도 다양한 표현방식에 도움이 되는 말이라면 자
연스럽게 쓸 수 있어야 한다.

외국에서 온 말들 중 비교적 일찌감치 우리말 속에 자리 잡은
단어는 '벼룩시장'이다. 온갖 중고품을 팔고 사는 만물 시장을 뜻
하는 '벼룩시장'은 1991년 금성출판사에서 펴낸《국어대사전》에
당당히 단어로 올라 있다. 하지만 1992년 한글학회가 펴낸《우리
말큰사전》에서는 여전히 단어로 취급되지 않았다. 1999년 국립
국어원에서 만든《표준국어대사전》에는 '프랑스 말 마르셰 오 푸
세Marche' Aux Puces를 번역한 것'으로 어원을 풀고 있다. 푸세는
벼룩이란 뜻이다. 영어에서도 이를 직역해 플리마켓flea market이
라 칭한다.

아는 것만큼 보인다

악어의 눈물 가식적인 후회나 동정의 눈물을 비유.

루비콘 강을 건너다 중대한 결단을 이미 내려 되돌릴 수 없는 상태.

마지노 선 더 이상 양보할 수 없거나 물러설 수 없는 막다른 경우.

부메랑 효과 본래 호주의 원주민이 쓰는 사냥도구인데, 던지면 다시 되돌아온다는 데서 자신의 어떤 행위가 부정적인 결과가 돼 스스로에게 돌아오는 것을 비유.

판도라의 상자를 열다 공연히 건드렸다가 감당하기 힘든 온갖 재앙을 초래할 수 있는 경우.

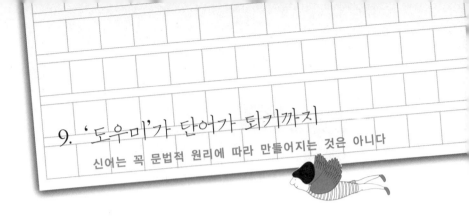

9. '도우미'가 단어가 되기까지

신어는 꼭 문법적 원리에 따라 만들어지는 것은 아니다

2005년 부산에서 열린 아시아태평양경제협력체(APEC) 정상회담에서는 인상 깊은 행사가 있었다. 각국 정상들이 우리 고유의 나들이복인 두루마기를 입고 기념 촬영을 한 것이다. '두루마기'는 '두루 막다'란 말에 명사화 접미사 '―이'가 붙어 만들어졌다는 게 정설이다.

우리가 주목해야 할 부분은 이 경우 어간의 본뜻이 살아 있으므로 원형을 밝혀 '두루막이'로 적어야 한다는 일부 주장이다. 가령 '손잡이, 옷걸이, 물받이, 손톱깎이' 같은 게 모두 같은 유형으로, 두루마기보다는 두루막이가 우리 맞춤법 정신에 맞는다는 것이다. 하지만 이 말은 이미 20세기 초부터 두루마기로 적어오던 것으로, 표기가 굳어진 지 오래다. 이는 모든 사전이 공통적으로 두루마기를 올림말로 처리한 데서도 확인된다.

이에 비해 모양은 비슷하지만 뜻은 전혀 다른 '두루마리'는 논란의 여지가 있다. '종이 따위를 풀어서 쓸 수 있도록 돌돌 만 뭉치'를 뜻하는 이 말에 대해선 국립국어원과 한글학회가 견해를 달리한다. 국립국어원(《표준국어대사전》)에서는 '두루마리'를 표준으로 잡고 있는 데 비해 한글학회(《우리말큰사전》)는 '두루말이'가 옳다고 주장한다. 물론 공식적인 표준어는 두루마리이다. 그럼 '계란말이'의 경우는 어떨까? 공교롭게도 두 사전이 공히 '-말이'를 표준으로 삼고 있다. 그점에서는 한글학회의 견해가 좀더 일관성이 있다 할 것이다.

하지만 중요한 것은 파생어 등 신조어는 꼭 문법적 원리에 따라 만들어지는 것은 아니라는 점이다. 문법성을 중시하는 사람들에 의해 잘못 만들어진 말이라고 지적받는 대표적인 단어가 '도우미'다. 이 말은 1993년 대전엑스포가 열리기 전 공모를 통해 태어났다. '도움을 주는 이'를 뜻하는 '도움이'를 발음 그대로 흘려 쓴 것이다. 여기에다 '도움+우아함+미美'를 갖춘 사람이란 의미를 담아 앞글자만 따서 합성한 것이다. 따라서 이 말은 상징화 과정을 거친 단어다. '도우미'는 이후 보통명사화할 정도로 쓰임이 빈번해지더니 《표준국어대사전》에 단어로 올랐다.

이보다 조금 앞서 1992년 S사가 내놓은 과자상품 이름 '누네띠네'가 히트를 치며 대중에게 알려진 것도 도우미가 급속도로 세력을 확장하는 데 일조했다. 이 말은 브랜드 작명을 위한 회의에서 누군가가 "뭔가 눈에 띄는 이름이 없을까"라고 한 데서 탄생한 것으로 알려져 있다. 이후 '누네띠네'는 유행처럼 각종 말을 소리 나는 대로 적는 방식의 기폭제가 됐다.

'도우미'가 말글살이에 뿌리내리게 된 것은 역설적이지만 전통적인 조어법을 일탈했기 때문일 수도 있다. 이는 달리 말하면 신어의 탄생은 조어법의 잣대로는 풀 수 없다는 뜻이기도 하다. 기왕 새로 만드는 마당에 '도움이' 또는 '도울이'로 하자는 지적도 있었지만 결국 말이란 언중에 의해 선택되는 것이다. 조어법에 어긋난다고 해서 우리말의 질서를 어지럽힌다고 비판만 할 수 없는 까닭이 여기에 있다.

아는 것만큼 보인다

두루마기 우리나라 고유의 웃옷. 주로 외출할 때 입는다. 옷자락이 무릎까지 내려오며, 소매·무·섶·깃 따위로 이루어져 있다.

두루마리 가로로 길게 이어 돌돌 둥글게 만 종이. 편지나 그 밖의 글을 쓸 때 쓴다. 길게 둘둘 만 물건.

10. '먹거리'와 '먹을거리'
언중의 선택에 달린 말의 운명

"김민환 선생은 '먹거리'를 사전에 올리기 위해 애쓰던 분입니다. 세계식량농업기구회의에 참여하면서 영어의 '푸드food'같이 종합적이고 추상적인 식량 개념을 나타낼 수 있는 우리말을 찾다가 '먹거리'를 생각한 거죠."

우리말 모임의 한자리에서 어느 참석자가 전한 말이다.

지난 10여 년 사이 우리 말글살이에 뿌리내려 익숙해진 말 가운데 대표적인 것 하나를 들라면 '먹거리'를 주저 없이 꼽을 수 있을 것이다. 1980년대 대학가의 특징 가운데 하나는 우리말 찾기 운동이다. 그 흐름 속에서 '동아리'니 '새내기'니 '먹거리'니 하는 말들이 대중화됐다. 우리 입에 먹거리가 오르내린 지 이미 20여 년이나 됐다는 얘기다. 그럼에도 불구하고 아직 단어로 대접받지 못하고 있으니 먹거리 입장에서는 억울하다 할 만하다.

앞서 살펴본 '도우미'가 불과 5년 만에 사전에 오른 데 비해 먹거리가 아직도 단어의 지위를 얻지 못한 까닭은 이 말이 우리 말 조어법을 벗어나 있기 때문이다. 그것은 아이러니컬하게도 국 어학자들의 반격에서 비롯됐다.

1990년대 초 먹거리가 대중화되면서 '먹을거리'를 밀어낼 기세를 보이자 당시 국어연구소(현 국립국어원)에서 이 말을 표준어심의 대상에 올렸다. 결과는 심의위원 전원일치로 조어법상 말이 안 된다는 판정을 받았다. 이후 먹거리는 지금까지 일부 사전에서 다뤄지더라도 '먹을거리의 잘못'으로 처리돼 왔다. 먹거리는 이미 이희승 편 《국어대사전》(1982)에서 경상 · 전라 방언으로 올라 있던 말이기도 하다. 물론 여기서도 표준어는 '먹을거리'를 취했다.

'먹거리'가 우리 조어법상 잘못됐다는 주장의 요지는 간단하다. 의존명사인 '거리'는 앞말과 어울릴 때 '볼거리, 읽을거리'처럼 꾸밈을 받으므로 '먹을거리'라고 해야 바른 말이란 것이다. '먹거리'를 허용하려면 '보거리, 읽거리'도 가능해야 한다는 것이다. 하지만 반론도 적지 않다. 우리말에는 '덮밥, 누비옷, 날짐승, 접의자, 붙장' 등 먹거리와 비슷한 형태의 합성어가 꽤 있기 때문이다.

어쨌든 '먹거리'와 '먹을거리'는 경쟁 관계에 있는 말이다. 주목해야 할 것은 먹거리는 일부 의미 분화를 일으켜 영어의 food에 해당하는 개념으로, 추상성을 담은 말로 많이 쓰인다는 점이다. 그것은 우리가 '먹거리 장터, 먹거리 문화, 먹거리 산업' 같은 말은 자연스럽지만 이 자리에 '먹을거리'를 넣었을 때는 어색하다는 데서도 확인된다. 반대로 보다 구체적으로 지칭할 때는 여전히 먹을거리가 자연스럽다. 가령 식구들과 밥을 먹으면서 "먹거리가 왜 이렇게 없냐"라고는 하지 않기 때문이다. 따라서 먹거리는 먹을거리와는 다소 다른 파생의 길로 들어선 말로 구별할 수 있다.

'먹거리'는 아직 표준어는 아니다. 언젠가 '먹을거리'와 구별되는 단어로 자리 잡을 수도 있고, 둘 중 하나는 아예 사라질 수도 있다. 둘 사이의 관계가 보완재가 될지, 대체재가 될지는 오로지 언중言衆의 선택에 달려 있다.

아는 것만큼 보인다

거리 명사 뒤에 붙거나 어미 '-을' 뒤에 쓰여 내용이 될 만한 재료(국거리/논문거리/반찬거리/비웃음거리/일거리/이야깃거리). 주로 시간의 길이를 나타내는 명사 뒤에 쓰여 제시한 시간 동안 해낼 만한 일. 주로 수를 나타내는 말 뒤에 쓰여 제시한 수가 처리할 만한 것.

누비옷 누벼서 지은 옷.

동아리 같은 뜻을 가지고 모여서 한패를 이룬 무리.

붙장 부엌 벽의 안쪽이나 바깥쪽에 붙여 만든 장. 간단한 그릇 따위를 간직하는 데 쓴다.

새내기 '신입생' 또는 '신출내기'의 뜻으로 새로 만들어 쓰는 말.

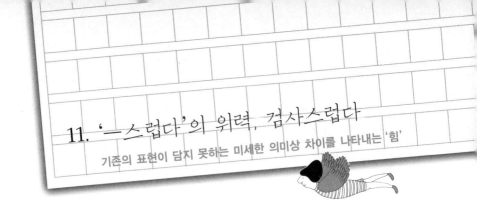

11. '—스럽다'의 위력, 검사스럽다
기존의 표현이 담지 못하는 미세한 의미상 차이를 나타내는 '힘'

검사 1 노 대통령이 '토론의 달인'이란 얘기가 있다. 토론을 통해 검사들을 제압하려 한다면 이 토론은 무의미하다.

대통령 잔재주로 여러분을 제압하려는 것으로 보는 것에 대해 모욕감을 느낀다.

검사 2 대통령이 되기 전 부산 ××지청장에게 뇌물사건을 잘 봐 달라고 했다는데, 검찰의 중립을 훼손한 일이라 생각하지 않느냐.

대통령 이쯤 가면 막가자는 거죠?

참여정부 출범 초에 마련된 대통령과 평검사들 간 대화의 자리에서 초유의 진풍경이 벌어졌다. 검사들의 걸러지지 않은 질문에 대통령이 격앙된 목소리로 답변하는 장면들이 TV로 생중계됐다. 새로운 말을 만들어 내는 데 탁월한 재능을 가진 우리 누리꾼들이 이를 보고 곧바로 신조어를 유포시켰다. '검사스럽다.'

2003년은 '-스럽다'가 위력을 보인 해이다. 인터넷상에서 다양한 '말의 실험'을 하며 세태의 흐름을 짚어내던 누리꾼들은 이해 접미사 '-스럽다'에 주목했다. '검사스럽다'란 말은 '논리도 없이 자신의 주장만 되풀이하며 윗사람에게 대드는 버릇없는 행태'를 빗댄 것이다. 인터넷에는 좀더 구체적으로 이 말의 용법이 나열됐다. 첫째 아버지에게 대드는 싸가지 없는 자식을 빗댄 말, 둘째 고생만 한다고 푸념하면서 정작 뒤로는 룸살롱 찾는 사람을 일컫는 말, 셋째 한 말 또 하고 또 하고, 짜증날 때까지 말하는 사람을 통틀어 일컫는 말 등 여러 가지 의미로 쓰인다. 그중에서도 첫 번째 쓰임새가 대표성을 지닌다. 이 말은 순식간에 세력을 얻어 그해 내내 언중들의 입에 오르내렸지만 단어로 정착되지는 못했다. 말의 쓰임새가 지속적으로 이어지지 못했기 때문이다. 풍자적인 의미를 담음으로써 단번에 인기는 끌었지만 한시적인 용어로 그친다면 그것은 유행어일 뿐이다.

'검사스럽다'를 뒤이어 '부시스럽다', '놈현스럽다'란 말이 탄생했다. '부시스럽다'는 당시 이라크전쟁을 앞두고 미국 부시 대통령이 '남의 얘기는 듣지 않고 고압적으로 자기 주장만 고집한다'고 평가한 누리꾼들이 만들어 낸 말이다. '놈현스럽다'는 우리 정부의 이라크전 파병을 둘러싸고 나타났다. '노무현스럽다'를 인터넷 특유의 줄임말로 만든 이 말은 '기대를 저버리고 실망감을 주는 데가 있다'란 뜻으로 유포됐다. '치사하다, 뒤통수친다'란 의미와 비슷하면서도 신조어답게 좀더 강렬한 어감을 담고 있는 말이다.

어쨌든 접미사 '-스럽다'가 파생시킨 이런 말들은 한때를 풍미했지만 유행어의 수준을 벗어나지는 못했다. 언중 사이에 지속적으로, 광범위하게 받아들여지지 못한 까닭에 단어로 격상되지 못했다는 뜻이다.

그렇게 된 데는 '-스럽다'의 결합이 자연스럽지 않은 데에서도 원인을 찾을 수 있다. 사실 '-스럽다'는 '평화스럽다, 복스럽다, 사랑스럽다' 따위에서 볼 수 있듯이 추상적인 말과 잘 어울린다. 이에 비해 구체적인 대상에는 '-답다'가 자연스럽다. '검사스러운'보다는 '검사다운'이, '부시스러운'보다는 '부시다운'이 자연스러운 게 본래 우리 어법이다.

'-스럽다'나 '-답다'는 사전적인 풀이로는 잘 구별되지 않지만 쓰임새는 확연히 다르다. '형답다', '아버지다운'이란 말은 써도 '형스럽다', '아버지스러운' 같은 말은 쓰지 않는다.

물론 '검사스럽다'를 비롯한 신조어는 단순히 문법적 잣대로만 따질 대상은 아니다. 사회언어학적 관점에서 '검사스럽다'라는 말은 '검사답다'란 기존의 표현이 담지 못하는 미세한 의미상차이를 나타내는 '힘'을 갖기 때문이다. 다만 기존의 어법을 뛰어넘는 새로운 표현이 등장함으로써, 그 부작용으로 '-스럽다'와 '-답다'의 구별이 모호해지고 뒤섞여 쓰이는 것은 경계해야 할일이다.

12. '깜'도 안 된다
대통령 후보에게 국어 시험을!

2003년. 국어운동 단체인 '우리말 살리는 겨레모임(이하 겨레모임)'은 한글날을 앞두고 청와대 비서실을 '우리말 헤살꾼' 후보로 올리겠다고 경고했다. 참여정부 들어 로드맵이니 코드니 하는 외래어들을 아무 의식 없이 무분별하게 써 오던 청와대가 급기야 비서실 안에 정책프로세스니 국정과제태스크포스니 하는 하위조직을 설치하자 겨레모임에서 이를 지적하고 나선 것이다. 화들짝 놀란 청와대는 결국 조직 명칭을 업무과정개선, 국정과제담당 식으로 고쳤다.

2004년. 겨레모임은 그해 우리말을 망치는 '으뜸 헤살꾼'에 당시 이명박 서울시장을 뽑았다. 서울시에서 추진하는 각종 정책 및 업무에 'Hi Seoul 시민', 'Green 청계천' 같은 영문 혼용 선전문을 배포하고 '미디어팀, 마케팅팀'이란 이름의 직제를 만들었다는 게 이유였다.

　2007년. 참여정부 내내 '튀는' 언사로 시비의 대상이 되어 왔
던 노무현 대통령이 다시 화제의 초점이 됐다. 이번에는 "깜도
안 된다"란 말로 기자들을 곤혹스럽게 만들었다. 2007년 몇 달간
지면을 뜨겁게 달군 '신정아와 변양균 사건'을 두고 초기에 노 대
통령이 던진 말이다. 기자들이 난감했던 건 막상 이 말을 지면에
옮기려다 보니 우리말에 '깜'이란 단어가 없는 것이었다. 정황상
으로는 '거론하거나 왈가왈부할 만한 내용이 없다', '얘깃거리도
안 된다'는 뜻으로 이 말이 나온 것으로 해석됐다. 그렇다면 그에
해당하는 말은 '감'인 것이다.
　'감'은 순우리말로서, 명사 뒤에 붙어서 '대상이 되는 도구, 사
물, 사람, 재료'의 뜻을 나타내는 말이다. '구경감, 놀림감, 양념
감, 안줏감' 식으로 쓰인다. 이런 합성어들에서는 뒤에 오는 '감'
이 자연스럽게 [깜]으로 소리 나는데, 이를 단독으로 사용하면서
그대로 된소리로 발음한 것이다. 이에 따라 처음에는 신문들이
일부 "감도 안 된다"라고 쓰기도 했지만 그래서는 도저히 말맛을
살릴 수 없었다. 결국 '웃음거리, 이야깃거리, 반찬거리' 등에 쓰
인 '거리'와 비슷하게 쓰이는 '감'도 단독으로 발음할 때는 '깜'
으로 적을 수밖에 없었다.

　2007년. 대통령 선거를 앞두고 당시 이명박 후보와 정동영 후
보가 각각 국립현충원 방명록에 적은 문구가 알려지면서 이들이

우리말 쓰기도 제대로 못한다고 비판의 도마 위에 올랐다.

당신들의 희생을 결코 잊지 않겠읍니다. 번영된 조국, 평화통일을 이루는데 모든 것을 밮치겠읍니다.

짧은 두 문장에서 띄어쓰기야 눈감아 주더라도 '않겠습니다', '바치겠습니다'를 틀리게 쓴 것은 너무 심하다는 지적이었다.

정 후보의 쓰기 실력 역시 오십보백보였다.

대한민국을 한단계 더 엎그레이드시켜 영령들께 보답하겠읍니다.

'한단계는 한 단계', '엎그레이드는 업그레이드'로 써야 띄어쓰기와 외래어 표기에 맞다. '-습니다'는 과거에는 '-읍니다'와 '-습니다'를 구별해 받침에 'ㅅ'이 있으면 '했읍니다'나 '먹었읍니다' 식으로 '-읍니다'를, 그 밖의 경우에는 '같습니다, 많습니다'와 같이 '-습니다'를 써 왔다. 하지만 현행 맞춤법에서는 이를 '-습니다' 한 가지로 통일했다. 따라서 지금은 어떤 경우에도 '-읍니다'를 쓰지 않는다.

upgrade를 한글로 적을 때는 엎그레이드라 하지 않고 '업그레이드'라고 한다. 이는 가령 book을 '�‍'이라 하지 않고 '북'으로 적는 이치와 같은 것이다. 우리가 book에 조사를 붙여 읽을 때 [부키, 부클]이라 하지 않고 자연스럽게 [부기, 부글]이라고 읽는 것처럼 외래어에서는 대표음으로 소리 내는 게 관습이다. 또한 upgrade에서도 마찬가지로 음가를 글자에 반영해 표기하면 '엎'이지만 어차피 발음으로 구별되는 게 아니므로 대표음 표기인 '업'으로 적는다.

13. 방황하는 말들
전문 분야에서 나온 신조어

　우리 교육에서 가장 시급히 해결해야 할 과제는 공교육의 경쟁력
강화와 대학교육의 수월성 확보다.

　교육에 관해서는 누구나 전문가처럼 말한다. 공교육 경쟁력 강
화와 수월성 문제도 흔히 거론되는 명제다. 그런데 도대체 '교육
의 수월성'이란 게 무얼 말하는 것일까? 수월성이란 말은 어디서
왔고 무슨 의미일까? 우리는 이 말의 뜻도 잘 모르면서 매일같이
이 말을 듣고 말하고 있다.
　'수월성' 못지않게 우리 주변에서 흔히 접할 수 있는 게 '진정
성'이다. '문학의 진정성', '피의자 신문조서의 진정성', '나의 진
정성을 알아다오' 식으로 여러 상황에서 다양하게 쓰인다. 우리
말에서 '진실성'은 원래 있던 말이지만 '진정성'은 아직 정체가
밝혀진 단어가 아니다. 한문학을 전공하는 김영봉 연세대 국학연

구교수는 "중국을 비롯해 한자어권에서 문헌적으로 '진정성'이란 단어가 쓰인 사례는 아직 못 봤다"며 "우리가 만들어 쓰는 말인 것 같다"는 견해를 제시했다.

그렇다고 이들 말이 아주 최근에 생겨났다거나 제한적으로 드물게 쓰인다거나 하는 것은 아니다. 언론재단이 운영하는 기사검색 사이트인 '카인즈'를 통해 이들을 검색하면 이미 1990년대에도 수없이 많은 용례가 나온다. 그만큼 상당 기간 익숙하게 써 온 단어란 뜻이다. 하지만 지금도 그 뜻이 모호한 게 정체를 알 수 없긴 마찬가지다. 이들은 우리말 속에서 분명 쓰이고는 있지만 그 개념이 자리를 잡지 못한 채 방황하고 있는 말이다.

그래서인지는 몰라도 수월성이나 진정성은 아직 사전에 오르지 않았다. 이는 또 뒤집어 생각하면 여태 사전에 오르지 않았기 때문에 그만큼 쓰임새나 개념이 정착되지 못하고 모호한 채로 남아 있는 것일 수도 있다. 이들이 접미사 '—성'에 의한 파생어란 점을 감안하더라도 20여 년 가까이 지속적으로 써 온 단어가 사전에서 다뤄지지 않은 채로 있는 것은 의아하다.

Ladyboy 여성화된 남성
Talebanization 이슬람의 극단주의화

2006년 12월 《옥스퍼드 영어사전》 온라인판에 새로 추가된 신조어들이다. 2007년 3월 초 영국의 〈파이낸셜타임스〉는 《옥스퍼드 영어사전》이 2007년부터 전면 개정 작업에 들어갈 계획이라고 전했다. 세계적 권위를 자랑하는 옥스퍼드 사전이 1928년 발간된 지 무려 79년 만의 일이며, 약 20년이 걸릴 것이라고 한다.

우리 사전의 역사에서도 한글학회가 펴낸 《우리말큰사전》은 1927년 조선어사전편찬회가 구성된 지 30여 년에 걸쳐 1957년 전 6권으로 완간됐다. 또 1999년 국립국어원에서 내놓은 《표준국어대사전》은 8년여에 걸친 작업 끝에 50여 만 단어를 7000여 쪽에 수록한 방대한 책이다. 이후 수많은 새로 생긴 단어들이 올림말로 수록될 때만을 기다리고 있는 것은 물론이다.

앞서 언급한 '수월성'이나 '진정성'도 그중 하나다. '수월성 평가', '교육의 수월성 제고' 식으로 많이 쓰이는 '수월성'은 쓰임새로 봐서 본래 있던 말 수월하다와는 거리가 먼 단어다. 우리가 알고 있는 '수월하다'란 말은 '까다롭거나 힘들지 않아 하기가 쉽다'는 뜻이다. 반면에 수월성 교육이라 할 때의 '수월秀越'은 한자어로, 새로 생겨난 말이다. 빼어날 수, 넘을 월, 즉 우수하고 월등함을 뜻한다. 1980년대 초 대학 졸업정원제가 도입될 때 미국의 'Excellence in Education' 개념을 옮기면서 만들어진 말이라고 한다. 따라서 '수월성 교육'이라 하면 보편성 또는 획일적 평등성에 대비되는 의미로, 영재교육, 엘리트교육이란 뜻으로 쓰는 것 같다. 그런데 2004년 12월 교육부에서는 수월성 교육 종합대책을 발표했는데, 이때 수월성 교육이 영재교육이나 엘리트 교육과는 다른 개념이라고 덧붙였다. 이래저래 '수월성'은 여전히 막연한 상태로 쓰이는, 방황하는 말로 남아 있다.

'진정성'이란 말은 초기에는 주로 문학·예술 용어로 쓰이기 시작했다. 우리말에서 이 '진정'에 해당하는 한자는 眞情(진실한 사정이나 마음)과 眞正(거짓 없이 참으로)이 있다. 《표준국어대사전》에는 없던 말인데 《훈민정음국어사전》에서는 이를 '진정성眞正性'으로 올렸다. 국립국어원의 김세중 국어생활부장은 이 말에 대해 "'진실성'과 유사한 듯하면서도 새로운 의미가 첨가돼 쓰이는 것 같다"고 말했다. 하지만 아직 자리 잡힌 말이 아니라 의미가 모호하게 관념적으로 쓰인다는 게 문제다.

진정성이나 수월성은 일상적으로 쓰는 말은 아니지만 그렇다고 낯선 말도 아니다. 초기에는 다소 전문적인 용어로 출발했지만 지금은 그 쓰임새가 광범위해졌다. 그런 점에서 이제 이들 단어도 그 의미와 쓰임새를 명확히 정리해 줘야 할 때가 되지 않았을까?

14. 모여라, 모둠 만들자
'모둠'이 만들어지기까지

초등학교를 중심으로 학교 현장에서 '모둠'이란 단어가 쓰인 지 꽤 됐다. 이 모둠은 생산성이 제법 커 모둠과제, 모둠보고서, 모둠문제집, 모둠연구 식으로 다른 말과 어울려 새 말을 만들어 낸다. 그런데 음식점에 가 보면 이와 비슷한 '모듬회, 모듬안주'란 말이 있어 그 표기를 두고 헷갈려 하는 사람들이 많다. 특히 모둠이 학교에서 비교적 성공적으로 정착했음에도 불구하고, 교사들 사이에서는 오히려 '모듬'이라고 해야 할 것을 잘못 쓰는 것으로 아는 이들도 있다.

결론부터 말하면 '모둠'이 바른 표기이고 '모듬'은 잘못된 것이다. 그러면 그 근거는 무엇일까? 그것은 '선택'에 따른 것이다. 그렇다면 그 선택까지의 배경을 이해한다면 모둠과 모듬에 대한 시시비비는 어느 정도 가려질 것이다.

'모둠'은 한자어 '조組'나 영어의 '그룹group'을 대신하는 말이다. 이 말은 모둠발, 모둠꽃밭, 모둠밥, 모둠냄비, 모둠토의 식으로 합성어를 이뤄 쓰이기도 한다. 모두 시중에 나와 있는 사전에 표제어 또는 용례로 올라 있다. 이 말의 사전적 풀이는 '초·중등 학교에서, 효율적인 학습을 위해 학생들을 대여섯 명 내외로 묶은 모임'이다. '모둠'이 단독으로 쓰이는 경우는 이 의미에 한해서이다. 나머지는 앞에서 예를 들었듯이 모두 합성어 또는 구의 형태로 쓰인다.

'모둠'은 《표준국어대사전》에서 처음 표제어로 올랐다. 《우리말큰사전》을 비롯해 《국어대사전》에서는 '모둠'이 단독으로 단어로 다뤄지지 않았다. 하지만 이들 사전에도 '모둠냄비'니 '모둠발'이니 하는 합성어는 표제어로 올라 있다. 그러면 이들은 '모둠'이 없는 상태에서 어떻게 먼저 사전에 올랐을까? 그것은 합성어였기 때문에 가능했던 것으로 보인다. 우리말에서 합성어 속에는 고어라든지 방언이 화석처럼 남아 있는 경우가 적지 않다.

안상순 금성출판사 사전팀장은 "'모둠'의 원형으로 보이는 '모두다'는 방언이기도 하고 중세어 '모도다'의 변형이기도 하다. 이것이 합성어 속에 남아 있는 것으로 볼 수 있다. '심'이 비록 단독으로는 방언이지만 '팔심, 뱃심' 같은 말에 화석처럼 박혀 이들 합성어가 표준으로 인정받는 것과 같은 이치이다"라고 설명한다.

'모둠'은 그 기본형이라 할 수 있는 '모두다'가 영남방언으로 존재한다는 것이 또 하나의 근거가 될 수 있을 것이다. 그러나 현실적으로 '모듬회' 같은 말도 많이 쓰이기 때문에 결국 남는 것은 '선택'이다. 국립국어원에 따르면 '모둠―'으로 시작하는 말들이 현재 표준어로 많이 남아 있다는 사실이 '선택'의 가장 큰 이유가 됐다. 즉 '모둠냄비', '모둠발', '모둠꽃밭', '모둠밥', '모둠앞무릎치기'와 같은 말이 그전부터 쓰여 왔다는 것을 근거로 '모둠'을 표준어로 잡은 것이다. 이에 따라 '모듬'은 비표준어로 처리됐으므로 '모둠회, 모둠안주'가 바른 표기다.

아는 것만큼 보인다

모도다 '모으다'의 옛말.

모둠 초·중등학교에서, 효율적인 학습을 위하여 학생들을 대여섯 명 내외로 묶은 모임.

모둠발 가지런히 같은 자리에 모아 붙인 두 발.

모둠앞무릎치기 씨름에서, 상대편의 오른쪽 무릎과 발목의 안쪽을 손과 발목으로 동시에 쳐서 앞으로 넘어뜨리는 기술.

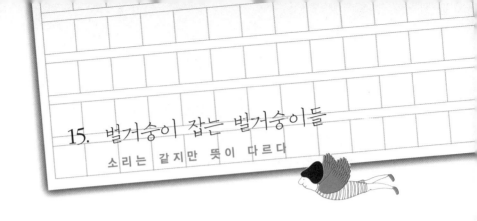

15. 벌거숭이 잡는 벌거숭이들
소리는 같지만 뜻이 다르다

발가버슨 아해들이 거미줄 테를 들고 개천으로 왕래하며

발가숭아 발가숭아, 저리 가면 죽나니라 이리 오면 사나니라, 부르

나니 발가숭이로다

아마도 세상일이 다 이러한가 하노라

김천택이 펴낸 《청구영언》(1728)에 실려 있는 이 사설시조는 수
사적 기법을 사용한 조선시대의 대표적인 풍자시조로 알려져 있
다. 더위에 옷을 모두 벗은 시골 아이들이 잠자리채를 들고 개천
가에서 잠자리 잡는 모습을 노래한 작품이다. 발가벗은 어린아이
들과 잠자리를 소재로 서로 믿지 못하는 각박한 세태를 해학적으
로 그려낸 수작으로 평가되고 있다. 여기 사용된 수사적 기법은
동음이의어법과 반어법이다. '동음이의어법'이란 소리는 같지만
뜻이 다른 말을 사용해 표현에 긴장감을 불어넣는 수법이다. 가

령 '남男부럽지 않은 여女변호사 전성시대'니, 국사 교과서의 내
용을 비판하면서 '국사國史인가, 국사國死인가' 하는 식으로 표현
하는 것이다.

이 시에서는 '발가숭이'가 동음이의어법으로 사용됐다(《수사학이
란 무엇인가》, 김욱동). '발가숭이'는 발가벗은 아이들을 가리키면서
동시에 초가을에 시골이나 물가에 떼 지어 날아다니는 고
추잠자리를 뜻한다. 중장의 '저리 가면 죽나니라 이리 오면 사
나니라'는 반어법이다. 개천 쪽으로 가야 살고 아이들 쪽으
로 오면 오히려 죽게 될 터인데 이를 역설적으로 나타냄으
로써 서로 속고 속이는 세태를 드러낸 것이다. 여기서 연상
되는 단어는 '감언이설甘言利說'이다.

'발가숭이' 또는 '벌거숭이'는 제일 흔히 쓰이는 게 '옷을 죄다
벗은 알몸뚱이'란 뜻이지만, 이외에도 '흙이 드러나 보일 정도로
풀도 없는 산, 잎이 다 떨어져 가지가 다 드러나 보이는 나무, 재
산이나 돈 따위를 모두 잃거나 써 버려 가진 것이 없는 사람 따위
를 비유적으로 이르는 말'로 쓰인다.

그런데 벌거숭이는 여기에 또 하나의 뜻이 있는데, 잠자리의
방언이기도 하다. 특히 가을하늘을 수놓는 붉은 고추잠자리를 가
리킨다. 시조에서 '발가숭이'가 동음이의어로 쓰일 수 있는 까닭
은 바로 이런 뜻을 갖고 있기 때문이다.

그래서 '천둥벌거숭이'란 본래 '천둥이 치는데도 두려운 줄 모
르고 이리저리 날아다니는 잠자리'를 이르는 말이다. 《뉴에이스
국어사전》(금성출판사, 2004)에서는 여기서 유래해 '천둥벌거숭이'

란 말이 철모르고 함부로 덤벙거리는 사람, 두려운 줄 모르고 철없이 날뛰는 사람을 비유적으로 이르게 된 것으로 풀이한다. 북한에서는 '벌거숭이 잠자리'란 말도 쓰는데, 이 역시 이것저것 가리지 못하고 함부로 행동하는 사람을 비유적으로 이르는 말이다.

'천둥'은 사전적으로 '뇌성과 번개를 동반하는 대기 중의 방전 현상'을 가리킨다. 이 말은 본래 천동天動에서 왔다. 사전에서는 한자 天動이 '텬동'을 거쳐 천둥으로 변한 것으로 풀고 있다. 세월이 흐르면서 한자어 개념은 없어지고 고유어화한 말이란 것이다. '천둥'에 해당하는 우리 고유어는 '우레'다. 우레와 같은 박수(많은 사람이 치는 매우 큰 소리의 박수를 비유적으로 이르는 말)'가 대표적인 관용어로의 쓰임새다. 이 말은 '울다泣'란 말에 접사 '-에'가 결합해 만들어진 것으로 풀이된다.

국어학자 김민수 교수는 "중국 문헌에 天動은 '천체의 운행'이란 뜻만 있고 우리말 '우레'의 뜻은 없다. 따라서 '천둥'이란 말은 비록 한자어에서 오긴 했지만 우리나라에서 음도 변하고 뜻도 만들어진 것임을 알 수 있다"라고 말한다.

한 가지 주의할 점은 남에서는 우레를, 북에서는 '우뢰'를 표준어로 삼고 있다는 것이다. 요즘도 주변에서 흔히 우뢰로 알고 쓰는 경우가 많은데 남에서 우뢰는 '우레의 잘못'으로 처리돼 인정하지 않는다. 반면에 북에서는 우뢰만을 허용하고 천둥이란 의미로 쓰는 우레란 말은 없다. 천둥은 남과 북에서 동일하게 쓰인다.

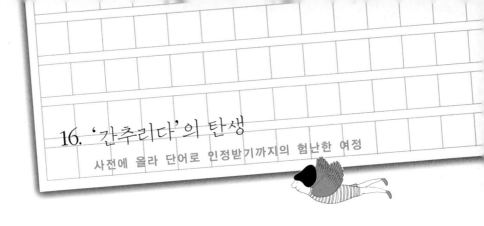

16. '간추리다'의 탄생
사전에 올라 단어로 인정받기까지의 험난한 여정

학원사는 1945년 설립돼('대양출판사'로 시작) 여성잡지 〈여원〉, 〈주부생활〉 등을 내놓으며 한 시대를 풍미한 출판사다.

"이곳에서 1950년께 중학생용 학습참고서를 준비하면서 책 제목을 사내 공모했습니다. 대부분 '최신○○', '모범××', '표준△△' 따위의 한자어 제목이었는데 그중 '간추린'이란 제목이 눈길을 끌었지요. 당시 이 말은 서울 지역엔 거의 알려지지 않았습니다. 그런데 막상 사내 투표를 해 보니 압도적인 표 차로 '간추린'이 책 제목으로 채택됐습니다."

이후 학원사의 〈간추린○○ 시리즈〉가 인기를 끌면서 말 자체도 제법 기세를 올리게 됐다. 그 전까지만 해도 '간추리다'란 말은 경상도 일부 지역에서만 쓰이던 방언에 지나지 않았다.

"이 말이 사전에 오르게 된 것은 1958년에 나온 국어사전에서였습니다. 당시 이 사전의 교정을 내가 맡았지요. 교정을 보면서

'간추리다'란 낱말이 생각나 슬그머니 집어넣었습니다. 교정자로서는 월권행위였지요. 어쨌거나 죽은 말이나 다름없던 이 말이 이후 되살아나 사전마다 올랐고 널리 쓰이게 됐습니다."

한 사석에서 일지사 김성재 선생이 회고한 일화다. 한국 출판계에 지대한 영향을 끼친 그는 2005년 6월 21일 78세를 일기로 세상을 떠났다.

'간추리다'가 사전에 실려 표준어가 된 과정은 매우 특이하다. 대개의 경우 어떤 말이 단어로 인정받아 사전에 오르게 되기까지에는 매우 '험난'한 길을 거친다.

안상순 금성출판사 사전팀장은 "수많은 말의 생성과 소멸 속에서 어떤 단어가 사전에 오른다는 것은 그 말에 '공인성'을 부여하는 것입니다. 따라서 얼마나 오랫동안, 지속적으로 널리 사용되는지를 확인한 뒤에야 사전에 올릴 수 있는 거지요. 영국의 《옥스퍼드 영어사전》 같은 경우는 10년을 지켜본다고 합니다. 그래서 사전 편찬자들은 말을 보수적으로 다룰 수밖에 없습니다"라고 설명했다.

호남방언이던 '뜬금없다'가 1999년 국립국어원에서 펴낸 《표준국어대사전》이 나오고서야 비로소 표준어로 인정받게 된 게 대표적인 경우다. 그 전까지 신문 방송 등에서는 표준어란 굴레에 씌어 '느닷없이'를 '뜬금없다'의 대체어로 놓고 쩔쩔매던 시절이 있었다. '영글다(여물다), 후덥지근하다(후텁지근하다), 덥수룩하다(텁수룩하다)' 따위 말도 《표준국어대사전》에 와서야 단어로서의 지위를 얻었다.

최근엔 새로 생기는 말 가운데 비교적 일찍 사전에 오르는 말도 꽤 있다. 보통 중사전(2500쪽 전후의 휴대용 크기)을 통해 수록되는데, '왕따' 같은 말은 2002년 《뉴에이스국어사전》에서 올림말로 다뤘다. '맞짱'을 뜰지, '맞장'을 뜰지 고민되는 사람은 2004년에 나온 《훈민정음국어사전》을 참고하면 된다. 이 사전에서는 '맞짱'을 올림말로 제시했다.

아는 것만큼 보인다

간추리다 흐트러진 것을 가지런히 바로잡다. 글 따위에서 중요한 점만을 골라 간략하게 정리하다.

느닷없다 나타나는 모양이 아주 뜻밖이고 갑작스럽다.

덥수룩하다 더부룩하게 많이 난 수염이나 머리털 등이 어수선하게 덮여 있다.

뜬금없다 갑작스럽고도 엉뚱하다.

영글다 여물다. 과실이나 곡식 따위가 알이 들어 딴딴하게 잘 익다.
빛이나 자연현상이 짙어지거나 왕성해져서 제 특성을 다 드러내다.

후덥지근하다 열기가 차서 조금 답답할 정도로 더운 느낌이 있다.

17. 대포 한잔의 추억
사양길에 접어들던 단어도 다시 살아날 수 있다

"대포 한잔 하시죠!"

　한 주류업체에서 '대포'란 상표의 술을 내놓았다. 대폿잔, 대폿술, 대폿집, 왕대포 따위로 쓰이는 이 '대포'는 한때 삶의 무게에 지친 서민들을 달래주던 술이다.

　'대포'는 '큰 술잔 또는 큰 술잔으로 마시는 술'을 가리키는 말이다. 산업화가 일던, 개발연대의 시절에 퇴근길 골목 한 귀퉁이 허름한 선술집에서 우리네 아버지들은 막걸리 한 사발, 조금 나으면 청주 한 잔 받아 놓고 일상의 애환을 털어 냈다. 대개는 주발에다 막걸리를 받아먹었는데, 요즘은 막걸리를 예전만큼 많이 찾지 않다 보니 자연스레 말의 세력도 사양길에 접어들던 단어다. '대포나 한잔하자'처럼 쓰이는 이 말은 우리가 흔히 아는 '대포大砲'와는 전혀 다른 것이다. 술을 가리키는 '대포'는 아직 어원이 분명히 드러나지 않아 한글로만 쓴다. 국어학자인 김민수 교수 등 일부에서는 이 대포의 어원을 '대포大匏'로 설명하기도 하지만 정설은 아니다. '포匏'는 박 또는 그것을 재료로 만든 바가지를 뜻한다.

무기의 일종인 '대포大砲'는 물론 한자어이다. 그러나 이때의 대포는 우리 일상 언어생활에서는 '허풍' 또는 '거짓말'을 뜻하는 말로 더 많이 쓰인다. "그 양반은 대포大砲가 보통 센 게 아니야"처럼 말한다. '대포(를) 놓다'라고 하면 '허풍을 치거나 터무니없는 거짓말을 하다'라는 뜻의 관용구이다. 그런 사람을 '대포쟁이'라 하는데, 이는 '허풍쟁이' 또는 '거짓말쟁이'를 빗대어 이르는 말이다.

북한에서는 이들 단어 말고도 '꽝포쟁이'란 것도 많이 쓴다. 이는 남한에는 없는 말이다. 이때 '꽝'은 "이번 뽑기에서도 또 꽝이 나왔다"에서처럼 제비뽑기 따위에서 아무런 소득이 없는 것을 속되게 이르는 말이다. '포'는 물론 한자어 '포砲'다. 결국 실제 내용 없이 빈 소리만 요란한 데서 '꽝포쟁이'란 말이 생겨난 것으로 짐작할 수 있다. 북한 속담에 '대포로 참새 쏘는 격'이라 하면 '보잘 것 없는 일로 엄청나게 큰 대책을 세우며 야단법석을 떠는 것'을 비유적으로 이르는 말이다. 흔히 하는 '닭 잡는 데 소 잡는 칼을 쓴다'란 표현과도 비슷하다. '작은 일에 어울리지 않게 큰 도구를 쓴다'는 뜻을 담은 이 말은 〈논어〉의 '할계언용우도割鷄焉用牛刀'에서 온 것이다.

허풍이나 거짓말을 나타내는 '대포'는 비교적 생산성이 좋은 말이 아니어서 그동안 거의 다른 파생어를 만들지 않았다. 그런데 몇 년 전부터 '대포차'니 '대포통장'이니 하는 말들이 쓰이더니 '대포폰'까지 나왔다. '대포차'란 자동차를 사고팔 때 명의이전 절차를 밟지 않아 자동차등록원부상의 소유자와 실제 소유자, 즉 서류상의 소유자와 실제 차량운행자가 다른 불법차량을 일컫는 속어이다. 모든 차에는 '자동차등록증'이란 게 있는데, 이것은 사람으로 치면 주민등록증 같은 것이다. 대포차 주인은 자기 이름의 자동차등록증이 없으므로 결국 그 차는 '무적차량'인 셈이다. "그 사람, 대포가 꽤 세"라고 할 때의 대포가 '근거 없는 거짓말이나 허풍'을 나타낸다는 점에서 서류상의 명의자와 실제 주인이 다른 것을 빗대 대포차니 대포통장이니 대포폰이니 하는 말이 만들어진 것으로 볼 수 있다. 이 가운데 가장 먼저 생긴 대포차는 이미 상당한 언어세력을 얻어 《훈민정음국어사전》에서 처음 표제어로 올려졌다. 정식으로 단어가 된 것이다.

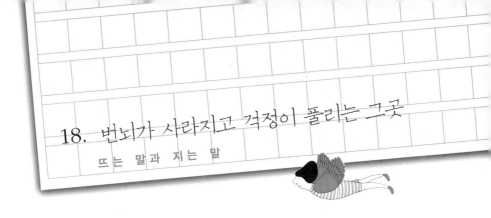

18. 번뇌가 사라지고 걱정이 풀리는 그곳

뜨는 말과 지는 말

세상의 번뇌가 사라지고 근심 걱정이 풀린다는 곳이 있다. 그곳
에서는 조용히 삼라만상을 관조해 볼 수도 있다. 다만 그러기 위
해 몇 가지 주의할 점이 있다. 우선 절대 머리를 숙여 아래를 보
는 만용을 부리지 말아야 한다. 경건한 곳이기에 당연히 침 따위
를 뱉어서도 안 된다. 또 힘쓰는 소리를 내 정적을 깨뜨려서도 안
된다. 일을 마친 뒤에는 반드시 옷매무시를 단정히 해야 하며 나
와서는 손을 씻기 전에 다른 물건을 만지는 것도 금지된다.

그곳은 '해우소解憂所'다. 글자 그대로 근심을 푸는 곳인데, 절
에서 쓰는 말이다. 많이 알려져 있지만 사전에는 올라 있지 않은
이 말이 가리키는 곳을 옛날에 민가에서는 '뒷간'이라 불렀다.

뒷간은 변소를 완곡하게 이르는 말이다. '측간'도 변소와 같은
한자어이다. 측간이나 변소가 세력을 얻기 전엔 다 뒷간이라 불
렀다. 하지만 요즘 뒷간이란 말은 거의 들어 보기 힘들게 됐다.

측간이나 변소 역시 지금은 화장실이란 말로 바뀐 지 오래다.

이처럼 사회가 발달하고 변해감에 따라 잊혀져 가는 말이 있고 새로 세력을 얻는 말이 있다. 사회상을 나타내는 이런 말들은 단순히 한 시대를 풍미한 유행어 차원도 아니고 우리 생활 속에 오래 깊숙이 들어와 있던 정식 단어들이다. 한참 시간이 흐른 뒤 불현듯 돌아보면 어느새 우리 언어생활에서 낯선 단어가 되어 버린 것이다. 아직 사어(죽은말)라고 할 순 없지만 이미 언어 세력이 미미해져 사라져 가는 단어의 범주에 포함될 만하다.

"아들 내외는 대처에 나가 살고 우리 두 노인만 이곳에 살고 있다."

예전엔 시골에서 '대처'란 말을 많이 썼다. 지금 이 말을 들었을 때 생각할 수 있는 뜻은 대략 세 가지다. 우선 '어떤 정세나 사건에 대해 알맞은 조치를 취함'이다. 한자로는 '對處'인데 가장 흔히 쓰인다. 둘째는 '帶妻'가 있다. 이는 아내를 둔다는 뜻인데 보통 불교에서 대처승을 나타낼 때 쓰는 말이다. 셋째는 '大處'. 이 말은 도회지를 가리키는 말이다.

대처란 말의 쓰임은 '대처對處'의 개념이 압도적으로 많고 그 외에는 잘 쓰이지 않는다. 대처승으로서의 개념은 살아 있지만 일반인들의 언어생활에서 자주 쓰이는 단어는 아니다. 도회지란 뜻으로의 대처는 요즘 거의 쓰이지 않는 것 같다. '도회지'는 사전적으로 '사람이 많이 살고 상공업이 발달한 번잡한 지역'을 가리킨다. 이 말 자체도 개념적으로는 이미 낯선 단어가 되어 가고 있다. 그 대신 '도시'나 '대도시'가 주로 쓰인다.

대처나 도회지는 6, 70년대 산업화가 한창 진행되던 때 떠오르던 말이다. 그때는 시골에서 버스를 타고 한 시간씩 또는 몇 시간씩 나가야 큰 도시에 다다를 수 있었다. 전국적으로도 도시는 적었고 시골이 많았다. 지금은 오히려 시골다운 시골을 찾으려면 몇 시간씩 차를 달려 도시에서 멀리 벗어나야 한다. 어딜 가도 지역적으로 도시화가 이뤄져 변화한 모습이 많다.

산업화와 더불어 삶의 질이 나아지고 의식 수준도 높아짐에 따라 사람들은 단어에 과거의 이미지를 버리고 새로운 이미지를 덧입힌다. 그래서 같은 말이면서도 단어들이 풍기는 말맛은 사뭇 다르다. 이러한 차이는 언중이 단어들을 구별 짓고 그것에 새로운 이미지를 투영한 결과다. 그래서 말은 필요에 의해 생성되고 확산된다.

대처나 도회지가 지난 시절의 개념으로 가물가물해져 가는 사이 '연담화連擔化'란 말이 우리 입에 오르내리기 시작했다. 지금 어딜 가나(특히 수도권은) 도시는 도시로 연결돼 행정구역을 가른 표지판만이 경계를 알려 줄 정도로 건물들이 잇대어 있다. 도시와 도시가 연결돼 발달하는 현상을 가리켜 연담화라고 한다. 아직 사전에 오르지 않은 이 말은 지리 용어로는 쓰인 지 오래됐지만 언론에 본격적으로 등장한 지는 불과 몇 년 되지 않는다. 전부 다 맡는다는 '전담全擔'이나, 특정한 것을 전문적으로 맡는 '전담專擔', 나누어 맡는다는 '분담分擔'과는 달리 '연담'은 공동으로 나눠 맡는다는 개념이다. 노무현 정부에서 신행정수도 건설을 들고 나오면서 부각된 말로, 영어로는 conurbation이다. 수도권에

서는 서울—부천—인천을 잇는 경인축, 서울—안양—군포—의
왕—수원 등의 경수축을 따라 형성된 도시군이 연담도시의 예이
다. 우리 사회의 경제적 발전과 함께 삶과 의식 수준이 높아지면
서 말도 그에 맞춰 진화한다.

아는 것만큼 보인다

대처大處 도회지.

대처帶妻 아내를 둠. 불교에서 대처승을 나타낼 때 쓰는 말.

대처對處 어떤 정세나 사건에 대하여 알맞은 조치를 취함.

뒷간 변소를 완곡하게 이르는 말. 변소를 가리키는 다른
말로는 측간, 정방, 회치장 등이 있다.

삼라만상 우주에 있는 온갖 사물과 현상. 만휘군상.

19. 낙하산 청비총
약어를 읽을 줄 알아야 독해력이 는다

'낙하산 청비총.'

90년대 초 한 신문에 제목으로 나온 말이다. 신문을 글쓰기의 교재로 삼는 사람들은 먼저 신문에서 쓰는 약어略語(준말)에 대한 이해를 갖춰야 한다. '청비총'은 공무원 사회에서 통하던 말로 '청와대와 장관 비서실, 부처 총무과 출신'을 머리글자만 따서 만든 은어이다. 이들이 인사 때 배후에서 봐주는 유력자의 지원을 타고 남들보다 더 빨리, 손쉽게 승진한다는 것을 '낙하산'에 빗대 표현한 말이다.

요즘은 융합과 복합의 시대이다. 말에서도 융복합이 활발하게 이뤄지는 것은 당연하다. 그것은 언어 특성상 축약화, 간략화의 방향으로 진행된다. 긴 말은 그 자체로서 경쟁력을 상실한다. 신문에서는 특히 특성상 간결한 말을 선호하기 때문에 더더욱 약어를 많이 쓴다.

약어의 사전적 풀이는 '어떤 말의 머리글자만 따서 부호처럼 간편하게 쓰는 말'이다. 전국경제인연합회를 줄여서 '전경련', 후천성면역결핍증을 '에이즈', 선거관리위원회를 '선관위'로 부르는 것 등이 그런 사례다. 한은(한국은행), 농활(농촌활동), 유엔(UN, 국제연합), 연준리聯準理(연방준비제도이사회), 산학협동(산업계와 학계의 협동) 따위도 모두 단어로 굳어져 사전에 오른 말이다. 이들은 원래 말보다 글자 수를 절반 이하로 줄여 쓸 수 있기 때문에 그 자체로 경쟁력을 갖는다.

영어에서는 원래 약어가 발달해 세계적으로 영어 약어가 그 세력을 급속히 확장해 가고 있음은 주지의 사실이다. 우리 언어체계 안에서도 과거 국제연합 또는 유엔으로 적던 것을 로마자 UN으로 표기하는가 하면 연준리보다 FRB(Federal Reserve Board)로 적는 경우가 점차 늘고 있다. 그만큼 영어에 더 익숙해져 있다는 의미이면서 동시에 우리말의 입지가 좁아져 가고 있다는 방증이기도 하다.

글쓰기에서 약어의 효과 이면에는 부작용도 많기 때문에 주의해 써야 한다. 우선 공인된 단어를 써야 하며 임의로 말을 줄여서는 안 된다. 가령 전원주택을 '전주'라 하고, 고속철도를 '고철'이라 한다든지, 유선방송을 '유방'이라 하는 식으로 줄일 수는 없다는 뜻이다. '입·출금'은 '입금＋출금'으로 이뤄진 것으로 이제는 어엿하게 '입출금'으로 사전에 오른 말이다. '개수＋보수'가 줄어든 '개·보수'도 '개보수'로 한 단어가 됐다. 하지만 '유출·유입'이 준 말을 '유·출입'이라 한다면 이는 오류다. 굳이 중점을 넣을 경우엔 '유출·입'으로 해야 한다.

두음법칙과 관련한 표기의 변화에도 주의해야 한다. 가령 '섬유산업연합회'를 줄여 쓸 때는 '섬산연'이 아니라 '섬산련'으로 적게 된다. 이는 연방준비제도이사회나 전국경제인연합회가 각각 연준리, 전경련으로 줄어드는 이치와 마찬가지다.

20. '역임'과 '금도' 그 오용의 역사
한자를 알면 말이 보인다

"1988년 르노그룹에 입사한 장 마리 위르티제 회장은 2006년 2월
부터 르노삼성 대표를 역임하고 있다."
"구린 데가 있으니까 배후설이니 뭐니 하는 것 아니냐. 금도를 넘
어서고 있다."

주한 유럽연합 상공회의소는 2008년 3월 연례총회를 열고 위
르티제 르노삼성 대표를 신임 회장으로 선출했다. 누군가 새로운
직위에 오르면 그를 소개하는 말 가운데 '역임'이란 단어가 빠지
지 않는다. 그런데 이 문장은 어딘지 어색하다. 2006년 2월부터
르노삼성 대표를 '역임'하고 있다? 아마도 '힘써 맡고 있다' 정도
를 나타내는 뜻으로 역임을 쓴 듯하다.

2007년에는 정치권의 '금도' 공방이 언론에서 화제였다. 2007
년 말 대통령 선거에 앞서 후보 검증으로 정치권에서 티격태격할

때 서로 '금도를 넘어서고 있다'며 상대방을 공격한 것이다. 당시 그들은 피차간에 지켜야 할 선을 넘어섰다는 뜻으로 이 말을 한 것일 게다.

아쉽게도 우리말에는 그렇게 쓰이는 '역임'이나 '금도'는 없다. 역임歷任은 '지낼 력, 맡길 임'이다. 사전에서는 이 말을 '여러 직위를 두루 거쳐 지냄'으로 풀이하고 있다. '정부 요직을 역임하다', '그는 주요 관직을 역임한 매우 청렴한 사람이다', '그는 신문사에서 편집국장, 주필 등을 역임하면서 많은 공을 세웠다'처럼 과거 거쳐 온 직위를 나타낼 때 쓰인다. 용례에서도 드러나듯이 이 말의 초점은 '여러 직위를 거치다'란 데 있다. 적어도 두 개 이상의 직위가 나열되거나 복수의 직위가 함의될 때 '역임'을 쓸 수 있는 것이다. 그러니 앞의 예문에서와 같은 상황에서는 '역임하고 있다'란 표현이 적절치 않다.

《표준국어대사전》에서는 '역임'을 '거침', '지냄'으로 순화했다. 어떤 직위를 굳이 '역임했다'라고 하기보다는 시제에 따라 '맡았다', '맡고 있다'라고 하면 말도 부드럽고 뜻도 쉽고 분명해진다. 정확한 용법을 지키지 못할 바에는 어려운 한자어를 사용하기보다 '지냈다, 거쳤다, 맡았다' 등으로 다양하게 말을 풀어 쓰는 게 요령이다.

"지금 이 정권은 국정운영 책임을 포기하고 재집권의 강박관념에 사로잡혀 상식과 금도를 벗어난 극단적 태도를 취하고 있다."

2001년 7월 야당 총재가 당시 정부에 던진 비난의 말이다. '금도를 벗어나다', '금도를 넘어서다'란 표현도 단어의 본래 뜻과는 거리가 먼, 정체불명의 말이다. 문맥을 통해 보면 이때의 '금도'는 한계, 한도, 또는 금지선禁止線 정도의 뜻으로 쓰고 있음을 알 수 있다. 하지만 우리말에 그런 뜻의 금도는 없다. 본래 쓰이던 '금도襟度'는 '다른 사람을 포용할 만한 도량'을 가리키는 말이다. '병사들은 장군의 장수다운 배포와 금도에 감격했다'처럼 쓰인다. 금襟은 '옷깃, 가슴, 마음'을 뜻하는 말이다. 도度는 '법도 도, 정도 도'다. 두 말이 합쳐져 '남을 용납하는 아량'이란 뜻의 단어가 됐다. 옷깃은 '저고리나 두루마기의 목에 둘러대어 앞에서 여밀 수 있도록 된 부분'을 가리킨다. 우리가 순국선열을 모신 경건한 곳에 들어설 때 옷을 가지런히 해 자세를 바로잡는다는 뜻으로 '옷깃을 여미다'라고 하는 것처럼 '옷깃'은 사람의 마음가짐을 상징한다.

그러니 '금도'란 말은 '금도를 보이다, 금도를 베풀다, 금도가 있다' 식으로 써야 할 말이다. 이를 '금도를 넘어서다'와 같이 근원도 없는 말로 만들어 쓰는 것은 1990년대 후반 신문에서도 찾아볼 수 있으니 그 오용의 역사가 꽤나 오래된 듯싶다. 특이한 것은 그 용례를 대부분 정치권의 볼썽사나운 공방 속에서 찾아볼 수 있다는 점이다. 아마도 언제부턴가 정치권에서 한자어인 이 말의 정확한 의미와 용법도 모르고 쓰기 시작한 데서 지금의 오류가 비롯된 것 같다.

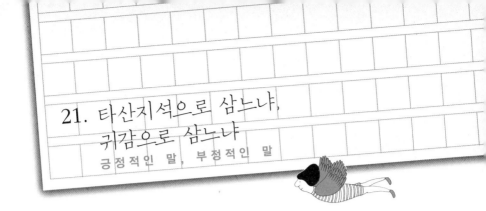

'가장 심한 범죄를 저지른 자 이외에는, 소수의 나쁜 사람들을 …
(중략) … 제명하지 말고, 그의 모든 정치적 세력을 박탈하고 고립
시켜 반면교사로 삼아야 한다.' 목택동 어록에 나오는 말이다(《이젠
국어사전을 버려라》, 장진한).

'반면교사反面教師'란 말은 1960년대 중국 문화대혁명 때 마오
쩌둥이 처음 사용한 것으로 알려져 있다. 어록에서도 유추할 수
있듯이 마오쩌둥은 이 말을 '혁명에 위협이 되기는 하지만 반면
에 사람들에게 교훈이 되는 계급 집단이나 개인'을 뜻하는 말로
썼다고 한다. 앞뒤가 상반되는 내용임을 나타내는 '반면'과 가르
침을 주는 사람인 '교사'를 합성해 만든 말이다. 사전적 풀이로는
'따르거나 되풀이해서는 안 될 나쁜 본보기'이다. 지금은 흔히
쓰이지만 이 말이 사전에 오른 것은 불과 10여 년도 채 안 된다.

1980년대 일부 언론에서 쓰기 시작하면서 널리 퍼졌는데 《표준국어대사전》에서 표제어로 올렸다.

반면교사가 우리말 속에서 익숙해지자 '정면교사正面教師'란 말도 생겨났다. "독일의 사회적 시장경제는 반면교사는 될 수 있을지언정 정면교사는 될 수 없다(《신동아》, 2007. 2월)"거나 "빼어난 시들을 남긴 미당이 우리의 정면교사가 아니라 반면교사로 영원히 남게 된 것이 한없이 아쉽고 슬프다(《실천문학》, 조정래, 2002년 여름호)"처럼 쓰인다. 정면교사는 이를테면 모범사례와 같은 것으로서 소위 '벤치마킹의 대상'이 될 만한 것을 가리킬 때 하는 말이다. 하지만 이 말은 반면교사에 대응하는 조어일 뿐 사전에 오른 단어는 아니다.

반면교사와 비슷한 말은 '타산지석他山之石'이다. 이는 '하찮은 남의 언행일지라도 자신을 수양하는 데에 도움이 된다'는 뜻이다. 〈시경〉의 '소아편小雅篇'에 나오는 '타산지석 가이위착他山之石 可以爲錯(다른 산의 돌멩이라도 자신의 옥돌을 가는 데에 소용이 된다)'이란 구절에서 온 말이다.

반면교사나 타산지석이나 엄밀하게 보면 쓰임새에 차이가 있으나 그 핵심은 모두 '부정적인 대상을 통해 교훈을 얻다'란 것이다. 그런데 반면교사와는 달리 타산지석은 이 쓰임새를 무시하고 엉뚱하게 잘못 사용하는 경우가 흔히 있다.

"뉴코아의 새 경영진은 월마트의 성공을 타산지석으로 삼아야 할 것이다"와 "현대차 노사는 노조의 무리한 요구로 쇠락의 길을 걷고 있는 GM과 포드를 타산지석으로 삼아야 한다"를 보자. 여기서 성공사례는 본받아야 할 대상이지 타산지석으로 삼을 게 아니란 점에서 앞 문장의 '타산지석'은 잘못 쓰인 것이다. 뒷문장의 '타산지석'은 바른 쓰임새이다.

'남의 훌륭한 점을 보고 얻는 것'을 가리킬 때는 '귀감龜鑑'을 쓴다. 귀감이란 '거울로 삼아 본받을 만한 모범'을 말한다. 어원적으로 '귀龜'는 거북의 등을 위에서 본 모습이고, '감鑑'은 대야에 물을 떠 놓고 자기 모습을 비춰 보는 것을 형상화한 글자다. 옛날 중국에서 거북의 등을 통해 길흉을 점치고 감을 통해 미추를 살펴보았다는 데서 '자신을 돌아보고 바로 잡는다'란 뜻이 나왔고 나아가 모범, 본보기란 의미를 갖게 됐다.

아는 것만큼 보인다

반면교사 극히 나쁜 면만을 가르쳐 주는 선생이란 뜻으로, 중국에서 제국주의자·반동파·수정주의자를 이르는 말.

타산지석 다른 산의 나쁜 돌이라도 자신의 산의 옥돌을 가는 데에 쓸 수 있다는 뜻으로, 본이 되지 않은 남의 말이나 행동도 자신의 지식과 인격을 수양하는 데에 도움이 될 수 있음을 비유적으로 이르는 말.

귀감 거울로 삼아 본받을 만한 모범.

속이 꽉 찬 문장 만들기

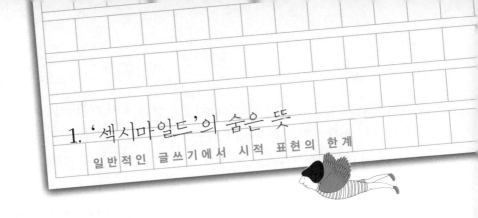

'갖고 싶어! 섹시마일드.'

1997년 동산씨엔지에서 야심차게 내놓은 화장품 광고 문안이다. 당시 한창 주가를 올리던 미국 여배우 맥 라이언을 수녀복 차림의 모델로 내세워서 더욱 화제가 됐다. 문안이 화제가 된 까닭은 전체적으로 미묘한 중의성을 띠면서도 어법적으로 맞지 않는, 이른바 시적 표현을 사용했기 때문이다. '섹시마일드sexy mild'란 표현이 논란의 초점이었다.

'섹시'는 동적이며 적극적인 의미자질을 가진 단어다. 이에 비해 '마일드'는 정적이며 소극적인 개념이다. 이런 상충하는 개념의 표현이 허용되는 것은 오로지 시적 표현에서만 가능하다. 아주 단순화해서 말하면 '거칠면서 부드러운 천'과 같은 말이라 어법에 맞지 않는다는 게 요지다. 물론 이 광고 문안은 의도적으로 만들어졌다는 점에서 시적 표현의 범주에 넣을 수 있을 것이다. 이 경우 언어의 '긴장'을 유발하는 게 1차 목적이기 때문에 단순히 어법이란 잣대로 따질 일은 아니다.

문제는 일반적인 글쓰기에서는 이처럼 어울리지 않는 의미자질들을 함께 붙여 쓸 수 없다는 점이다. 모든 단어에는 고유한 의미자질과 그에 따른 용법이 있다. 이것이 틀어지는 이유는 개인적인 언어 경험과 학습 정도가 다르기 때문이다. 대개 단어 본래의 뜻을 정확히 모르고 사용하거나 무심코 입에 익은 대로 쓰는 데서 비롯된다. 가령 '이 사과는……'이란 주제어가 주어지면 우리는 그 다음에 오는 말이 '크다, 빨갛다, 썩었다' 따위가 될 것임을 자연스레 안다. 그것은 '사과'란 단어가 뒤따르는 말에 특정한 단어만 허용(선택제약)하기 때문인데 이들을 '계열체'라 한다. 계열체에 있는 단어들이 연결된 형태를 통합체라 하는데 이것이 바로 문장이다. '이 사과는 빠르다'라고 했을 때 누구나 이 말이 비문임을 아는 것은 단어들 간의 선택제약을 벗어났기 때문이다.

의미자질에 따른 선택제약을 쉽게 구별하는 잣대는 개개의 단어를 '긍정적positive─부정적negative'의미범주로 나누는 것이다. 가령 단어 용법에서 흔히 틀리기 쉬운 게 '탓과 덕분'의 구별이다. "그가 우수한 성적으로 대학에 합격한 것은 열심히 공부한 탓이다" 같은 문장에 쓰인 '탓'이 '덕분'을 잘못 쓴 것이다. '탓'은 '네 탓 내 탓'에서처럼 부정적 개념으로 쓰이는 말이기 때문이다. 의미자질의 어울림은 글쓰기에서 기초적인 사항이지만 평소 훈련이 되어 있지 않으면 오류에 빠지기 쉽다.

경제 관련 글에서 흔히 볼 수 있는 표현 중에 '인플레이션 기대감'이란 말도 적절치 않은 조합이다. '기대期待'란 '어떤 일이 이뤄지기를 바라고 기다리는 것'으로 긍정적 개념으로 쓰이는 말이다. 일반적으로 경제에서 인플레이션이 일어나기를 바라는 경우는 없으며 억제해야 할 대상이므로 부정적 개념이다. 따라서 '인플레이션' 뒤에는 '기대감'보다 '우려감'이나 '위기감' 등 문맥에 따라 적절한 말이 오도록 해야 한다.

아는 것만큼 보인다

수사법 표현방법에 따라 강조법 · 변화법 · 비유법 등 크게 세 가지로 나뉜다. 강조법은 표현하고자 하는 내용을 뚜렷하게 나타내어 읽는 이에게 강렬한 인상이 느껴지게 하는 표현법이다. 과장법 · 반복법 · 점층법 등이 여기 해당한다. 변화법은 단조로움을 없애 문장에 변화를 주기 위한 표현법이다. 설의법 · 돈호법 · 대구법 등이 여기 속한다. 비유법은 표현하려는 대상을 다른 대상에 빗대어 나타내는 표현 방법이다. 직유법 · 은유법 · 환유법 · 제유법 · 중의법 등이 해당한다.

중의법 한 단어에 두 가지 뜻을 포함시켜 표현하는 방법이다. "청산리 벽계수야 수이감을 자랑 마라"에서 '벽계수'는 '푸른 시냇물'과 사람의 이름인 '벽계수' 이중의 뜻.

2. 사마귀가 수레를 막다

글에 설득력을 더해 주는 은유법

'반근착절盤根錯節'이란 서린 뿌리와 얼크러진 마디란 뜻으로, 처리하기가 매우 어려운 일을 가리킨다. 〈후한서〉 '우후전虞詡傳'에 나오는 말인데, 윤증현 전 금융감독위원장이 물러나며 마지막 회의를 주재하는 자리에서 남겼다.

'타면자건唾面自乾'은 남이 내 얼굴에 침을 뱉으면 저절로 마를 때까지 기다린다는 뜻의 고사성어로, 처세에는 인내가 필요함을 비유해 이르는 말이다. 〈십팔사략十八史略〉에 나온다. 이 말은 2006년 여름 중도 사퇴한 김병준 전 교육부총리가 자리를 떠나면서 말해 화제가 됐다.

"이런 날림정당으로 정권교체를 염원하는 시대정신과 맞서겠다고 하니 사마귀가 수레를 멈추게 하려는 무모한 짓일 뿐이다."

2007년 8월 급조된 정치권의 한 신당을 두고 당시 한나라당 나경원 대변인은 이런 말을 했다. 〈장자莊子〉에 나오는 '당랑거

철당랑拒轍'을 염두에 둔 말이다. 자기의 힘은 헤아리지 않고 강자에게 함부로 덤비는 무모함을 비유한 것이다.

유명 인사들이 중요한 순간에 난해한 고사성어를 찾아 자신의 심경을 한마디로 대신하는 일을 종종 볼 수 있다. 반근착절이나 타면자건은 대사전을 뒤적여야 찾아볼 수 있고 당랑거철은 중고등학생 정도면 이해할 수 있는, 비교적 쉽게 접하는 말이다. 이들이 굳이 이런 말들을 골라 쓰는 데는 여러 이유가 있겠지만 그중 하나는 수사학적 효과를 얻기 위함도 있을 것이다.

하고 싶은 말을 직설적으로 나타내지 않고 의미상 비슷한 뜻을 지닌 다른 단어로 바꿔 말하는 이 같은 수법은 은유이다. 직설적 의미와 비유적 의미 사이에서 생기는 틈을 이용한 이런 수사적 표현은 일상적인 언어생활에 갇혀 있는 청자나 독자들에게 '언어적 긴장'을 유발케 함으로써 그 말에 설득력을 더해 준다. 물론 글쓰기에서도 이러한 언어의 '시적 기능(언어학자 야콥슨의 말)'이 가져오는 효과는 그대로 적용된다.

당랑거철은 사마귀 당螳, 사마귀 랑螂, 막을 거拒, 바퀴자국 철轍자로 이뤄진 단어다. 글자 그대로 '사마귀가 수레바퀴를 막는다'는 뜻인데 제 역량을 생각하지 않고, 강한 상대나 되지 않을 일에 덤벼드는 무모한 행동거지를 비유적으로 이르는 말이다.

중국 제나라 장공莊公이 어느 날 사냥을 나가는데 웬 벌레 한 마리가 앞발을 도끼처럼 휘두르며 수레바퀴를 내려칠 듯이 덤비는 것이었다. 장공이 무슨 벌레냐고 묻자 신하가 "사마귀란 벌레인데 이놈은 앞으로 나아갈 줄만 알지 물러설 줄을 모르는 게 제

힘은 생각지도 않고 적을 가볍게 보는 버릇이 있다"고 답했다. 사마귀가 앞발을 치켜 든 게 마치 도끼를 든 모습과 같다고 하여 당랑지부螳螂之斧라고도 한다. 당랑당거철螳螂當車轍도 같은 의미이다. 사마귀가 수레바퀴를 막는 힘이란 뜻에서, 아주 미약한 힘이나 병력을 가리킬 때 '당랑력螳螂力'이라고 한다.

철없이 함부로 덤비는 경우를 비유적으로 이르는 우리말 속담은 '하룻강아지 범 무서운 줄 모른다'이다. 하룻강아지는 본래 '하릅강아지'가 변한 것인데, '난 지 얼마 안 되는 어린 강아지'를 가리킨다. '하릅'은 나이가 한 살 된 소, 말, 개 따위를 이르는 말로, 어원적으로는 한 살 정도 된 강아지를 말한다. 태어난 지 하루 된 강아지가 아니다. 우리 조상들은 사람과 짐승의 나이를 세는 법을 구별해 사람에겐 '한 살, 두 살, 세 살'이라고 했지만 짐승에는 '하릅/한습, 두릅/이듭, 세습……' 같은 말을 썼다. 최기호 상명대 교수는 1900년대 초반께 하릅강아지가 하룻강아지로 통용되기 시작한 것으로 보고 있다.

3. 쿠데타적 사건, 그 비겁함에 대하여

접미사 '-적'의 오남용

'하극상에 의한 군사 쿠데타적 사건.'

1993년 '문민정부'란 문패를 달고 출범한 김영삼 정부는 5·18 광주사태(뒤에 '광주 민주화운동'으로 명칭이 바뀜) 재조명 작업을 벌이면서 고심에 고심을 거듭했다. 광주사태를 풀기 위해서는 필연적으로 1979년의 12·12사건으로 올라가야만 했다. 문제는 12·12를 어떻게 정의할지였다. 쿠데타로 규정한다면 사법처리란 새로운 풍파를 몰고 올 것이고, 쿠데타가 아니라면 정부에서 공식적으로 12·12에 정당성을 부여하는 부담을 안게 될 것이기 때문이었다. 그 결과 나온 것이 '쿠데타적 사건'이란 희한한 문구다.

'-적的'은 문법적으로는 일부 명사 뒤에 붙어. '그러한 성격을 띠는, 그에 관계된, 그 상태로 된'의 뜻을 더하는 접미사이다. 뜻으로 보면 영어의 형용사형인 '-tic', '-tical'을 우리말로 옮길 때 적절하게 쓰이는 경우가 많다. 우리 고유어로는 '-스럽다'와 거의 같은 의미이다. '-적'은 또 수사적으로는 완곡어법의 수단으로 이용된다. 이때는 어떤 특정한 단어가 충격적이거나 부정적인 의미를 담을 때 그것을 완화하는 효과를 준다. 결국 '쿠데타적 사건'이란 '쿠데타는 아니지만 쿠데타 비슷한 사건'이라는 애매모호한 개념이다.

'-적'의 이 같은 유용성 때문인지는 몰라도 글쓰기에서 이 말을 남발하는 경우가 많다. '-적'의 쓰임새와 관련해선 일찍이 외솔 최현배 선생이 국어순화 차원에서 비판적인 견해를 밝힌 적이 있다. 한글 전용론 대對 국한자 혼용론의 뿌리 깊은 논쟁을 주도했던 외솔은 이 말을 '-스러운'으로 대신할 수 있다고 했다. 그는 한글 전용의 당위성을 설명하면서 '과학적, 일반적, 역사적' 같은 말을 '과학스러운, 일반스러운, 역사스러운'으로 바꿔 써도 아무런 문제가 없다고 주장했다.

물론 이런 주장은 과도한 면이 있어 일상 언어에서 받아들여지지는 않았지만 다른 측면에서 지금도 '-스러운'은 많이 쓰인다. '자랑스러운, 사랑스러운, 평화스러운' 따위가 그런 예들이다. 이런 것들에서도 '-적'과 '-스러운'은 일 대 일로 대응하지 않음이 드러난다. '-스럽다'는 대개 '-하다'가 붙을 수 있는 말이나 감성적 단어 등과 잘 어울린다. 그런데 '-적'을 남용하다 보면 자칫 '보람적 일터', '유감적 사건', '위험적 행동'과 같은 표현을 쓰는 경우가 있는데 이는 자연스러운 어법이 아니다. 모두 '-스럽다'를 써야 할 곳이다.

'사전적 조치', 사후적으로 밝혀진, 다방면적으로 뛰어나다'란 말도 '적'의 남용 결과다. '사전 조치, 사후에 밝혀진, 다방면으로 뛰어나다'가 더 분명하고 간결한 표현이다. '적'이 있을 때와 없을 때 간에 의미 차이가 전혀 없기 때문이다. '대체적인 기후는……', '전반적인 부동산 경기가……'와 같은 말도 주의해야 한다. 이는 '기후는 대체로……', '부동산 경기가 전반적으로……'와 같이 부사어로 쓸 것을 무의식중에 습관적으로 관형어로 쓴 것이다.

아는 것만큼 보인다

- **—스럽다** (일부 명사 뒤에 붙어) '그러한 성질이 있음'의 뜻을 더하고 형용사를 만드는 접미사(복스럽다/걱정스럽다/자랑스럽다).
- **—적** (일부 명사 뒤에 붙어) '그 성격을 띠는', '그에 관계된', '그 상태로 된'의 뜻을 더하는 접미사(가급적/국가적/비교적/사교적/일반적).
- **쿠데타** 무력으로 정권을 빼앗는 일. 지배 계급 내부의 단순한 권력 이동으로 이루어지며, 체제 변혁을 목적으로 하는 혁명과는 구별된다.

4. 조폭은 문화가 아니다
글쓰기의 함정 하나 '과장의 오류'

그는 '낡은 차를 몰고 다니는 것을 부끄러워하는 사회적 문화'가 멀쩡한 차를 폐차장에 너무 일찍 몰아넣고 있다고 강조했다.

이런 문장에서 문제가 되는 부분은 어디일까? 우선 글쓰기의 기본 도구인 맞춤법으로 거르면 아무런 이상이 없다. 문장 구성은 어떨까? 주어나 목적어 서술어가 잘 짜여 있고 수식어 위치도 어색한 게 없다. 그러면 단어 사용이 적절치 않나? 얼핏 보면 걸리는 데가 없는 것 같다. 하지만 자세히 보면 '문화'란 표현이 그리 마뜩지 않음을 알 수 있다. '낡은 차를 몰고 다니는 것을 부끄러워하는 것'도 '문화'인가?

글쓰기에서 자칫 빠지기 쉬운 함정 가운데 하나가 '과장의 오류'다. 이는 단어가 갖고 있는 의미자질에 대한 정확한 이해가 부족한 데다 무언가 '그럴듯한(현학적인 것일 수도 있다)' 표현을 쓰려는 욕심이 더해져 빚어지는 결과다. 때로는 무심코 상투적으로 쓰기도 한다. 이 문장에서도 단순히 '풍토, 풍조, 인식' 정도면 적절할 것이다. '문화'라는 거창한 단어를 쓰기에는 어울리지 않는 내용이다.

문화의 사전적 풀이는 '인간이 공동사회를 이뤄 그 구성원이 함께 누리는, 가치 있는 삶의 양식 및 표현 체계'를 뜻한다. 언어 예술, 종교, 지식, 도덕, 풍속, 각종 제도 등이 그 구체적인 예다. 사실 우리 주변에서 문화가 아닌 것을 찾기가 어려울 정도로 문화는 광범위하게, 빈번하게 쓰인다. 하지만 역설적이게도 문화가 정확히 무엇을 뜻하는지 아는 사람은 드물다. 그것은 '문화'가 높은 단계의 추상적 단어일뿐더러 개념적으로도 협의에서 광의에 이르기까지 폭넓게 쓰이는 말이기 때문일 것이다. 그러다 보니 급기야 폭력문화, 조폭문화, 투기문화란 말까지 등장한다. "투기 문화는 도대체 어떤 문화입니까?" 몇 해 전 정부에서 선정한 '우리말 지킴이'인 김선덕 선생이 먼저 문제를 제기했다.

아파트의 대량건설은 대도시 주거문제 해결에 크게 공헌해 온 것도 사실이지만 이로 인해 주택의 상품화, 몰개성화를 초래했으며…… 지난 30년간 천박한 투기문화를 조성했다.

여기서도 굳이 쓰고 싶다면 투기 심리나 투기 행태, 투기 풍조이지 투기문화가 아니다. 투기는 '문화'란 개념에 수렴되지 않기 때문이다. 조폭도 마찬가지다. 조폭의 존재양식을 문화적 현상의 하나로 분석할 수는 있을지언정 조폭 자체가 문화가 될 수는 없다. 이런 말들까지 인정한다면 사기꾼문화니 범죄문화니 하는 말도 쓰지 못 할 이유가 없을 것이다. 물론 연구를 위해 조작적 정의operational definition를 통해서라면 문화와 결합해서 쓸 수 있겠지만 그것은 어디까지나 학술적 차원이지 일반적인 언어생활이나 글쓰기에서는 성립하지 않는다.

'출사표를 던지다'란 말도 그 쓰임새와 관련해 논란이 많은 표현이다. '출사표出師表'의 본래 의미는 출병할 때 그 뜻을 적어 임금에게 올리던 글이다. 이는 신하가 우국충정의 깊은 뜻을 담아 공경하는 마음으로 왕에게 받들어 올리던 것이다. 중국 삼국시대에 촉나라의 재상 제갈량이 출병하면서 후왕에게 적어 올린 글이 유명하다.

요즘은 그 쓰임새가 확장돼 '어떤 큰 경기나 경쟁에 뛰어들겠다는 의사를 밝히다《연세한국어사전》1998)'란 뜻으로 많이 인용된다. '치열하게 싸워서 승패를 결정지어야 할 일에 비장한 각오를 가지고 도전하다. 또는 그런 일을 할 것을 세상에 알리다'란 뜻으로 사용되고 있는 것이다. 가령 "한국의 태극전사들, 월드컵 16강을 목표로 출사표를 던지다"처럼 쓸 수 있다. 문제는 관용구로 굳어진 이 표현이 너무 가볍게, 흔히 쓰이다 보니 정치뿐만 아니라 경제, 사회, 문화, 스포츠, 연예 등 거의 전 분야에 걸쳐 단순히 '참여한다'는 의미를 갖는 말로도 쓰인다는 것이다.

의약품 유통 시장에 대기업들이 잇따라 출사표를 던지고 있다.

이런 문장을 언론보도에서 쉽게 접할 수 있을 것이다. 내용을 보면 대기업들이 의약품 유통시장에 '새로 뛰어든다(진출한다)'는 의미에 불과하다. 이런 데까지 '출사표를 던지다'란 표현을 쓰는 것은 남용에 지나지 않는다. 단어의 본래 의미를 변질해서 아무 데나 사용하면 그 뜻과 용법마저 모호해진다. 여기서는 실제 내용에 따라 '……잇따라 진출하고(진출 계획을 밝히고) 있다'정도로 쓰는 게 정확한 표현이다.

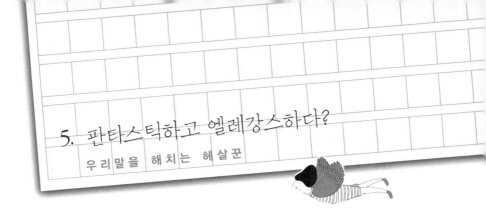

5. 판타스틱하고 엘레강스하다?
우리말을 해치는 훼살꾼

"아직 일어나지 않은 일에 대해 보도하는 사람들은 참 흥미롭다. 왜냐하면 우리가 알다시피 이미 알려진 사실들이 있고, 또 알고 있다고 여기는 것들이 있기 때문이다. 그리고 또 알려지지 않은 사실들이 있다는 것을 우리는 알고 있다. 그러나 우리가 모르는 것은 모르는 것이다."

— 럼스펠드 미국 국방장관, 2002년 2월 기자회견에서

배배 뒤틀린 럼스펠드의 이 말은 당시 미국 언론에서 이라크 관련 추측보도를 하는 것에 대해 미 국방부의 견해를 밝힌 것이다. 그는 이후에도 2003년 초 발발한 이라크전과 관련해 알 듯 모를 듯한 수식어를 남발해 그해 말 영국의 '쉬운 영어 운동Plain English Campaign' 본부로부터 '올해의 말실수상foot in mouth'을 받았다.

"동성연애자의 결혼은 남자와 여자 사이의 결혼이어야 한다고 생
각한다 I think that gay marriage is something that should be between
a man and a woman."

앞뒤가 전혀 맞지 않는 이 표현은 2003년 말 미 캘리포니아 주
지사로 선출된 영화배우 아널드 슈워제네거가 동성연애자의 결
혼에 대해 질문을 받고 한 말이다. 그는 이 말로 그해 럼스펠드와
'말실수상'을 놓고 겨루었다.

2005년에는 영국의 집권 노동당이 '엉터리 영어'를 쓴다고 비
난을 받았다. 당시 총선을 앞두고 노동당에서 심혈을 기울여 고
안한 '영국 후퇴 없는 전진 Britain forward not back'이란 구호가 "동
사가 빠진 것은 물론 어법에도 맞지 않는다"며 영어순화운동 단
체들로부터 집중타를 맞은 것이다. '쉬운 영어 운동'본부는 이에
대해 "'Britain forwards not backwards'로 써야 어법에 맞다"
며 "개혁을 말하기 이전에 영어 공부부터 해야 할 것"이라고 일
침을 가했다.

우리 말글을 둘러싼 환경도 이와 크게 다르지 않다. 2006년 우
리말운동 시민단체인 한글문화연대는 '올해의 우리말 헤살꾼'으
로 세계적 패션 디자이너인 앙드레김을 선정했다. 시도 때도 없
이 외국어와 우리말을 마구 뒤섞어 쓰는 그의 "판타스틱하고 엘
레강스한……" 식의 말투가 국민들 언어생활에 나쁜 영향을 미
쳤다는 게 선정 이유였다.

……행정서비스 기준을 외부에 공표하고 고객이 직접 행정서비스를 평가·선택·불만제기 등의 '고객 주권'을 합법적으로 행사함으로써, 관리와 통제 지향적 행정서비스 전달체계의 구조와 틀을 획기적으로 변화시켜 왔습니다.

한 정부 부처에서 준비한 행정서비스 우수사례집의 발간사 초안 일부이다. 무슨 말인지 대충 감은 잡겠는데 뜻이 명쾌하게 한눈에 들어오지 않는 문장이다. 물론 몇 차례 수정을 거치면서 좀 더 표현이 자연스러워지겠지만 우리 주위에서는 여전히 이 같이 난해하고 뒤틀린 글들을 쉽게 발견할 수 있다.

남영신 국어문화운동본부 회장은 영국의 '쉬운 영어 운동'을 국내에 소개하고 그 이념을 우리 실정에 맞게 전파하는 데 앞장서 온 사람 가운데 한 명이다. 그에 따르면 영국에서 1979년에 시작된 '쉬운 영어 운동'은 교육을 많이 받은 사람들 사이에서 쓰이는 어렵고 복잡한 영어를 버리고 누구나 쉽게 읽고 이해할 수 있는 영어를 써야 한다는 데서 출발했다. 따라서 이들은 '문장을 평이하게 쓴다'는 것을 덕목으로 삼는데, 이를 위해 구체적으로 수동태 문장과 명사형 문장(동사를 명사로 바꿔서 사용하는 문장), 문어체 문장 등을 거부한다고 한다.

우리말과 글을 쓰는 데도 이 같은 과제는 그대로 적용된다. 우리말은 본래 수동태형 문장이 별로 없어 무의식적으로 이를 남발하면 글이 매우 어색해진다는 것은 이미 잘 알려져 있다. "향후 정국의 험로가 예상된다"라고 하면 명사 남용으로 인해 표현도

진짜 국어

딱딱할뿐더러 의미도 잘 드러나지 않는다. '앞으로 정국이 순탄치 않을 것으로 보인다' 등 문맥에 따라 여러 형태로 쉽게 풀어 쓸 수 있을 것이다. 그 요체는 명사 사용을 자제하고 동사와 부사를 많이 쓰는 것이다. '지원했다'라고 하면 될 것을 '지원을 실시했다'라고 하는 식의 문어투 표현도 마찬가지다. '쉬운 우리말 쓰기'를 위해서는 여기에다 무분별한 외래어 남용을 경계하는 일이 추가된다.

아는 것만큼 보인다

남발 법령이나 지폐, 증서 따위를 마구 공포하거나 발행함. '마구 냄'으로 순화. 어떤 말이나 행동 따위를 자꾸 함부로 함.

배배 여러 번 작게 꼬이거나 뒤틀린 모양.

요체 중요한 점.

헤살꾼 남의 일에 짓궂게 훼방을 놓는 사람.

캐치프레이즈 광고, 선전 따위에서 남의 주의를 끌기 위한 문구나 표어. '구호', '선전 구호'로 순화.

6. 네가 짬뽕이라고?
비정상적 명사문의 정체

"나는 짬뽕이야."

"내일 아침이면 우리는 공격이다!"

"정치인들이 당리당략에만 치중하고 있다는 생각이다."

말을 할 때나 글을 읽을 때 흔히 접할 수 있는 문장들이다. 공통점은 무엇일까? 모두 'A는 B이다' 꼴이다. 이들을 명사문이라 한다. 우리말에서 서술어를 쓰는 방식에 따라 문장 틀을 크게 세 가지로 나누는데, 첫째 '무엇이 어찌하다' 꼴로, 동사문이라 한다. 둘째는 '무엇이 어떠하다' 꼴인데 이를 형용사문이라 한다. 셋째 '무엇이 무엇이다'란 형태가 있다. '명사＋이다' 형식으로 서술어를 만드는 이런 문장을 가리켜 명사문이라 부른다.

명사문에서 '—이다'와 결합하는 서술부는 주어와 일정한 의미적 관계를 갖는다. 국어학자인 서정수 교수는 이 관계를 7개의 유형으로 나눠 제시했다.

① 주어와 동일한 범주: 금성이 샛별이다.
② 주어보다 윗범주: 금강산이 명산이다.
③ 주어의 비유적 표상: 침묵은 금이다.
④ 주어와 관련된 개념: 이 앞쪽이 바다다.
⑤ 주어의 동작 표시: 그 사람이 또 큰소리다.
⑥ 주어의 속성 표시: 방 안이 엉망이다.
⑦ 주어의 속성 한정: 그는 양심적이다.

그런데 실제로 우리는 이런 일곱 가지 범주에 들지 않는 다양한 유형의 명사문을 일상에서 자주 말하고 쓴다. 위의 예문도 모두 명사문의 형태를 취하고는 있지만 엄밀하게 보면 각각이 차이를 보인다. 우선 "나는 짬뽕이야"라는 문장을 듣거나 읽는 사람은 어떻게 해석할까? 상황에 따라 '나는 짬뽕이 먹고 싶어', '내가 먹고 싶은 것은 짬뽕이야'라는 문장이 축약·변형 과정을 거쳐 만들어졌다고 가정할 수 있다. 또 다른 상황이라면 '내 별명은 짬뽕이야', '나는 짬뽕이라고 해' 정도의 말이 기저문형일 수도 있다. 어쨌거나 모두 주어와 일정한 관계를 나타내고 있다는 점에서 정상적인 명사문이다. '내일 아침이면 우리는 공격이다.' 이 문장은 어떨까? 이 역시 본래 '내일 아침이면 우리는 공격한다'라는 동사문이 변형된 것으로서, 주어의 동작 표시 관계를 보여준다. 그런 점에서 허용 범위 안에 있는 명사문이다.

"정치인들이 당리당략에만 치중하고 있다는 생각이다." 이 문장은 위의 두 개와 다르다. 겉으로 드러난 주어는 '정치인들'이지만 이는 '치중하다'란 내포된 술어와 어울릴 뿐 문장 전체의 서술어인 '생각이다'와는 전혀 관련이 없다. 그럼 '생각이다'의 주어는 무엇일까? 발화 상황에 따라 '나'일 수도 있고 '국민'일 수도 있고 어떤 '특정 단체'일 수도 있다. 최근 많이 쓰이는 이런 문장 양식은 주어를 감추는 효과를 주는 전형적인 기법이다. 주어와 서술어가 전혀 호응하지 않는, 또는 주어가 숨어 버리는 이런 문장은 '비정상적 명사문'이다.

글을 쓰다 보면 자칫 자신도 모르게 '비정상적 명사문'의 함정에 빠지기 쉬운데, 때론 의도적으로 이런 문장이 사용되기도 한다. 가령 어떤 주장이나 판단이 개입되는 상황에서 문장의 원형은 '정치인들이 당리당략에만 치중하고 있다'가 될 것이다. 그런데 이런 문장은 매우 단정적이다. 이를 좀더 완곡하게, 유보적으로 표현하는 방식을 단계적으로 보면, 우선 서술어를 하나 더 첨가하는 것이다. 그러면 문장은 '정치인들이 당리당략에만 치중하고 있다고 생각한다'로 바뀐다. 그래도 여전히 자신 없을 경우 피동형 문장이 나온다. '정치인들이 당리당략에만 치중하고 있다고 생각된다.' 자신이 '생각하는' 게 아니라 '생각되는' 것으로 변형된다. 이는 '어색한 피동형 문장'이라고 해서 피해야 할 '좋지 않은 표현 방식'이다. 이를 한 번 더 모호하게 만드는 게 '비정상적 명사문'이다. '정치인들이 당리당략에만 치중하고 있다는 생각이다.' 이 단계에서는 발화 주체가 거의 완전히 감춰지고 오히려 제

3자(대개 여론이나 국민, 불특정 다수 세력 등 막연한 주체)로 전이된다. 그래서 이런 유의 비정상적 명사문은 글의 내용에 자신이 없는 상태일 때 기대기 쉬운 방법이다. 'A는 B란 생각이다(지적이다, 전망이다, 설명이다, 시각이다, 입장이다 등)' 꼴은 이처럼 의미의 모호함과 다중적 해석을 초래한다는 점에서 피해야 할 문장이다.

"금년은 해현경장解弦更張의 해였으면 하는 소망이다."

이 말은 모당 원내대표가 2005년 1월 3일 열린 당 상임운영위원회의에서 던진 말이다. 그는 "'거문고 줄을 풀어서 다시 맨다'는 뜻인데, 개혁이 필요할수록 거문고 줄을 다시 매는 지혜가 필요하다"고 직접 뜻풀이까지 했다.

얼핏 보면 넘어갈 수도 있지만 가만히 들여다보면 어딘지 어색한 것을 발견하게 된다. 표면적으로는 '금년은'이 주어, '소망이다'가 서술어인 것처럼 보인다. 하지만 '금년은 …소망이다'는 의미적으로 주술관계를 구성하지 못한다. 각각 주어와 술어로 쓰이긴 했지만 서로 어울리지 않는 따로국밥이다. 이런 형태의 문장은 '명사문의 형태를 취한 비정상적 명사문'이다. 요즘 이런 비정상적 명사문이 신문방송에서 많이 쓰이다 보니 일상 어법에까지 확산되고 있는 것 같다. 하지만 논리적인 글에서는 피해야 할 표현이다.

이 문장이 자연스럽지 않은 이유는 주어가 드러나 있지 않기 때문이다. '금년은'은 '…해였으면'까지로 구성되는 내포절(부사절)의 주어일 뿐 전체 문장의 주어가 아니다. 의미적으로 '…해였으면 하는'의 주체는 '화자話者(원내대표)'이다. 또한 '소망'의 주체도 '화자'이므로 이 문장의 기저基底형은 '금년은 …해였으면 하는 게 나의 소망이다' 정도로 잡을 수 있을 것이다. 심층구조에서는 이렇게 쓰였을 것으로 보이는 문장형태가 주체가 사라지면서 맨 앞에서 보인 것처럼 이상한 명사문이 된 것이다. 국어 문장에서 주어는 문맥에 따라 종종 생략되기도 한다. 하지만 주체는 언제나 살아 있어야 한다.

'과학적인 글쓰기'란 자신의 관점을 정교하고 절도 있는 표현으로 분명히 드러내는 것이다. 그러기 위해서는 자주 그리고 무심코 빠지기 쉬운 오류의 유형들을 미리 파악해 숙지해 두는 것이 한 방편이다.

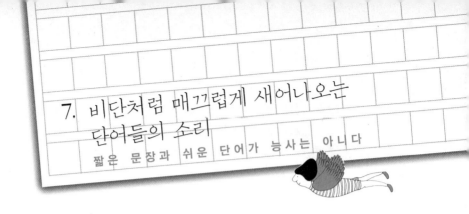

7. 비단처럼 매끄럽게 새어나오는 단어들의 소리

짧은 문장과 쉬운 단어가 능사는 아니다

항룡亢龍, 참칭僭稱, 불잉걸, 시나브로, 몽니, 갈마들다, 산발, 드팀
없다, 깜냥

신문을 유심히 보는 독자라면 최근 기사문장의 흐름이 '준準한
글―한자(한자어) 사용의 감소―개념어의 위축―외래어 사용 증
가―구어체로의 진행' 등으로 전개되고 있음을 느낄 것이다. 그
특징은 신문의 글을 '읽기 쉽고 알기 쉽게 만들자'는 명제로 모아
진다. 신문에서 볼 수 있는 단어들은 그 흐름 속에서 부침을 겪는
다. 위에 나열한 말은 예전과 달리 요즘 신문 지면에서 여간해서
보기 힘든 단어들이다. 이들의 공통점은 어려운 고급 한자어이거
나 지금은 잘 쓰지 않는 고유어란 것인데, '읽기 쉽고 알기 쉽게'
란 명제 앞에서 점점 설 자리가 좁아져 가는 어휘목록에 오를 만
하다.

1954년 노벨문학상 수상자인 어니스트 헤밍웨이는 '쉬운 글'로 영어 산문에 일대 혁신을 가져왔다고 평가받는 작가다. 과다한 수식을 배제한 채 간결하고 평이하게 서술하는, 이른바 '헤밍웨이 문체'는 오랫동안 글쓰기의 본보기가 되어 왔다. 특히 신문기자들에게는 수습시절 귀에 못이 박힐 정도로 듣는 얘기 중의 하나다.

하지만 미국 리치먼드대학 저널리즘스쿨의 마이클 스피어 교수는 '짧은 문장과 쉬운 단어가 특징인' 헤밍웨이의 문체가 사실은 우리의 어휘력 향상을 가로막아 왔다고 주장하는 사람이다. 적어도 어떤 단어가 문장 속에서 꼭 필요한 것이고 적절한 표현이라면 다소 난해한 말들도 쓸 수 있어야 한다고 그는 강조한다.

스피어 교수의 말을 빌리면 이들이 바로 '포기할 수 없는, 비단처럼 매끄럽게 새어나오는 난해한 단어들의 소리'가 아닐까. 그런 점에서 이들은 지금 사라져 가는 말이기도 하고 동시에 살려써야 할 말이기도 하다. 놓칠 수 없는 사실은 그 자리를 대신 메우는 외래어(정확히는 외국어)들이 어느새 차고 넘쳐나는 수준이란 것이다.

글을 쓸 때 흔히 강조하는 '우리말답게 쓴다'는 것은 곧 '말하듯이 자연스럽게 쓴다'는 뜻이다. '하나의 사과'를 단순히 일본어투라서 쓰지 말자는 게 아니다. 그보다는 '사과 하나'라고 말하는 게 우리에게는 더 자연스러운, 즉 '우리말다운' 어법이기 때문에 기왕이면 우리말투를 살리자는 것이다. 다소 어려운 한자어이든, 낯선 외래어이든 그것이 우리말의 부족한 부분을 보완해 주는 기능을 한다면 우리는 기꺼이 받아들일 필요가 있다. 다만 그것은 우리말다운 고유의 틀을 해치지 않는 한에서, 우리 언어체계에 녹아 들어올 수 있어야 한다는 전제가 있다.

아는 것만큼 보인다

갈마들다 서로 번갈아들다.

깜냥 스스로 일을 헤아림. 또는 헤아릴 수 있는 능력.

드팀없다 틈이 생기거나 틀리는 일이 없다. 또는 조금도 흔들림이 없다.

몽니 정당한 대우를 받지 못할 때 권리를 주장하기 위하여 심술을 부리는 성질.

불잉걸 불이 이글이글하게 핀 숯덩이.

산발 산줄기.

시나브로 모르는 사이에 조금씩.

참칭僭稱 분수에 넘치게 스스로를 임금이라 이름. 분수에 넘치는 칭호를 스스로 이름.

항룡亢龍 하늘에 오른 용이라는 뜻으로, 아주 높은 지위를 이르는 말.

8. 하나의 사과와 사과 하나
우리말다운 표현 찾기

좋은 글쓰기란 어떻게 쓰는 것인가? 우문愚問 같기도 한 이 질문의 답은 의외로 간단하다. '우리말답게' 쓰는 것이다. '우리말답다'는 것은 말하듯이 자연스럽게 쓰면 된다는 뜻이다. 모국어 화자라면 특별히 훈련받지 않아도 누구나 가장 '자연스러운' 표현법을 몸에 지니게 된다. 그런 관점에서 다음 문장을 살펴보자.

이 회사는 작년에 84명의 동호회 회원만 갖고 있었으나 올해 들어선 활동비를 지원하는 등 회사 차원에서 동호회 가입을 적극 독려해 회원을 대거 배출했다.

신문에서 흔히 볼 수 있는 문어체, 외래어투 표현을 안고 있는 문장이다. 읽다 보면 누구나 어색함을 느낄 수 있을 것이다. 어떤 주체가 '회의/행사 따위를 가졌다'라고 말하는 투는 영어의

'have' 동사를 직역한 결과다. 이 경우 우리말법은 '열었다'쯤인데, 영어에 워낙 익숙해져 있다 보니 '가지다'란 술어를 부지불식간에 많이 쓰게 됐다는 게 국어전문가들의 진단이다. 물론 어떤 표현법이 영어에서 온 것이든, 아니든 그것은 사실 중요한 것은 아니다. 우리말에 없는 표현이라면 대개의 경우 우리말을 풍성하게 해 주는 것일 테고, 설령 비슷한 우리말 표현이 있어도 그것이 우리말 체계에서 어색한 게 아니라면 역시 표현의 다양함을 가져다주는 것일 터이기 때문이다. 그러나 '어색함'이 느껴진다면 이는 바로잡아야 한다.

대개 '어색함'의 기준은 말로 했을 때의 자연스러움 정도이다. 이 문장에서는 '84명의 회원'과 '갖고'란 부분이 걸린다. '이 회사는 84명의 회원만 갖고 있었으나'라는 표현은 '우리말답지 않은' 것이기 때문이다. '이 회사는 회원이 84명에 불과했으나'쯤으로 말하면 훨씬 자연스러울 것이다. '하나의 사과'보다는 '사과 하나'가 우리말투임이 초점이다. '이 회사는…… 몇몇의 회원만 갖고 있다'라는 표현도 '얼마 안 됨'을 강조하는 문구이므로 '이 회사는 회원이 몇몇에 불과하다' 식으로 하는 게 자연스럽다.

종종 글쓰기의 방법론을 두고 내용과 형식을 혼동하는 경우를 볼 수 있는데 이는 국어전문가들에서도 마찬가지다. 가령 '누구누구의 글이 좋다'란 얘기를 한참 듣다 보면 결국 콘텐츠를 두고 말하는 것임을 알게 된다. 글이란 곧 메시지이므로 기본적으로 글의 성패는 내용물이 얼마나 충실하냐에 좌우된다. 그 다음에 내용물을 얼마나 효과적으로 드러내느냐가 바로 형식인데, 그것은 문장까지를 말한다. 문장을 넘어서는 것은 텍스트의 단계이며 이때는 내용을 위주로 따지게 된다. 따라서 좋은 글을 쓴다는 것은 좋은 문장을 만든다는 것이며, 이는 '말로 할 때는 어떻게 하더라'를 떠올려 그대로 옮겨 적는 게 요령이다.

아는 것만큼 보인다

- **독려하다** 감독하며 격려함.
- **대거** 부사로 쓰일 때는 '한꺼번에 많이'라는 뜻. 명사로는 '사람이 한꺼번에 들고일어남, 크게 서둘러서 일을 함, 널리 인재를 천거함'이라는 의미이다.
- **부지불식간** 주로 '부지불식간에' 꼴로 쓰인다. 생각하지도 못하고 알지도 못하는 사이. 부지불식중·불식간.

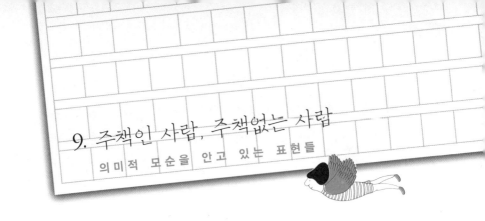

9. 주책인 사람, 주책없는 사람
의미적 모순을 안고 있는 표현들

"사람이 왜 그렇게 주책없이 굴어?"
"그래, 그이는 좀 주책이지."

"그의 소식을 친구를 통해 우연히 듣게 되었다."
"10년 전에 헤어진 친구를 오늘 우연찮게 길에서 만났다."

"그 사람 말은 엉터리야."
"그 사람 말은 엉터리없어."

'주책없다/주책이다'나 '우연하다/우연찮다', '엉터리다/엉터리없다'는 우리말 속에서 특이한 존재 양식을 보인다. 모두 두루쓰이는 말인데, 형태상으로는 서로 정반대의 의미를 담은 모습이면서도 실제로는 거의 비슷한 뜻으로 쓰이기 때문이다. 단어 자체에 의미적 모순을 안고 있는 것이다.

'누군가가 줏대 없이 이랬다저랬다 하여 몹시 실없음'을 나타
낼 때 우리는 그를 향해 '주책없다'라고 하기도 하고 때론 '주책
이다'라고 말하기도 한다. 또 어떤 일을 미리 계획하거나 약속하
지 않은 상태, 즉 뜻하지 않게 일이 일어났을 때 우리는 '우연하
다'라고 한다. 하지만 동시에 그 부정 형태인 '우연찮다'라는 말
도 같은 상황에서 흔히 쓰이는 것은 매우 특이한 현상이다. '엉터
리다'와 '엉터리없다'는 아예 사전적으로 '터무니없는 말이나 행
동'을 뜻하는, 같은 말로 풀이된다. 그래서 어떤 사람의 말이나
행동이 전혀 이치에 맞지 않을 때 '엉터리 수작'이라 하든, '엉터
리없는 수작'이라 하는 모두 같은 말이다.

우선 '주책'은 한자어 '주착主着'이 변한 말이다. 어원적으로
'초생初生달'에서 '초승달'로, '산행山行'에서 '사냥'으로 발음 자
체가 바뀐 것처럼 시간이 흐르면서 한자 의식도 사라져 우리 고
유어처럼 쓰이는 말이다. 주착이란 '줏대가 있고 자기 주관이 뚜
렷해 흔들림이 없다'란 뜻이지만 지금은 거의 쓰이지 않는다.

그런데 이 주착이 변한 말 주책의 용법은 의외로 까다로워 제
대로 쓰기가 간단치 않다. 우선 '주책이다'란 말은 쓰지 못한다.
그러니까 "아무리 주책이고 가볍기로서니 사람이 어찌 그럴 수
가 있느냐"라고 하면 안 된다는 말이다. "아무리 주책없고……"
라고 해야 한다는 얘기다. '주책'이 '일정하게 자리 잡힌 주장이
나 판단력'을 뜻하므로 그 반대, 즉 '일정한 줏대가 없이 이랬다
저랬다 하는 상태'는 '주책없다'인 것이다. 그런데 많은 사람들이

"그 사람 주책이야"란 식으로 잘못 쓰기 때문에 규범적으로 아예 '주책이다'란 말은 '주책없다'의 잘못이라 못 박았다.

하지만 발음이 변하면서 '주책' 자체는 '일정한 줏대가 없이 되는대로 하는 짓'이란 뜻도 아울러 갖게 됐다. 그래서 "주책을 부리다, 주책이 심하다" 식으로 명사로서 단독으로는 쓸 수 있다. '주책바가지'는 '주책없는 사람을 놀림조로 이르는 말'이다.

'우연히 만나다'와 '우연찮게 만나다'는 더 까다롭다. 눈으로 보기에도 이 둘은 정반대의 말인 것 같은데 실제 쓰이는 것을 보면 뒤섞이기도 하는 등 구별이 쉽지 않다.

우선 '우연하다'는 '어떤 일이 예기치 않게, 뜻하지 않게 이루어지다'란 뜻이다. 이에 비해 그 부정 '우연하지 않다'가 준 '우연찮다'는 사전적으로 '어떤 일이 일부러 뜻한 것은 아니지만 그렇다고 딱히 우연한 것도 아니다'로 풀이된다. 이 풀이는 상식적인 기준으로 볼 때, '우연하지 않다'란 개념이 우연의 반대 자질인 '필연'을 함의하고 있을 것이란 기대를 저버린다. 그냥 단순히 '우연하다'와는 다른 미묘한 의미상의 차이만을 보이고 있을 뿐이다. 그 차이란 '우연히'는 '뜻하지 않게', '우연찮게'는 '뜻하지 않게는 아니나 그렇다고 딱히 뜻한 것도 아니게'란 식으로 구별된다는 것이다.

이는 국립국어원의 공식 견해이기도 하다. 하지만 이 같은 구별은 상당히 모호하고 자의적이다. 그래서 실제 언어생활에서 사람들은 대부분 두 말을 구별하지 않고, 구별할 수조차 없다는 데 문제가 있다.

"지나가다 우연히 그 사건을 목격했다"나 "지나가다 우연찮게 그 사건을 목격했다"나 거의 같은 상황을 나타내는 데 쓰인다는 것이다. 국립국어원에서도 이를 감안해서인지 "'우연찮다'는 원래 '우연하다'와 상반된 뜻인데, 최근에는 다소 달라진 의미로 많이 사용되는 것 같다. 따라서 '뜻하지 않게'의 뜻으로 '우연찮게'를 사용하는 것이 꼭 잘못된 표현이라고 볼 수는 없다"고 밝히고 있다.

'엉터리'는 본래 긍정적인 뜻으로 '대강의 윤곽, 갖추어진 틀'을 뜻하는 순우리말이다. 한자어로 비슷한 말은 '형지形址'이다. "일주일 만에 일이 겨우 엉터리가 잡혔다"처럼 쓰인다. 그래서 '근거가 없다, 이치에 맞지 않는다'란 뜻으로 말할 때는 부정어를 붙여 '엉터리없다'라고 하던 말이다.

그런데 시간이 지나면서 사람들이 뒤의 부정어는 잘라 버리고 '엉터리이다' 식으로 쓰다 보니 아예 '엉터리'란 단어 자체가 '터무니없는 말이나 행동, 또는 그런 말이나 행동을 하는 사람'을 가리키게 됐다.

'주책과 주책없다', '엉터리와 엉터리없다', '우연하다와 우연찮다' 같은 말의 관계를 의미의 이동 현상으로 보기도 한다. 가령 순우리말인 '에누리'가 본래 '물건 값을 받을 값보다 더 많이 부르는 일'에서 지금은 '값을 깎는 일'로, 정반대의 의미로 굳어져 쓰이는 것과 같은 경우로 보는 것이다. 단어의 의미와 용법은 결국 언중이 만드는 것이니 어쩔 수 없다손 치더라도 이런 현상은 언어의 과학화란 측면에서는 바람직하지는 않은 것 같다.

엉터리없다 정도나 내용이 전혀 이치에 맞지 않다.

우연찮다 꼭 우연한 것은 아니나 뜻하지도 아니하다.

우연하다 어떤 일이 뜻하지 아니하게 저절로 이루어져 공교롭다.

주책없다 일정한 줏대가 없이 이랬다저랬다 하여 몹시
실없다.

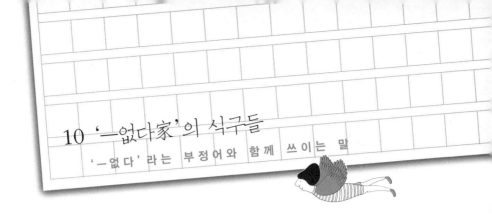

"자기, 참 칠칠맞은 여자야."

누군가 애인에게 이런 말을 천연덕스럽게 한다면 아마도 그날
로 절교선언을 들을지 모르겠다. 하지만 이 말은 사실 틀린 표현
이 아니다. 사전을 찾아보면 '칠칠맞다'는 '칠칠하다를 속되게
이르는 말'이라고 나온다. '칠칠하다'는 '주접이 들지 않고 깨끗
하고 단정하다, 성질이나 일 처리가 반듯하고 야무지다'란 뜻이
다. 그런데 이 말의 쓰임새에는 단서가 따라붙는다. 주로 '못하
다, 않다'와 함께 쓰인다는 점이다. 그래서 '단정치 못하고 주접
스럽다'는 뜻을 나타낼 때 "칠칠하지 못한 사람"이니, "그는 매사
에 칠칠치 않다"느니, "사람이 칠칠치 못해 이 모양이다"라는 식
으로 쓴다. 이를 좀더 일상적인 표현으로 하면 '칠칠맞지 못한 사
람', '칠칠맞지 않은 사람'이 된다. 그러니 '칠칠맞은 여자'는 칭

진짜 국어

239

찬하는 말이고, 애인에게 진짜 탓하는 투로 말하려면 '칠칠맞지 못한 여자'라고 해야 하는 것이다.

사람들이 착각하는 것은 '칠칠맞지 못하다/않다'에서 부정어를 생략하고 그냥 '칠칠맞다'라고 하는 말로 충분한 것으로 여기는 데 있다.

"왜 그렇게 안절부절하는 거야?"
"이런 얼토당토한 일이 있나."

이런 말버릇도 비슷한 오류의 함정에 빠진 것이다.

'얼토당토아니하다'란 말이 줄어서 '얼토당토않다'가 됐다. 이 말은 '전혀 합당하지 않다, 전혀 관계가 없다'란 뜻이다. '얼토당토'가 어근이지만 '얼토당토' 자체로는 쓰임새가 없고 항상 부정어 '않다'가 붙어서 한 단어로 쓰인다. 따라서 무심코 입말에서 "얼토당토하다"라고 하는 것은 불완전한 표현이다. 부정어를 살려 "이런 얼토당토않은 일이 있나"라고 해야 제대로 된 말이다.

'마음이 초조하고 불안해 어찌할 바를 모르다'란 뜻을 나타내는 말은 '안절부절못하다'이다. 이 역시 한 단어이므로 자칫 '안절부절 못하다'처럼 띄어 써서도 안 된다. "합격자 발표를 기다리며 안절부절못했다", "거짓말이 들통날까 봐 안절부절못했다" 식으로 쓴다. 이를 '…안절부절했다'라고 하는 것은 적어도 규범 언어에서는 허용되지 않는다. 그런데도 사람들이 하도 '안절부절하다'라는 말을 많이 쓰니까 《표준국어대사전》에서는 아예 이를

'안절부절못하다의 잘못'이라 못 박았다.

"개 밥맛이야"
"에이 얌통머리 같으니……."
"너 왜 그렇게 아랑곳이야?"
"이런 터무니를 봤나."
"개 싸가지야."
"정말, 어처구니구먼."
"이런 채신머리하고는……"
"그이는 하는 짓이 주책이야"
"그 사람 참 엉터리야."

　살아가면서 이런 말을 흔히 듣기도 하고 직접 쓰기도 한다. 하지만 이 말들에는 함정이 있다. 이 가운데 어법적으로 허용되는 표현은 맨 뒤의 "엉터리야" 하나뿐이다. 나머지는 모두 아직까지는 잘못된 표현이다. 이들은 본래 '-없다'란 부정어와 함께 쓰이는 말이기 때문이다.
　누군가가 아니꼬워 상대하기 싫을 때 쓰는 "개 밥맛이야"란 표현은 어디서 왔을까? '밥맛'은 글자 그대로 '밥에서 나는 맛'이지만 대개는 의미가 조금 확장돼 '밥을 비롯한 음식이 입에 당기어 먹고 싶은 상태'를 나타내는 뜻으로 쓰인다. 당연히 '밥맛이 있다/없다' 식으로 쓰인다. '밥맛(이) 없다'라고 하면 말 그대로 '입맛이 없거나 해서 음식 먹을 맛이 나지 않는다'란 뜻이다. 이때는 단어 각각의 의미가 살아 있으므로 '밥맛 없다'라고 띄어 써야 한다. 하지만 '밥맛없다'라고 붙여서 한 단어로 쓰면 본래의 의미와는 전혀 다른 새로운 뜻을 담은 말이 된다. 이때는 '아니꼽고 기가 차서 정이 떨어지거나 상대하기가 싫다'란 뜻의 합성어가 되는 것이다. 그런데 이 말이 점차 뒤의 부정어가 떨어져 나가면서 단순히 "밥맛이야"라는 표현으로 바뀌어 '밥맛'이 '밥맛없다'를 대체하고 있다. 물론 아직은 이런 표현이 문법적으로 인정되는 것이 아니므로 글에서 써서는 안 된다.

버릇이 없거나 예의범절을 차리지 않는 사람을 가리켜 그냥 '싸가지'라고 한다. "이런 싸가지를 봤나"처럼 쓰곤 하는 것이다. 요즘엔 한술 더 떠 강조하는 말로 "개 왕싸가지야"라고 하기도 한다. 그런데 이런 말은 사실 완전한 표현은 아니다. 본래 '싸가지 없다'란 말이 있기 때문이다. 그러니 어떤 사람을 가리켜 '싸가지'라고 하는 것은 '싸가지 없는 사람'이 온전한 표현인데, 여기서 부정어를 생략하고 의인화해 단순히 '싸가지'란 말로 대신하는 것이다. 의미 이동인 셈이다. 하지만 아직 규범적으로는 인정되는 어법이 아니므로 글에서 써서는 안 된다.

'싸가지'는 '싹수'의 강원·전남 방언이다. 이 '싹수'는 '싹수가 있다/없다', '싹수가 보인다', '싹수가 노랗다'처럼 쓰이는데, 이때 싹수는 '어떤 일이나 사람이 앞으로 잘될 것 같은 낌새나 징조'를 뜻한다. 그러니 '싹수가 있다/없다'라고 하면 '잘될 가능성이 있다/없다'라고 말하는 것이다. 특히 '장래성이 없다'는 뜻의 '싹수없다'는 한 단어이므로 항상 붙여 써야 한다.

잘될 가능성이나 희망이 애초부터 보이지 않을 때는 관용어로 '싹수(가) 노랗다'고 한다. '싹수'는 '싹'과 같은 말이기 때문에 그냥 '싹이 노랗다'라고 해도 같은 말이다. 싸가지가 싹수의 사투리이면서도 두 말은 의미 용법이 매우 다른 셈이다. 따라서 싸가지는 어떤 사람이 갖고 있는 예의범절, 버릇 등 인간의 심성, 품성, 인격의 단면을 나타내는 정신적 요소를 나타내는 말이라 할 수 있다.

지난 한 달 동안 야간 공사를 자제해 줄 것을 수없이 요구했지만 시공사와 강남구청이 전혀 아랑곳하지 않았다.

'아랑곳'은 '일에 나서서 참견하거나 관심을 두는 것'을 말한다. 관용적 표현으로 '아랑곳 여기다'라고 하면 '관심 있게 생각하다'란 뜻인데, 실제 언어생활에서 잘 쓰이진 않는다. 이 '아랑곳' 역시 대개 '-하지 않다', '-없다' 꼴을 취한다. '아랑곳하지 않다', '아랑곳없다(형용사)', '아랑곳없이(부사)'로 쓰인다. 따라서 일부 말투에서, 상대가 무관심한 태도를 보일 때 이를 힐난하는 어투로 "남들은 정신없이 바쁜데 너는 왜 그렇게 아랑곳이냐?"라고 하는 것은 잘못된 표현이다. 이 역시 의미 이동 중인 말로 볼 수는 있지만 아직 공식적으로 인정되는 것은 아니다. "너는 왜 그렇게 아랑곳없냐?"라고 해야 바르다.

'염치'나 '얌치', '얌통머리'의 쓰임새도 비슷하다. '체면을 차릴 줄 알며 부끄러움을 아는 마음'이 '염치'이다. 그러니 '체면이나 부끄러움을 모르는 것'은 '염치없다'이다. '얌치'는 염치가 변한 것이고 이를 더 속되게 이르는 말이 얌치머리, 얌통머리이다. 따라서 '염치없다, 얌치없다, 얌통머리없다'가 모두 같은 말이고 실제로 그렇게 쓴다. 그런데 어떤 이들은 일상적으로 뒤의 부정어를 생략하고 그냥 "이 얌통머리야!", "에이, 얌통머리 같으니……", "이런 얌통머리를 봤나" 식으로 말을 하기도 한다. '얌치'가 다시 변한 말 '얌체'는 얌치가 없는 사람을 낮잡아 이르는 말로서, 사람을 가리킨다. 하지만 얌통머리는 얌치를 단지 속되게 이르는 말일 뿐이다. 사람을 가리키는 것은 아니므로 당연히 바른 표현이 아니다.

　"터무니없는 중상모략", "값이 터무니없이 비싸다"처럼 쓰이는 '터무니없다'는 허황하고 엉뚱하여 어이가 없다는 뜻이다. 본래 '터무니'는 '터를 잡은 자취'를 뜻하는 말이다. 거기서 의미가 확장돼 지금은 '정당한 근거나 이유'를 뜻하는 말이 됐다. 그래서 "말을 지어내도 터무니가 있어야지"라고 말할 수 있다. 하지만 이 말의 가장 흔한 쓰임새는 '-없다'와 결합한 형태다. '터무니없는 거짓말, 터무니없는 욕심, 터무니없는 억지' 식으로 쓰인다. 그런데 이 '터무니없는'의 자리에 '턱없는'을 넣어도 뜻이 별로 훼손되지 않고 자연스럽게 쓰인다. 서로 비슷한 뜻으로 쓰인다는 말이다. 우리가 '턱없다'고 할 때, 그것은 '이치에 닿지 아니하거나, 그럴 만한 근거가 전혀 없다'는 뜻이다. 이때 쓰인 '턱'은 '마땅히 그리하여야 할 까닭이나 이치'를 말한다. "영문을 알 턱이 없다", "그가 나를 속일 턱이 없다"처럼 쓰인다. 그런데 이 '턱없다'란 말은 형태를 좀 달리 말하는 사람들이 많은 것 같다.

"택도 없는 생각하지 마라."
"에이 그거야 택도 없는 소리지."

이럴 때 쓰는 '택도 없다'가 그것인데, 이는 '턱도 없다'가 와전돼 잘못 쓰이는 말이다. '턱없다'가 한 단어이며, '턱도 없다'는 강조의 보조사 '도'가 첨가된 것이다.

여기서 한 걸음 더 나아가 '터무니없거나 턱없이 말도 안 돼 기가 막힐 지경'이면 '어처구니없다'라고 한다. 이는 '일이 너무나 뜻밖이어서 기가 막히다'란 뜻으로, '어이없다'와 같은 말이다. '어처구니'는 일설에 '맷돌에 달린 나무 손잡이'를 가리키는 말로 알려져 있기도 하지만 공인된 주장은 아니며, 사전적으로는 '상상 밖의 엄청나게 큰 사람이나 사물'을 나타낸다. "어처구니가 없는 일", "하는 짓이 어처구니가 없다"처럼 주로 '없다'와 어울려 쓰인다. '어이없다'의 '어이'는 '어처구니'와 같은 말이지만 단독으로는 쓰이지 않으며, 반드시 '어이없다', '어이가 없다' 식으로만 쓰인다.

이들은 주로 '-없다'와 결합해 쓰이지만 '엉터리없다'의 경우는 좀 다르다. 사람들에게 '엉터리없다'보다는 '엉터리'가 더 익숙하기 때문이다. 앞서 말했듯이 '엉터리'는 본래 '사물이나 일의 대강의 윤곽'을 뜻하는 말이다. 그래서 '엉터리없다'라고 하면 '정도나 내용이 전혀 이치에 맞지 않다'는 뜻이며, "엉터리없는 수작", "엉터리없는 생각"처럼 쓰는 말이다. 그런데 이 "엉터리 없다"에서 부정어가 생략되고 의미 이동이 이뤄지면서 지금은 '엉터리'란 말 자체가 '엉터리없다'란 뜻을 갖게 됐다. 따라서 "이런 엉터리없는 일이 어디 있냐"나 "이런 엉터리가 어디 있냐" 나 모두 같은 뜻이며 가능한 표현이다.

　단어의 의미는 한번 형성되면 고정불변인 것은 아니다. 역사적 사회적 상황에 따라 끊임없이 변화한다. 때론 의미가 확대되기도 하고 축소되기도 하며 다른 뜻으로 이동하기도 한다. 이 중 의미 이동은 확대도 축소도 아닌, 단순한 이동으로밖에 볼 수 없는 것을 말한다. 가령 옛말에서 '어리석다愚'를 나타내던 '어리다'가 지금은 '나이가 어리다幼'란 뜻으로 변하고, '불쌍하다'란 뜻의 '어엿브다'가 요즘의 '예쁘다'란 말의 이전 형태였던 것 등이 그런 예들이다. '밥맛없다'나 '얌통머리없다' 따위를 부정어를 생략하고 단순하게 '밥맛이다', '얌통머리다'라고 말하는 것 역시 의미 이동의 예라 할 수 있다. 물론 완전히 이동이 마무리된 것은 아니다. 현재진행형이란 뜻이다.

아는 것만큼 보인다

- **싹수** 어떤 일이나 사람이 앞으로 잘될 것 같은 낌새나 징조.
- **아니꼽다** 비위가 뒤집혀 구역날 듯하다. 하는 말이나 행동이 눈에 거슬려 불쾌하다.
- **아랑곳** 일에 나서서 참견하거나 관심을 두는 일.

얌통머리 얌치(마음이 깨끗하여 부끄러움을 아는 태도)를 속되게 이르는 말이다.

어처구니 주로 '없다'의 앞에 쓰인다. 상상 밖의 엄청나게 큰 사람이나 사물.

염치 체면을 차릴 줄 알며 부끄러움을 아는 마음.

주접 여러 가지 이유로 생물체가 제대로 자라지 못하고 쇠하여지는 일. 또는 그런 상태. 옷차림이나 몸치레가 초라하고 너절한 것이다.

칠칠하다 나무, 풀, 머리털 따위가 잘 자라서 알차고 길다. 주로 '못하다'나 '않다'와 함께 쓰인다. 주접이 들지 아니하고 깨끗하고 단정하다. 주로 '못하다'나 '않다'와 함께 쓰여 성질이나 일 처리가 반듯하고 야무지다.

터무니 터를 잡은 자취. 정당한 근거나 이유.

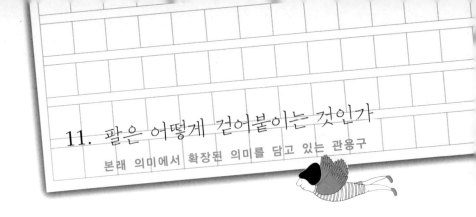

11. 팔은 어떻게 걷어붙이는 것인가
본래 의미에서 확장된 의미를 담고 있는 관용구

팔 걷어붙였다.

맨발 벗고 뛰어라.

종아리 걷어!

문 닫고 들어와라.

민원이 봇물이다.

우리말 가운데는 일상적으로 흔히 쓰이지만 들여다보면 비논리적인 표현들이 꽤 있다.

분에 못 이긴 장정 댓 명이 팔을 걷어붙이며 앞으로 내달았다.

—《변방에 우짖는 새》, 현기영

'팔 걷고 나서다, 팔을 걷어붙이다'라고 하면 '어떤 일에 적극

적으로 나서다'란 의미다. 그런데 팔은 걷어붙일 수 있는 대상이
아니다. 본래는 '소매를 걷어붙이다'라고 하는 말이 정확한 표현
이다. 하지만 현실적인 쓰임새에서 '소매를 걷어붙였다'라고 하
는 이는 그리 많지 않을 것이다. 대개는 '팔을 걷어붙였다'라고
한다. 그래서 사전에서는 이 말을 관용구로 처리했다. 함께 쓰이
는 말로, 틀린 표현이 아니란 뜻이다.

　'맨발 벗고 나서다'도 비슷한 경우다. 맨발은 이미 발에 아무
것도 걸치지 않은 상태이므로 '맨발을 벗는다'라는 표현은 어불
성설이다. 하지만 이 역시 관용구로 사전에 올라 있다. 이런 것들
은 말의 논리성 여부를 떠나, 사람들이 워낙 많이 써서 관용적으
로 굳은 말이 된 것이다. 관용구란 두 개 이상의 단어가 모여 각
각의 의미만으로는 전체의 뜻을 알 수 없는, 특수한 뜻을 나타내
는 어구를 말한다. 가령 "그 사람은 발이 넓어"라고 하면 발 자체
가 넓다는 뜻이 아니라 사교적이어서 아는 사람이 많다는 뜻으로
전이되어 쓰인 것이다. 관용구가 되기 위해서는 본래 의미에서
확장된, 새로운 의미를 담고 있어야 한다는 것이 요지다.

　이에 비해 비슷한 유형이지만 아직 사전에 오르지 못한 표현도
있다. 가령 '종아리 걷어라', '문 닫고 들어와라', '봇물이다' 같
은 말이 그런 것이다. 이들도 일상에서 많이 쓰이는 비논리적 표
현이지만 앞의 경우들과는 좀 다르다. 우선 '봇물'이란 '보洑에
괸 물, 또는 거기서 흘러내리는 물'을 가리킨다. 그래서 이 말을
제대로 쓰려면 "연초부터 공공요금 인상이 봇물 터지듯 한꺼번
에 이뤄지고 있다"와 같이 '터지다'란 말과 함께 써야 한다. 하지

만 대개는 뒷말은 자르고 '봇물이다', '봇물처럼……' 식으로 말
한다. '봇물 터지다'란 말은 단어 그대로 '봇물'이 '터지는' 것을
뜻하는 게 아니라 어떤 현상이 크게 나타나는 것을 비유해 하는
말이므로 관용구로 올라설 자격이 있지만 아직 사전엔 오르지 않
았다. 다만 비교적 구어체 말을 많이 싣고 있는 《연세한국어사
전》에서는 이를 연어連語로 처리했다. 연어란 '두 개 이상의 단어
가 결합해 더 복잡한 관념을 나타내는 말'이다. 따라서 이 말은
관용구가 되기 이전 상태라 할 수 있다.

　하지만 '종아리 걷다'나 '문 닫고 들어와'란 말은 새로운 의미
로 쓰이는 것이 아니기 때문에 관용구로 흡수되지 못한다. 엄격
히 말하면 이들은 단순히 잘못 쓰는 말에 불과할 것이다. 이런 비
논리적 표현들이 비록 관습적, 현실적으로 쓰이곤 있지만, 가능
한 한 이를 줄여 나가는 데서 '과학적 글쓰기'는 출발한다.

아는 것만큼 보인다

- **가슴을 에다** 마음이 몹시 쓰리고 아프다.
- **간에 기별도 아니 가다** 먹은 것이 너무 적어서 먹으나 마나 하다.
- **간이 떨어질 뻔하다** 몹시 놀라 충격을 받다.
- **귀가 얇다** 남의 말에 솔깃하여 쉽게 믿다.
- **귀에 못이 박히다** 같은 말을 여러 번 듣다.
- **깨가 쏟아지다** 아기자기하여 몹시 재미가 나다.
- **꿈도 못 꾸다** 전혀 생각도 하지 못하다.
- **눈 밖에 나다** 신임을 잃고 미움을 받게 되다

눈에 불을 켜다 몹시 욕심을 내거나 관심을 기울이다.

머리가 굵다 성인이 되다.

머리를 짜다 몹시 애를 써서 궁리하다

목에 힘을 주다 거드름을 피우거나 남을 깔보는 듯한 태도를 취하다.

목을 자르다 해고하다.

무릎을 치다 몹시 놀랄 만한 일이나 기쁜 일이 있을 때의 동작.

발이 닳다 매우 분주하게 많이 다니다.

발이 묶이다 몸을 움직일 수 없거나 활동할 수 없는 형편이 되다.

배를 채우다 재물이나 이득을 많이 차지하여 욕심을 채우다.

뼈에 사무치다 원한이나 고통 따위가 몹시 느껴지다.

손을 떼다 하고 있던 일을 그만두다. 하던 일을 마치고 다시 손을 대지 않다.

손이 나다 어떤 일에서 조금 쉬거나 다른 것을 할 틈이 생기다.

어깨가 처지다 기력을 잃거나 낙심하다.

엉덩이를 붙이다 한 군데 터를 잡고 살다.

입(을) 떼다 말을 하기 시작하다.

입에 침이 마르다 다른 사람이나 물건에 대하여 거듭하여서 아주 좋게 말하다.

코가 꿰이다 약점이 잡히다.

코가 납작해지다 몹시 무안을 당하거나 기가 죽어 위신이 뚝 떨어지다.

허리를 못 펴다 남에게 굽죄여 지내다.

허리를 잡다 웃음을 참을 수 없어 고꾸라질 듯이 마구 웃다.

12. '옥에 티'와 그 아류들
문장의 형태가 줄어들어 관용구가 된 말

본바탕은 나무랄 데 없이 좋으나 아깝게도 흠이 있음을 가리키는
말은?

―옥의 티.

몹시 밉거나 싫어 눈에 거슬리는 사람을 비유해서 쓰는 말?

―눈의 가시.

무엇을 얻거나 성취하기가 몹시 어려움을 이르는 말은?

―하늘에 별 따기.

　최근 TV를 통해 '우리말 겨루기' 따위의 프로그램들이 자주 방
영되는 모습을 볼 수 있다. 뒤늦은 감이 있지만 방송에서도 우리
말과 글을 소재로 한 정규 프로그램을 편성하는 것은 바람직한
현상이다. 그런데 만일 퀴즈 프로그램에서 위와 같은 질문과 답
이 나왔다면 어찌 됐을까? 유감스럽지만 도전자는 탈락했을 것

이다. 틀린 답으로 처리했을 것이기 때문이다. 이는 사실 99%는 맞힌 것이다. 답 자체는 알고 있다는 의미에서 그렇다. 그러면 나머지 1%는 무엇일까? 그것은 조사 '에'와 '의'가 가진 작지만 큰 차이에서 비롯된다. 우선 정답부터 보면 '옥에 티', '눈엣가시', '하늘의 별 따기'이다.

말이란 게 수학공식처럼 딱 떨어지는 이론에 의해 만들어지는 건 아니지만 오랜 세월을 거치면서 관용적으로 형태가 굳어진 게 있다. 사전에서는 그런 것을 관용구로 올리고 있다. 그러다가 관용구가 보편성까지 갖추면 드디어 단어로 분류되어 정식으로 표제어가 된다.

단어가 된 대표적인 말에 '귀엣말, 눈엣가시, 웃음엣소리, 웃음엣짓' 따위가 있다. '눈엣가시'는 한자어로는 안중정眼中釘이라고도 하는데, 이는 '눈에 못이 들어왔다'는 뜻으로 '눈엣가시'보다도 더 강렬한 표현이다. "웃음엣소리로 한 말이니 마음에 두지 말게"처럼 쓰이는 '웃음엣소리'는 말 그대로 '웃느라고 하는 소리'다. 마찬가지로 '웃느라고 하는 짓'은 '웃음엣짓'이라고 한다. 이들은 모두 한 단어이므로 띄어 쓰지 않는다.

이에 비해 '옥에 티'나 '만에 하나', '열에 아홉', '개밥에 도토리' 같은 말은 아직 구의 형태로 쓰이는 관용어이다. '옥에 티'는 '옥에도 티가 있다'란 문장이 줄어든 것으로 풀이된다. '실현 가능성이 희박한 극단의 경우를 가정하여 가리키는 말'인 '만에 하나'도 '만 가지 가운데에 하나'란 통사 구조를 갖는 말로 설명된다. '열에 아홉'은 '열 개 중에 아홉 개는'이란 말에서, '개밥에

도토리'는 '개밥에 도토리가 있다'란 말에서 온 것으로 본다.

이들은 모두 처소격 조사 '—에'로 연결돼 있다. 관형격 조사 '—의'를 쓰지 않는다. 원칙적으로는 '—에'에는 서술어가 뒤따라야 하고, 명사와 명사가 결합하는 구성에서는 '—의'를 써야 자연스럽다. 그럼에도 불구하고 이들이 모두 '—에'로 쓰이는 까닭은 문장의 형태가 줄어든 것으로 풀이되기 때문이다. 가령 옥에 티의 경우를 보면, '아무리 훌륭한 사람이나 좋은 물건이라 하여도 자세히 보면 작은 흠이 있다'는 관용적 의미로 굳어져서 쓸 때에는 '옥에 티'로 쓰는 것이다. 왜냐하면 이 말이 '옥에도 티가 있다'란 관용적 표현에서 서술어 '있다'가 떨어져 나가 만들어진 것으로 보기 때문이다.

이에 비해 '—의'로 연결되는 말은 문장으로 풀어지지 않고 명사구로 단단히 연결돼 있는 것이 특징이다. 이러한 것으로 단어화한 말로는 '별의별, 반의반' 등이 있다. 따라서 '별에별, 반에반' 또는 이를 띄어 '별에 별', '반에 반'이라 하는 것은 틀린 말이다. 여기에도 구의 형태로 쓰이는 게 있다. '하늘의 별 따기'가 대표적이다. 물론 이 역시 '하늘에 떠 있는 별을 따다'란 문장이 준 말로 본다면 '하늘에 별 따기'도 가능할 것이다. 하지만 이 말은 '하늘의 별'이 하나의 명사구로 단단히 굳어진 말로 본다. '발등의 불을 끄다'도 마찬가지다. '눈앞에 닥친 어려움을 처리하여 해결하다'란 뜻으로 쓰이는 이 말 역시 '발등의 불'이 명사구로 자리 잡은 말이다. 하지만 '발등에 불이 떨어지다'와 같이 통사 구조가 달라지면 '발등에……'로 변하기도 한다. '그림의 떡',

'새 발의 피', '천만의 말씀' 등이 모두 같은 범주의 말들이다. 이들을 '그림에 떡'이라거나 '새 발에 피', '천만에 말씀'이라고 하지 않는다.

아는 것만큼 보인다

귀엣말 남의 귀 가까이에 입을 대고 소곤거리는 말. 귓속말.

별의별 보통과 다른 갖가지의. 별별.

웃음엣소리 웃기느라고 하는 말. 웃음엣말.

웃음엣짓 웃기느라고 하는 짓.

13. 2% 부족한 말 "좋은 하루 되세요"

무심코 쓰는 비논리적 표현들

"전세금 문제라면 법률구조공단이 도움을 줄 수 있을 겁니다.
536-××××로 전화하시면 됩니다. 좋은 하루 되십시오."

2006년 3월 검찰민원상담센터 일일상담원으로 나선 정상명
검찰총장이 걸려 온 전화에 응답한 말이다. 그는 친절하게 "좋은
하루 되십시오"라고 마무리 인사말도 빼 놓지 않았다.

제주시에서 공무원을 대상으로 가장 친절한 전화 인사말이 무
엇인지 조사했다. 그 결과 맺음말로 "좋은 하루 되세요"가 단연 1
위에 올랐다. 경남지방경찰청 역시 전화를 통한 대민업무에서 끝
인사말로 "좋은 하루 되십시오"를 선정해 적극 사용한다.

바른 말 고운 말 사용에 대한 인식이 커지면서 우리 주위에 널
리 퍼진 말 가운데 하나가 '좋은 하루 되십시오'다. 방송에서 불
특정 다수의 시청자를 향해 쓰기도 하고 개인 사이에서도 흔히

주고받는다.

　그런데 이 말은 가만 들여다보면 어딘지 아쉬운 데가 있다. '좋은 하루(가) 되라'니? 누가, 누구한테 무엇이 되란 말일까? 일단 이 말은 말하는 사람이 듣는 이한테 '좋은 하루를 보내라'는 의미로 쓴 표현이다. 그런데 '되다'란 말은 "물이 얼음이 되다", "철수가 선생님이 되었다"처럼 쓰이는 말이다(동사 '되다'는 다른 용법도 많지만 이 표현이 가장 전형적인 쓰임새다). 즉, 'A가 B(가) 되다' 꼴인데 이런 문장 형태를 문법적으로는 '보문'이라 한다. 이때 B를 보어라 하고, A와 B는 동격 구조를 이룬다. 그렇다면 철수한테 "좋은 하루 되세요"라고 하면 '철수 = 좋은 하루'가 되어야 하는데 이런 말은 성립하지 않는다. 이 표현이 어딘가 부족한 느낌을 주는 이유는 바로 이 때문이다. '되다'란 단어를 무분별하게 남용한 대표적인 사례라 할 수 있다.

　물론 말이란 항상 논리적으로만 따질 일은 아니다. 가령 "나는 냉면이 먹고 싶다"나 "나는 냉면을 먹고 싶다"나 모두 통용된다. 똑같은 상황에서 서로 다른 조사를 허용하는 표현이 존재한다. 또 "오늘 아침 사진을 찍었다", "어제 사주를 봤다"란 말은 실제론 모두 '남에게 시킨' 것이지만 문장상으로는 영어에서와 달리 '내가 직접 한' 것처럼 나타난다. 그렇다고 이런 말을 잘못 알아듣지는 않는다. 이처럼 우리말에는 정상적인 어법이지만 논리적으로 설명되지 않는 부분도 있다.

　하지만 '좋은 하루 되세요'는 더 좋은, 올바른 표현을 놔두고 쓰인다는 점에서 경우가 다르다. 가령 방송에서 이 말을 썼다면 이는 "시청자 여러분, 오늘 하루가 당신에게 좋은 하루가 되기를 바랍니다"라고 할 말을 푹 줄여 쓴 것이다. 이처럼 '기원'의 의미를 담을 때에는 "좋은 하루를 보내십시오"라고 하면 그만이다.

입말에서 널리 쓰이는 "~의 말씀이 계시겠습니다"란 표현도 무심코 잘못 쓰는 경우다. '있다'라는 말은 존재사로 분류되는 특이한 단어다. 동사성과 형용사성을 모두 갖고 있기 때문이다. 이 말을 존칭형으로 써 보자. 우선 "아버지께서는 지금 집에 있으십니다"라고 한다면 어딘가 이상하다. "아버지께서는 지금 집에 계십니다"가 바른 말이다. '있다'가 존재를 나타낼 때는 '계시다'가 높임말이다. 그러면 "교장 선생님의 말씀이 계시겠습니다"는 어떨까? 이런 말을 많이 쓰지만 이 역시 틀린 것이다. "교장 선생님의 말씀이 있겠습니다"라고 해야 하며 이보다는 주체를 살려 "교장 선생님께서 말씀하시겠습니다"라고 하면 더 좋다. '있다'가 어떤 상태를 나타낼 때의 존칭형은 '있으시다'이다. 헷갈리는 사람은 "아버지는 돈이 꽤 있지"를 높여 보면 금방 알 수 있다. 이를 "아버지께선 돈이 꽤 계시지"라고 할 사람은 아무도 없을 것이다. "아버지께선 돈이 꽤 있으시지." 이렇게 표현하는 게 맞다.

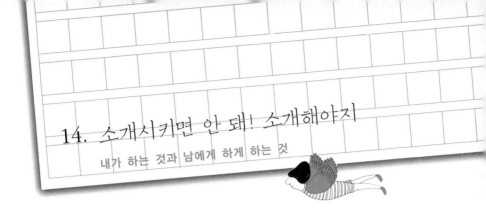

14. 소개시키면 안 돼! 소개해야지
내가 하는 것과 남에게 하게 하는 것

"오늘은 윗사람에게 친구를 소개시킬 때 주의할 점에 대해 알아보 겠습니다."

한 케이블방송의 교양프로그램에 나온 강사가 자신이나 남을 소개하는 법에 관해 설명하면서 '소개시키다'란 말을 반복적으로 사용했다. 상황별 다양한 소개법을 다뤄 내용은 유익했지만 옥에 티가 하나 있었는데 바로 '소개시키다'란 표현이다.

우리가 일상생활에서 무심코 쓰는 말들 중에는 이렇게 '一시키 다'를 잘못 쓰는 경우가 많다.

"배고프던 차에 밥을 너무 많이 먹었어. 소화시키려면 한참 있어 야 해."

"회사에 좀 늦게 도착했더니 주차장에 빈자리가 없는 거야. 그래서 주차시키느라 애 좀 먹었어."

우리말에서 '시키다'는 두 가지 기능이 있다. 우선 단독으로 쓰이는 경우는 "철수에게 일을 시켰다", "영수에게 공부를 시켰다"와 같이 쓰일 때다. 이런 말은 '시키다'가 '다른 사람에게 어떤 일이나 행동을 하게 하다'란 뜻이다. 이때는 타동사로 쓰인 것이다.

또 하나는 접미사로서의 쓰임새가 있다. 이때는 '-하다'가 붙을 수 있는 말에 붙어 사동使動의 뜻을 갖게 해준다. 사동이란 어떤 주체가 제3의 대상에게 '동작이나 행동을 하게 하는 것'을 말한다.

우리말에서 사동의 의미를 주는 표현 방식에는 세 가지가 있다. 첫째는 '이, 히, 리, 기' 등과 같은 사동 접미사를 붙여 사동사를 만드는 것이다. 가령 '먹다, 넓다, 늘다, 옮다'에서 '먹이다, 넓히다, 늘리다, 옮기다'를 만드는 것이다. 둘째는 어간에 '-게 하다'를 붙이는 방법이 있다. '먹게 하다, 넓게 하다'와 같은 꼴이 그것이다. 셋째는 '-시키다'를 붙여 만들 수 있다. 대부분의 사동 용법 오류는 이 '-시키다'를 무심코 아무 곳에나 붙이는 데서 발생한다.

문장 속에서 '-시키다'형의 동사가 나올 때는 주어 이외에 실제 행위를 담당하는 또 다른 행위 주체가 있게 된다. 예컨대 '상품을 개발하다'와 같은 말은 이 말을 이끄는 주어가 하나이지만 이를 '개발시키다'로 바꾸면 '누군가에게 시켜 개발하게 하다'란 의미가 되어 '개발'의 실제 행위자는 다른 사람이 되는 것이다.

'—시키다'의 오류는 대개 이 차이를 무시하고 '—하다' 형태로 써야 할 말에 습관적으로 '—시키다'를 붙이면서 발생한다. 예컨대 자신이 한 것임에도 불구하고 "주차시키느라 시간이 많이 걸렸다"라고 한다면 이는 '다른 사람에게 시켜 주차했다'는 뜻이 된다. 흔히 음식을 먹고 '소화시킨다'라고 하지만 누구에게 시켜 소화하게 하는 게 아니므로 잘못 쓰는 말이란 것을 금방 알 수 있다. 자기 자신이 은행에 돈을 넣었으면서 "오전에 입금시켰다"라고 하면 '누군가를 시켜 입금하게 했다'라는 뜻이 된다.

'접수接受'란 말의 용법도 고민거리다. 이 말은 '무언가를 받는다'는 뜻이다. 쓰이는 상황에 따라 '접수하다, 접수되다, 접수시키다'가 모두 가능하다. 가령 대학에서 입학원서를 받는 상황이라면, '접수했다'란 말의 주체는 언제나 '대학'이 될 것이다. 하지만 우리는 '지원자들이 막판까지 눈치작전 끝에 원서를 접수했다'란 말을 흔히 쓴다. 물론 틀린 표현이다. '접수했다' 자리에 '접수시켰다'를 쓰기도 하는데 이 역시 옳지 않기는 마찬가지다. 이는 '대학으로 하여금 원서를 접수하게 했다'란 뜻이 되기 때문이다.

'접수시키다'란 말이 바르게 쓰이는 상황을 굳이 설정하자면 '대학 당국은 창구직원에게 마감 시간을 한 시간 연장해 접수시켰다'라고 할 수는 있을 것이다. 결국 '접수'란 단어는 지원자를 주체로 해서는 쓸 수 없는 말이다. 지원자를 주어로 쓰고 싶을 때는 상황에 따라 '내다, 제출하다, 보내다, 응모하다' 따위를 적절히 골라 써야 한다.

이제 서두에 나온 문장이 왜 잘못 됐는지를 알 수 있을 것이다. 이 상황은 '내가 (나의) 친구를 윗사람에게 소개하는' 장면이다. 그런데 이를 '소개시키다'라고 하면 엉뚱하게 '윗사람으로 하여금 (나의) 친구를 소개하게 하다'란 의미가 되는 것이다.

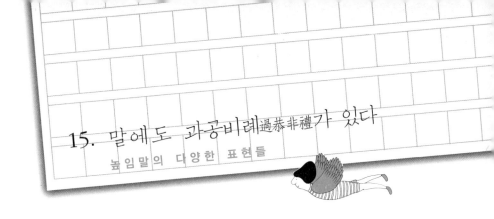

"이건희 회장은 그동안 기업경영에 온 힘을 다해 왔지만…… 고심 끝에 퇴진한다고 하였습니다."

　기업 경영과 관련한 문제로 특검 조사를 받아 온 삼성그룹이 '대국민 경영 쇄신안'을 발표했다. 말한 이는 이학수 전략기획실 부회장이다. 그런데 그는 신문에 보도된 발표문과는 달리 현장에서 실제론 이건희 회장을 가리켜 '이건희 회장께서는'이라고 말했다. 이 상황은 화자, 즉 말하는 이(이학수 부회장)가 문장의 주체(이건희 회장)를 높여야 하지만 듣는 이(국민)가 더 높은 위치에 있는 경우이다. 이와 같이 '문장의 주체가 화자보다는 높지만 청자보다는 낮아, 그 주체를 높이지 못하는 어법'을 '압존법'이라고 한다. 가령 내가 할아버지에게 아버지에 관해 말하는 상황이라면 사람에 따라 다음과 같은 표현이 나올 수 있을 것이다.

① 아버지께서는 밖에 나가셨어요.

② 아버지께서는 밖에 나갔어요.

③ 아버지는 밖에 나가셨어요.

④ 아버지는 밖에 나갔어요.

이 중에서 어떤 것이 바른 것이고 어떤 것이 틀린 표현일까? 결론부터 말하면 4개가 모두 가능한 표현이다.

압존법의 본래 개념에 따르면 "할아버지, 아버지는 밖에 나갔어요"라고 하는 게 올바른 표현이다. 하지만 현실적으로는 그보다 "아버지는 밖에 나가셨어요" 정도로 말하는 경우가 훨씬 더 많다. 높임말은 통사적 규범성보다는 화자의 심리적 상태를 더 강하게 반영해서 나오기 때문이다. 사람에 따라서는 ①이나 ②와 같이 말하는 경우도 있을 것이다. 이 역시 허용되는 표현이다. 다만 존칭 조사 '─께서'는 일상적인 대화에서는 잘 쓰이지 않기 때문에 실제로 이렇게 말하는 경우는 드물다. 물론 깍듯이 존대해야 할 대상이나 공식적인 자리에서는 이 '─께서'를 쓰는 표현이 어울린다. 이학수 부회장이 쇄신안 발표장에서 쓴 말투가 ②에 해당하는 것이다.

가정이나 학교, 직장 등에서 압존법의 엄격한 적용이 오히려 어색하게 여겨지는 것을 감안해 1992년에 고시된 표준화법에서는 "할아버지, 아버지는(께서는) 밖에 나가셨어요"라고 하는 것도 허용했다. 특히 직장 등 공적인 위계질서가 강한 곳에서는 압존법을 지키지 않는 게 더 자연스럽다. 가령 사장이 김 대리에게

"이 부장 어디 갔나?"라고 물었을 때 김 대리는 "이 부장은 출장 중입니다"라고 하는 것보다 "이 부장은 출장 중이십니다"라고 말하는 게 적절하다는 뜻이다.

우리말의 경어법 체계가 복잡하게 발달해 있다 보니 지나치게 공손한 표현을 써서 오히려 어법에 어긋나는 경우도 있다.

"할아버지께서 귀가 먹었는지 말을 잘 못 알아들으시네요."

이렇게 말을 해 놓고 속으로 '버릇없는 말 아닌가' 하고 뜨끔해 하는 사람이 있을 것이다. 그래서 다음엔 이렇게 말해 본다.

"할아버지께서 귀가 잡수셨는지 말을 잘 못 알아들으시네요."

높임의 가장 흔한 방법은 주격조사 '가/이' 대신에 '께서'를 쓰고, 서술어를 '−습니다'나 '−세요'로 하는 것이다. 단어 자체를 바꾸기도 하는데, 가령 '자다 → 주무시다, 있다 → 계시다, 아프다 → 편찮으시다, 죽다 → 돌아가시다, 주다 → 드리다, 데리고 → 모시고, 말 → 말씀, 밥 → 진지, 생일 → 생신' 따위처럼 높임말을 사용하기도 한다.

또 스스로를 낮춤으로써 상대를 높이는 방법도 있다. '나는'이라 할 것을 '저는'이라 하고, '물어보다' 대신에 '여쭤보다', '보았다' 대신에 '뵈었다'라고 하는 게 그런 것들이다.

'먹다食'를 '잡수시다'라고 하는 것은 높임말을 써서 존대를 나타내는 방법이다. 그런데 '귀가 먹다(또는 귀를 먹다)'란 말을 '귀가(를) 잡수시다'라고 하면 공손함이 지나쳐 망발이 된다. '귀가 먹다'라고 할 때의 '먹다'는 흔히 알고 있는 '식食'의 개념이 아니기 때문이다. 이때의 '먹다'는 '막히다塞'란 뜻의 옛말이다. '귀나

코가 막혀서 제 기능을 하지 못하게 되다'란 뜻이다. 지금은 이런 뜻으로 '먹다'란 말이 단독으로 잘 쓰이지 않지만 '귀먹다', '귀머거리' 등의 합성어에서 그 쓰임새가 남아 있는 모습을 확인할 수 있다. 이를 웃어른에게 말한다고 '귀가 잡수셨다'라고 하는 것은 '먹다'를 '식食'의 개념으로만 본 데서 온 잘못이다. 이때는 '귀가 먹으셨다'라고 하는 게 바른 존대법이다.

쓰임새가 별로 없다 보니 단어의 용법도 엄격하지 않아 앞에 오는 조사가 '一을'이나 '一가'가 혼용되기도 한다. '귀를 먹었는지' 해도 되고, '귀가 먹었는지' 해도 된다는 얘기다.

이런 구句의 쓰임새는 시간이 지나면서 조사가 떨어져 나가 '귀먹다'란 단어를 만들어 냈다. 여기서 한 걸음 더 나간 게 '가는귀먹다'이다. 작은 소리를 잘 듣지 못하는 상태를 나타내는데 이때 '가는'은 '가늘다細'의 뜻이다. 이 말 역시 한 단어(합성어)이다. 따라서 모두 붙여 쓴다. 이를 구로 생각해 '가는 귀 먹다'처럼 띄어서 쓰기 쉬우므로 주의해야 한다. 이런 종류에는 '눈여겨보다', '큰코다치다' 따위가 있다. 이들은 합성어로서 한 단어가 된 말이므로 띄어 쓰지 않는다.

'(밥을) 먹다'를 높이는 말에는 '들다, 자시다, 잡수다, 잡수시다, 잡숫다' 등 여러 가지가 있다. 이 중 '자시다'와 '잡수다'는 '들다'보다 존대의 정도가 높은 말이며, '잡수시다'는 '잡수다'에 존칭 선어말어미 '一시'를 더한 것이다. 따라서 '잡수다'를 한 번 더 높인 말이다. '잡숫다'는 '잡수시다'의 준말이다. 이를 정리하면 '먹다〈들다〈자시다〈잡수다〈잡수시다=잡숫다(준말)'의 순으로 존대의 정도가 높아진다.

'저희 나라'란 말도 지나치게 겸손해서 오히려 그릇된 표현이 된 경우다. '저희'는 '우리'의 낮춤말이다. 스스로를 낮춤으로써 상대에게 존대를 나타내는 수단이다. 그런데 '나라'는 낮출 수 있는 대상이 아니므로 어떠한 경우에도 '저희 나라'란 말을 쓰는 것은 이치에 맞지 않는다. 언제나 '우리나라'라고 해야 한다. 더구나 외국인에게 무심코 이런 말을 쓰면 자존심을 버리는 일이므로 삼가야 할 표현이다.

16. 부처님의 횡설수설
시대에 따라 뜻이 정반대로 달라진 말들

선생님이 말씀하셨다.

"옛말에 '구르는 돌에는 이끼가 끼지 않는다'고 했어. 여러분도 한
가지를 정해 집중하면 반드시 이끼(성과)를 거둘 수 있을 것이다."

이 말을 들은 학생은 속으로 생각했다.

"선생님의 횡설수설은 언제나 약이 되지. 받아 적자."

두 사람의 말은 각각 본래의 의미를 살려 써 본 것인데, 일반적
인 말의 쓰임새로 봐서는 자연스럽지 않게 느껴질 것이다. 대개
는 '구르는 돌에는 이끼가 끼지 않는다'를 '부지런히 움직여 이
끼가 끼지 않도록(정체되지 않도록) 해야 한다'는 의미로 사용하기
때문이다. 또 '횡설수설'은 '조리 없이 말을 되는대로 지껄이다'
란 뜻이므로 학생의 말은 당연히 어색하다.

그런데 이렇게 된 까닭은 이들 두 표현이 원래의 뜻과는 다르

게 쓰이는, 즉 변질된 의미로 정착한 말이기 때문이다. 유만근 성균관대 영문과 교수는 "'구르는 돌에는 이끼가 끼지 않는다'란 말은 서양 속담 'A rolling stone gathers no moss'가 원전이다. 초점은 '이끼moss'인데, 서양에서 '이끼가 끼다'란 말은 '돈을 번다'거나 '바람직한 것을 얻다'란 뜻이다"라고 말했다. 속담에서는 'gathers no moss'이므로 이는 결국 '직업을 자주 바꾸면 부자가 못 된다' 또는 '성공하지 못한다'란 뜻을 담고 있다. 다른 말로 하면 '어느 한곳에 정착해서, 또는 어느 하나에 집중해야 좋은 결과(이끼)를 얻을 수 있다'는 뜻이다. 이것이 우리나라에 들어오는 과정에서 엉뚱하게 '이끼가 끼지 않도록 계속 움직여야 된다'는 풀이가 된 것이다.

《표준국어대사전》은 이 말을 '부지런하고 꾸준히 노력하는 사람은 침체되지 않고 계속 발전한다는 뜻'으로 설명하고 있다. 이는 북한의 《조선말대사전》에서도 마찬가지다. 1964년에 나온 북한의 대중잡지 〈천리마〉에도 이 속담이 소개돼 있는데 해석은 같다. 이 같은 차이는 서양에서는 '이끼'를 '성과'로 받아들이는 데 비해 우리는 '정체'로 봤다는 데서 연유하는 것이다. 동일한 대상object을 두고 이처럼 '긍정적인 해석'과 '부정적인 해석'으로 갈리는 것은 두 문화의 배경이 다른 데서 비롯되는 것일 게다.

'횡설수설'도 본래의 뜻과 정반대로 쓰이는 대표적인 단어다. 지금은 '조리 없이 말을 이러쿵저러쿵 지껄임'이란 뜻이지만 원래는 '가로로나 세로로나 다 꿰뚫어 알고 있음'을 나타내는 말이었다. 그래서 옛날에는 부처님도 설법할 때 횡설수설하셨고 소동

파는 중국에서, 정몽주는 고려에서 횡설수설을 가장 잘했던 사람이라고 한다(《한자의 뿌리2》, 김언종). 워낙 박학다식하며 말을 잘한다는 의미에서 이말 저말 함부로 말한다는 의미로 전이된 것이란 풀이가 유력하다.

어쨌든 '구르는 돌……'이나 '횡설수설'이나 지금은 모두 본래 의미와 전혀 다른 쓰임새를 갖췄다. 말이란 살아 있는 유기체와 같아 시대의 흐름에 따라 정반대의 모습으로도 바뀔 수 있음을 보여주는 사례다.

아는 것만큼 보인다

박학다식 학식이 넓고 아는 것이 많음.

설법 생각하고 있는 바를 말하는 방법. 불교의 교의를 풀어 밝힘.

횡설수설 조리가 없이 말을 이러쿵저러쿵 지껄임.
횡수설거 · 횡수설화.

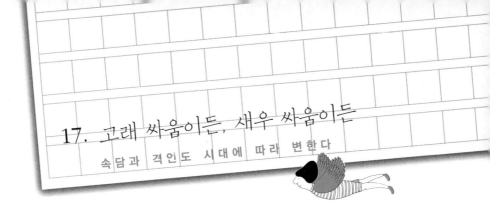

새우 싸움에 고래 등 터진다.

얌전한 개 부뚜막에 먼저 오른다.

왼손이 한 일을 오른손이 모르게 하라.

글쓰기에서 속담이나 격언을 사용하는 것은 일종의 수사적 영역에 속한다. 수사적 기법은 적절히만 사용하면 글의 흐름에 '긴장'을 불어넣음으로써 시적 완성도를 높이는 효과가 있다. 그런데 낯익은 속담이나 격언들 가운데 들여다보면 조금씩 변형돼 쓰이는 것들이 있다. 속담은 고정불변의 것이 아니라 지역이나 시대에 따라 달라지는 특성이 있기 때문이다. 가령 '고래 싸움에 새우 등 터진다'란 말이 있는가 하면 '새우 싸움에 고래 등 터진다'란 말도 쓰인다. 이럴 때 두 표현은 서로 바꿔 써도 되는 것인가? 아니면 하나는 틀린 말인가? 앞의 것은 '강한 사람끼리 싸우는 통에 상관도 없는 약한 사람이 중간에 끼어 피해를 입게 됨'을 비유적으로 이르는 말이다. 이에 비해 뒤의 표현은 '아랫사람이 저지른 일로 인해 윗사람에게 해가 미치는 경우'를 나타낼 때 쓰인다(《표준국어대사전》). 각각 쓰이는 환경이 다르다. 그런데 두 말 사이에는 선후관계가 있다.

조선 중기 홍만종이 쓴 문학평론집인 《순오지旬五志》를 비롯해 옛 문헌들에는 '경전하사鯨戰鰕死', '경투하사鯨鬪鰕死' 등이 나온다(고래 싸움에 새우 죽는다는 것은 큰 놈들 싸움에 작은 놈이 화를 입는다는 말이다). 또 이희승의 《국어대사전》에서는 '고래 싸움에 새우 등 터진다'를 '남의 싸움에 아무 관계가 없는 사람이 공연히 해를 입게 됨을 이르는 말'로 풀이한다. '새우 싸움에 고래 등 터진다'란 말도 올라 있는데 뜻풀이는 《표준국어대사전》과 달리 '고래 싸움에 새우 등 터진다'와 똑같이 해 놓았다. 하지만 "'고래 싸움에 새우 등 터진다'가 잘못 쓰인 것인 듯하다"란 단서를 달았다. '고래 싸움에 새우 등 터진다'가 원래의 말이었음을 짐작케 하는 근거다. 그러던 것이 시간의 흐름에 따라 새로운 의미부여와 함께 '새우 싸움에 고래 등 터진다'란 변형된 문장이 나온 것으로 이해할 수 있다.

'얌전한 개 부뚜막에 먼저 올라간다'는 사람에 따라 조금씩 어색하게 느끼기도 할 것이다. 이 말은 지역에 따라 또는 언어경험에 따라 '얌전한 고양이/강아지 부뚜막에……'로 더 많이 쓰이는 것 같다. 모두 사전에 올라 있는 표현으로 두루 써도 괜찮은 말이다. 속담이란 시대에 따라 그 의미가 중요한 것이지, 표현이 강아지가 됐든 고양이가 됐든 그것은 별 상관이 없다는 뜻이다. 말이란 시대에 따라 언중의 필요에 의해 새로 변형돼 쓰이기도 하기 때문이다.

속담은 아니지만 성경의 말씀인 '오른손이 한 일을 왼손이 모르게 하라'란 말은 조금 다른 경우다. 〈마태복음〉 6장에 근거를 두고 있는 이 말은 좋은 일을 할 때 주위에 떠벌리지 말고 남모르게 하란 가르침을 담고 있다. 서양 문화에서 오른쪽은 선, 왼쪽은 악이란 오랜 전통 관념이 반영된 표현이다. 이를 무심코 '왼손이 한 일을 오른손이……' 식으로 말하기 쉽다. 하지만 이 경우는 새로운 의미의 탄생이나 전이가 아니기 때문에 단순히 잘못 알고 쓰는 말일 뿐이다. 마음대로 바꿔 쓸 수 없다는 뜻이다.

18. 조사 '가'의 마술

조사를 잘 쓰면 문장에 말맛을 더할 수 있다

2006년 2월 23일 열린 서울옥션의 100회 경매에서는 국내 미술품 경매 사상 최고가가 나와 화제가 되었다. 17세기에 제작된 '철화백자'가 7억 원에 시작해 무려 2배가 넘는 16억 2000만 원에 낙찰돼 미술계를 흥분케 했다.

우리의 관심은 둘째 문장의 '2배가 넘는' 부분이다. 이 표현을 두고 '―가'가 필요 없는, 또는 '―을'을 잘못 쓴 것 아니냐는 지적이 있기 때문이다.

이런 꼴의 문장은 글쓰기에서 흔히 나오기 쉬운데 "몸무게가 10%가 늘었다"거나 "나는 냉면이 먹고 싶다"라는 표현에서 모두 조사의 용법이 논란이 된다. '가/이'는 주격조사이므로 '10%가'에서 '가'는 적절치 않으며, '냉면이'에서는 '이'가 아니라 목적격인 '을'로 써야 맞는다는 주장이 그것이다.

국어 문장의 특징 중 하나는 조사가 발달해 이를 이용해 문장을 다양하게 바꿀 수 있다는 점이다. 여기서도 '몸무게가 10%가 늘었다'란 말은 '몸무게가 10% 늘었다'라고 하면 아무 문제가 없을 것이다. 그러나 우리가 실제로 말로 할 때 '(무엇이) 10%가 늘었다'란 표현을 더 많이 쓴다.

조사 '가/이'는 주격으로 쓰이는 경우가 많지만 보조사로서의 쓰임새도 적지 않다. 보조사로 쓰일 때는 앞말을 강조하는 뜻을 나타낸다. 주로 받침 없는 체언이나 부사어 뒤, 또는 연결어미 '-지'나 '-고 싶다' 구성에서 볼 수 있다. 연결어미 '-지' 뒤에 오는 '가'는 '를'이나 'ㄹ'로 바꿀 수 있다. 따라서 '방이 깨끗하지가 않다'나 '방이 깨끗하지를 않다'나 모두 문법적으로 바른 표현이다.

또 '나는 냉면을 먹고 싶다'나 '나는 냉면이 먹고 싶다'나 같은 말이다. '나는 학교에 가고 싶다'라는 문장 역시 '학교를 가고 싶다'로도 할 수 있고, '학교가 가고 싶다'로도 바꿀 수 있다.

심층구조에서는 하나의 메시지이지만 외형적으로는 토씨 하나로 뉘앙스가 다른 문장을 만들 수 있는 것은 우리말이 가진 '조사의 마술' 덕분이다. 이처럼 조사를 이용한 특이한 문장들이 우리말에 꽤 있다.

나는 그가 부자라고 생각했다.
나는 그를 부자라고 생각했다.

대구가 사과가 많이 난다.
대구에서 사과가 많이 난다.

그가 돈이 많다.
그에게 돈이 많다.

내일 아침 우리는 공격이다.
내일 아침 우리는 공격한다.

이런 문장은 궁극적으로는 같은 의미를 갖는 표현들이지만 조사의 변화에 따라 앞뒤의 말맛이 각각 달라진다. 물론 모두 허용되는 문장이다.

조사 '가/이'의 쓰임새와 관련해 한 가지 더 구별해야 할 것은 '은/는'이다. 이는 통상 주어에 붙는다고 해서 주격조사에 넣기는 하지만 기능상 '어떤 말을 이끄는 주제 표시'를 한다는 점에서 '주제격조사'라고 부르기도 한다. 앞의 예문 중 '대구가 사과가 많이 난다'란 문장은 '대구는 사과가 많이 난다'로 하면 더 자연스러운데 이는 주제격조사 '는'이 뒤에 오는 말 전체를 이끌어 주기 때문이다. 이런 문장은 국어에서 매우 흔한데, 이를 이중주어문이라고도 한다. 학교문법에서는 복문으로 분류하고 있다.

19. 끼리끼리 어울려야 자연스러워
등위접속에 대하여

글을 읽다 보면 종종 말의 전개가 어색한 문장을 만나곤 한다. 그 어색함은 어디서 비롯되는 것일까? 우리가 쓰는 문장은 결국 단어와 구, 절들의 조합인데 이들의 흐름이 자연스럽지 않을 때 우리는 어색함을 느낀다. 이런 문장을 '비문'이라 한다.

비문이 생기는 원인 가운데 가장 빈번하게 나타나는 실수는 등위접속 오류이다. 등위접속 용법은 용어가 딱딱해서 그렇지 사실은 몇 가지 방식만 염두에 두면 그리 어렵지 않게 해결할 수 있다.

등위접속어란 어떤 것을 대등하게 연결해 주는 말들, 즉 '와/과, ―나, ―거나, ―며, ―고' 같은 것들이다. 모두 조사이거나 어미인데 이들의 쓰임새는 말 그대로 '등위'이다. 앞뒤에 오는 말들이 같은 값(대등한 자격)이어야 한다는 뜻이다. 가령 '수출과 수입이', '늘어나거나 줄어들고'와 같이 연결된다. 접속어를 사이에 두고 명사면 명사, 동사면 동사가 오고 구는 구끼리, 절은 절끼리 어울리는 것이다. 이게 전부다. 영어의 'and나 or'와 같은 용법인데, 토익이나 토플 시험에서는 절대 틀리지 않는 사람도 우리말에서는 헤매기 일쑤인 게 다른 점이다. 특히 들어가야 할 내용이 좀 많아지고 문장이 복잡해지면 이 원칙이 의외로 쉽게 무너지는 것 같다.

현행 규정상 최종 부도나 주가가 액면가의 20% 미만인 상태가 40일 이상 계속되는 종목은 상장 폐지 대상이 된다.

등위접속의 개념을 이해했다면 이 문장의 어디에 오류가 있는지가 확연히 드러날 것이다. '최종 부도가 나거나 주가가 액면가의⋯⋯' 식으로 연결돼야 한다. 모두 뒤에 오는 '종목'에 연결되는 것이므로 '최종 부도가 난 종목', '~상태가 40일 이상 계속되는 종목'의 형태가 훼손되면 곤란하다.

그는 "어떤 방안이든 의견수렴 절차와 지방세법을 개정해야 하기 때문에 최소한 2,3년은 족히 걸리는 작업이 될 것"이라고 말했다.

글쓰기 훈련이 따로 되어 있지 않은 상태에서 내용에 신경을 쓰다 보면 문장 구성이 엉성해지기 십상이다. 여기서도 마찬가지로 '의견수렴 절차와 지방세법을 개정해야'가 한 묶음이 될 수 없다. 앞의 것은 명사구이고 뒤의 것은 동사구라 비문이다. 모두 뒤의 '때문에'에 걸리는 말이므로 앞쪽에도 서술어를 사용해 같은 동사구로 만들어야 한다. 이것이 등위접속 용법의 요체다. 따라서 '의견수렴 절차를 거치고 지방세법을 개정해야 하기 때문에'와 같이 써야 할 곳이다.

등위접속을 이해하는 김에 조금 더 덧붙이면, 이 부분을 기술적으로는 여러 방식으로 표현할 수 있다. 가령 '와'를 중심으로 명사구로 쓰고자 한다면 '의견수렴 절차와 지방세법 개정을 거쳐야 하기 때문에' 또는 '의견수렴과 지방세법 개정 과정을 거쳐야 하기 때문에' 등으로 바꿔 말할 수 있다. 어느 것이든 다만 표현 기법상의 차이일 뿐, 구를 쓰든지 절을 쓰든지 앞뒤를 같은 형태로 만들어 준다는 게 등위접속 용법의 요령이다.

경쟁력 4

꼭 지켜야 할
국어의 약속들

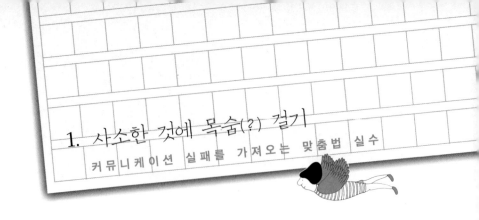

1. 사소한 것에 목숨(?) 걸기
커뮤니케이션 실패를 가져오는 맞춤법 실수

"공항 국내선 출구 자동문 위에 설치된 안내 광고판에 '먼저 인사하는 공항 가족, 미소 짖는 고객'이란 문구가 계속 나오고 있어요. 무엇 때문에 이런 말을 하는지 압니까?"

"……."

"도대체 '개가 짖는다'와 '미소 짓는다'의 차이도 모르고 일을 합니까!"

예전에 국회 건설교통위원회의 한국공항공단에 대한 국정감사장에서 나온 질책이다. 대외 관문인 공항 출구 안내문이 계속 틀린 글자로 나오는 것을 두고 당시 K의원이 공단 이사장을 상대로 준엄하게 꾸짖었던 것이다. 국정감사로 경영실적 등에 대해 잔뜩 긴장하고 있던 공단 이사장은 불의의 일격에 당황해 "즉각 시정하겠다"라고 답변했으나 국감장엔 한동안 웃음이 흘렀다.

새삼스러운 얘기지만 글을 쓸 때 표기(맞춤법)의 중요성은 아무리 강조해도 지나침이 없다. 이 밖에도 띄어쓰기를 비롯해 흔히 소홀히 하기 쉬운 부분에서 심각한 오류를 불러일으키는 경우들이 의외로 많다.

띄어쓰기로 인해 경찰 간부들이 줄줄이 징계를 받은 사례도 있다. 10여 년 전 국정감사 때 일이다. 국감 자료를 만들기 위해 L의원이 경찰청에 '디지털 휴대전화 감청기 보유 현황' 요청서를 보냈다. 문제의 발단은 이 자료요청서에 있었다. 공문은 '디지털 방식의 휴대용전화감청기도입여부'라고 띄어쓰기를 무시한 채 경찰청 수사국, 보안국, 외사국에 각각 전달됐다. 열흘 만에 L의원에게 도착한 자료에는 외사국이 감청기 17대를 보유하고 있는 것으로 나타났다. 이를 토대로 당시 일부 언론이 "경찰이 휴대전화 감청기를 갖고 있다"고 보도하자 경찰청이 발칵 뒤집혔다. 진상을 알아본 결과 외사국에서 갖고 있던 것은 '휴대전화 감청기'가 아니라 '휴대할 수 있는' 유선전화 감청기였다. 수사국과 보안국은 L의원의 요청서를 '휴대용전화(휴대폰) 감청기'로 해석해 '없다'고 답한 반면 외사국은 '휴대용 전화감청기'로 판단해 '있다'고 한 것이다. 뒤늦게 이런 착오를 발견한 경찰청은 외사관리관에 경고를 내리고 외사국 간부 3명을 징계위원회에 회부했다.

이처럼 표기 실수는 의외의 화를 부른다. 가볍게 생각했다가는 큰코다친다. 대수롭지 않게 여긴 띄어쓰기가 사회적 커뮤니케이션에 치명적 실패를 가져오는 요인이 될 수 있다. 이 경우는 발화자encoder와 수신자decoder가 모두 잘못했지만 굳이 따지자면 발화자에게 더 큰 문제가 있었다고 할 것이다. 현대 언어학과 기호학 이론에 큰 영향을 미친 야콥슨Roman Jacobson은 커뮤니케이션에서 가장 중요한 요소를 메시지로 보았다. 단어 하나하나의 쓰임새를 살펴 고르고, 그것들을 얽어 문장을 꾸미며, 문장들을 연결해 하나의 텍스트를 만드는 과정은 바로 메시지를 생성하는 작업이다. 그 작업의 시작점은 다름 아닌 맞춤법이다.

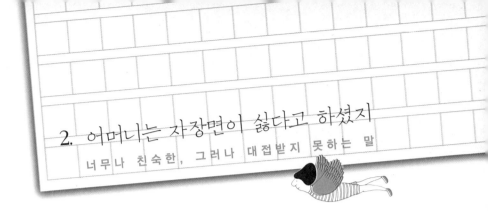

2. 어머니는 자장면이 싫다고 하셨지
너무나 친숙한, 그러나 대접받지 못하는 말

짜장면이 어느 날 공정거래위원회에 진정서를 냈다.

"사람들이 짬뽕보다 나를 훨씬 더 많이 찾습니다. 짬뽕보다 더 일찍 선보여 서민들의 입을 즐겁게 하는 데도 일등공신이고요. 소비자물가지수(CPI)를 내는 품목에 내가 당당히 자리 잡고 있는 게 그 증거이지요. 그런데 왜 짬뽕은 짬뽕이라 부를 수 있는데 나만 짜장면이라 못하고 '자장면'으로 해야 하나요? 사람들은 나를 짜장면으로 알고 있다고요! 이건 불공정한 것 아닙니까?"

짬뽕과 짜장면은 우리말 속에서 대접받는 위상이 천양지차다. 짬뽕은 어엿하게 표준어로 대우받는 데 비해 짜장면은 여전히 '자장면'의 잘못이다. 그러니 짜장면이 불만을 가질 만도 하다. 짜장면이 이렇게 차별대우를 받는 데는 까닭이 있다. 우선 짬뽕이나 짜장면이나 모두 중국 음식이 변형돼 들어온 것이지만 그

경로가 다르다.

짬뽕의 발상지는 일본 나가사키로 알려져 있다. '밥 먹었느냐?'는 의미의 중국말 '츠판吃飯'이 일본에서 '찬폰ちゃんぽん'으로 변했다는 것이 통설이다. 그러니 우리의 '짬뽕'은 일본말을 거쳐 한국식으로 바뀐 말이다.

이에 비해 짜장면은 한자어가 직접 들어와 변한 것이다. 유래는 1882년 임오군란 때 인천 지역에 들어온 청나라 사람들이 간편하게 한 끼를 때우는 음식으로 먹기 시작한 데서 비롯됐다고 한다. 짜장면의 원어는 '작장면炸醬麵'이고 이를 외래어 표기법에 따라 적으면 '자장몐'이다. 여기서 '-몐'만 우리음으로 부른 게 바로 '자장면'이다. 짬뽕은 일본에서 왔지만 어원이 희박해져 순 우리말처럼 뿌리를 내렸다고 보는 반면에 '자장면'은 아직 외래어란 의식이 남아 있다고 본 까닭에 중국어 표기방식에 따라 적게 된 것이다.

'끼'와 '빽'의 관계도 이와 비슷하다. 요즘 같은 이미지 전성시대에는 아이들에게 연예인이 선망의 대상이다. 연예인에게는 예나 지금이나 '끼'가 필수요소다. 이때의 '끼'는 '연예에 대한 타고난 재능이나 소질'을 뜻한다.

'끼'란 말은 '기氣'에서 온 것이다. '끼'도 처음에는 사전의 올림말로 대접받지 못했다. 그러다 국립국어원에서 펴낸 《표준국어대사전》을 통해 드디어 사전에 올랐다. '기'와 구별해 독립적인 쓰임새를 갖는 말로 성장한 것이다.

반면에 비슷한 처지에 있던 '빽'은 여전히 속어 언저리에서 맴

돌고 있다. 흔히 "빽이 든든해야 한다"라는 말을 많이 한다. 언어 세력으로 치면 '빽'이 결코 '끼'만 못하지 않을 것이다. 시기적으로도 이미 1950년대부터 유행하던 말이다. 그럼에도 불구하고 끼는 오늘날 당당히 사전 표제어로 오른 반면, 빽은 아직도 '백 back'의 잘못이라 하여 배척받는다.

짬뽕이나 끼가 어엿하게 표준어 반열에 오른 것처럼 우리에게 친숙한 빽이나 짜장면을 마음 놓고 부르고 쓸 수 있는 날은 언제쯤일까.

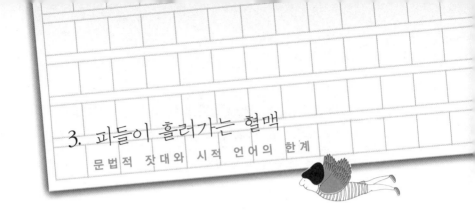

3. 피들이 흘러가는 혈맥
문법적 잣대와 시적 언어의 한계

"새비릿하다, 묵근하다…… 이 친근하고 섬세한 표현을 잘못 쓴 말이라니요?"

작가 이윤기 씨가 2000년 7월 한 신문을 통해 이의를 제기했다. 바로 전 시인이자 '우리말 지킴이'를 자처하는 권오운 씨가 《알 만한 사람들이 잘못 쓰는 우리말 1234가지》에서 문인들의 문법적 오류를 비판한 데 대해서다. 권 씨는 이 책에서 고은, 박경리, 정현종, 박완서, 이문열, 이윤기 씨 등 한국을 대표하는 유명작가 50여 명의 작품을 꼼꼼하게 걸렀다. 이윤기 씨가 반론을 펴자 권 씨는 재반론으로 맞받았다.

신문 지상을 통해 전개된 이 '비문非文논쟁'은 표준어 문법과 작가의 어휘 변조 여부를 둘러싸고 벌어진 시시비비다. 그 핵심은 '문학적 표현의 한계는 어디까지 허용되는가?'에 있다. 대개 그것은 표준어와 사투리 간 경계의 모호성, 의미자질과 관련한 단어 사용의 적절성 또는 단어 간 호응 문제, 수사적 표현의 타당성 등에 관한 인식의 차이에서 비롯된다. 1959년 경향신문을 통해 벌어진 김동리와 이어령 씨 간의 '험악한(우리말 연구가 남영신 선생의 표현)' 논쟁 역시 '어법과 은유'에 관한 관점의 차이에서 시작됐다. 이른바 '문법적 잣대'로 '시적 언어'를 어디까지 재단할 수 있을까? 성급한 답을 내리기보다는 관점의 차이를 알아 두는 게 더 중요하다.

이어령의 작품에 대한 김동리의 지적

• 피들이 흘러가는 혈맥들: 영어 복수법의 직역인 모양인데, 우리말은 달라서 '피가 흘러가는 혈맥들'이라고 한다.

• 서기한 광채: 아마 '서기瑞氣한 광채光彩'인 모양인데 '瑞氣'는 명사다. 명사 밑에 '한'이 붙어도 좋다면 '人間한', '地球한', '赤色한'도 다 말이 되어야 할 것이다.

• 슬픈 마음을 울 눈도 없이 고독했다: 어느 외국어 사투리인지 짐작할 길이 없다.

이어령의 반론

• 피들이 흘러가는 혈맥: '유리공화국'이란 상징적 산문시에 나오는 말이다. 피에 '들'이 붙은 것은 만화영화에서 개개 혈구가 영양분을 운반하는 그 작업 광경처럼 피에 아니미스틱한 생명감을 준 알레고리다. '손을 다쳤다. 피들이 흘러나온다'고 하면 잘못이다. 그러나 '피들의 작업'이라 하면 알레고리가 되기 때문에 하등의 모

순이 될 수 없다.

• 서기한 광채: 기호지방 특히 충청도에서 쓰는 말이다. 어둠 속에서 인광처럼 퍼렇게 빛나는 것을 '서기한다'고 한다. 이에 해당될 만한 표준어가 없기에 방언을 그대로 썼다.

• 슬픈 마음을 울 눈도 없이 고독했다: '실명한 비둘기'란 산문시에 나오는 한 구절인데, 전쟁으로 눈을 잃은 비둘기의 이야기다. 슬픈 마음을 울어볼 눈조차 없다는 것이다.

50여 년 전에 벌어진 논쟁이지만 제기된 문제들은 요즘 글쓰기에서도 여전히 유념해야 할 것들이다. 독자들은 누구 말이 옳다고 볼지 궁금하다. 대가들의 논쟁에 감히 끼어들 처지는 아니지만 분명한 것은 한 사람은 문법적 잣대로 들여다보고, 다른 한 사람은 수사법으로 자신의 글을 옹호하고 있다는 점이다. 결국 부적절한 표현과 은유 사이의 경계를 어떻게 그을 것인지가 문제를 푸는 열쇠인 셈이다.

이 논쟁에서 우리가 글쓰기에서 유념해야 할 부분들을 살펴보자. 우선 '피들'은 어떻게 봐야 할까? '−들'은 복수접미사이다. 명사뿐만 아니라 "빨리들 해라", "잘들 한다"처럼 부사에도 자연스럽게 붙는다. '−들'이 자주 쓰이다 보니 남용되는 경우도 많다. 자체로 복수 의미를 담고 있는 단어에까지 붙이는 게 그런 경우다. '대중들, 여러분들, 우리들, 관중들'과 같은 표현은 강조를 위해 썼다는 점을 감안하더라도 대개는 불필요한 겹말에 불과하다. '−들'은 물질명사에도 붙지 않는다. 가령 '비들, 설탕들, 안

개들' 따위가 어색한 것처럼 물질명사인 '피'에도 '―들'이 붙으면 자연스럽지 않다.

물론 시적 언어로 쓰인 경우는 단순히 이런 잣대로 판단하기에는 무리가 있다. 작품 속의 언어는 창작자의 것이기 때문에 독자가 이해할 수 있을지, 또는 어떤 의미로 받아들일지는 또 다른 차원의 몫이다. 가령 누군가 개인적으로 엽기적이란 말에서 '끔찍한, 잔혹한' 정도의 뜻만을 떠올린다면 그는 요즘 쓰는 '엽기송'이니 '엽기적인 그녀'란 표현의 정확한 의미를 파악할 수 없을 것이다. 마찬가지로 특정한 문맥에서는 물질명사에 '―들'이 붙는 표현을 인정할 수 있을 것이다. 하지만 우리말 연구가인 남영신 선생은 "'피들'과 '피'의 어느 표현이 생명감을 더 주고 덜 준다고 느껴지지 않는다. 만일 생명감을 주고 싶다면 '피들'을 '피톨들'로 쓰면 가능할 것 같다"라고 지적해 여기서의 '피들'이 시적 표현의 한계를 넘어선 것이라고 설명한다.

'서기한 광채'에서 '서기'를 瑞氣'로 해석한다면 '서기한'은 틀린 표현이다. 瑞氣란 말 그대로 '상서로운 기운'이므로 여기에 '―하다'를 붙이는 것은 매우 어색하다. '―하다'는 통상 명사 밑에 붙어 우리말에서 부족한 동사, 형용사를 만들어 내는 중요한 요소다. '칭찬하다'에서처럼 동작명사 밑에 붙어서는 동사를, '만족하다'에서처럼 상태명사 뒤에서는 형용사를 만든다. 하지만 이 역시 물질명사나 추상명사에는 붙지 않는다. '기운하다'가 어색한 것과 마찬가지로 '서기하다'도 바른 어법이 아니란 것이다.

은유는 단어들 간 의미자질의 일탈을 통해 만들어지는데, 여기에는 한계가 있다. 그 한계는 의미자질에 공통점이 있느냐이다. '슬픈 마음을 울'에서는 '마음을 울'이 은유다. '마음'의 의미자질은 '사람, 무형적, 감정, 품성, 정신……' 등이 나올 것이다. '울다'의 의미자질은 '사람/짐승, 유형적, 슬픔, 기쁨……' 등이다. '마음'과 '울다' 사이에는 공유하는 의미자질이 있다. 따라서 두 단어는 은유적 표현의 한계를 넘어선 것이라 볼 수 없다. 은유를 쓰는 이유는 바로 이 한계 직전까지 가는 데서 오는 언어적 긴장감의 극대화에 있다. 이런 경우는 단순히 문법적 잣대로 '문학'을 재단해서는 안 된다. 다만 일반적인 글쓰기에서는 은유 등 수사적 표현은 자칫 정확한 의미전달에 실패할 수 있기 때문에 조심해 써야 한다.

아는 것만큼 보인다

시시비비 여러 가지의 잘잘못. 옳고 그름을 따지며 다툼.

알레고리 어떤 한 주제 A를 말하기 위하여 다른 주제 B를 사용하여 그 유사성을 적절히 암시하면서 주제를 나타내는 수사법. 은유와 유사한 표현 기교라고 할 수 있는데 은유가 하나의 단어나 하나의 문장과 같은 작은 단위에서 구사되는 표현 기교인 반면, 알레고리는 이야기 전체가 하나의 총체적인 은유로 관철되어 있다는 차이점이 있다.

잣대 자막대기. 어떤 현상이나 문제를 판단하는 데 의거하는 기준을 비유적으로 이르는 말.

4. 이두 박근 삼두 박근?
하나의 의미단위로 인식되면 붙여 쓴다

"부총리, 중학교 국어 교과서에 어법 오류가 1000건 이상 있는데 알고 있습니까? 편수 담당자는 슈퍼맨인가요? 한 사람이 1,2개월 사이에 교과서 38권을 검수할 수 있나요?"

2002년 국정감사에서 L의원이 교육 부총리를 상대로 매서운 질문을 던졌다. 1997년 개편된 제7차 교육과정은 그 내용이 2001~2004년에 걸쳐 단계적으로 중고등학교 교과서에 반영됐다. L의원은 한글맞춤법(1988년 공포)과 이를 토대로 만든 《표준국어대사전》에 비춰 볼 때 당시 처음 나온 교과서에서 표기, 표현상의 오류가 1000곳 이상 발견됐다고 지적한 것이다.

2006년 5월 18일엔 당시 교육인적자원부와 국립국어원이 교과용 도서의 표기를 《표준국어대사전》에 맞추기로 하는 업무협정을 체결했다.

교과서의 표기가 《표준국어대사전》과 다른 대표적인 부분은
띄어쓰기와 사이시옷의 처리다.

이두 박근 삼두 박근, 염라 대왕, 백발 백중, 등장 인물, 이 쪽 저
쪽, 초등 학교, 왜냐 하면

띄어쓰기가 이 정도면 누구든지 어색함을 느낄 터이지만 실제
로 교과서(2002년 중학교 1, 2학년 국어 교과서 기준)는 이렇게 가르쳤다.
그 원인은 교육부에서 책을 만들면서 맞춤법의 띄어쓰기 규정을
지나치게 기계적으로 적용했기 때문이다. '문장의 각 단어는 띄
어 씀을 원칙으로 한다'는 게 한글맞춤법의 총칙 규정이다. 하지
만 하위규정에는 원칙을 벗어나는 여러 세칙들이 있다. 가령 고
유명사나 전문 용어의 경우 하나의 의미단위로 인식되면 붙여 쓸
수 있게 했다. 따라서 '여의도 고등 학교, 만성 골수성 백혈병'은
'여의도고등학교, 만성골수성백혈병'과 같이 한 단어처럼 붙여
쓰는 게 자연스러운 어법이다. 단음절로 된 단어가 연이어 나타
날 때도 붙여 쓸 수 있다. '그때 그곳'이니 '좀더 큰것'처럼 쓴다.
교과서에는 이런 경우까지 모두 '그 때 그 곳', '좀 더 큰 것'처럼
적었으나 앞으로는 《표준국어대사전》에 맞춰 통일성을 기할 수
있을 것이다.

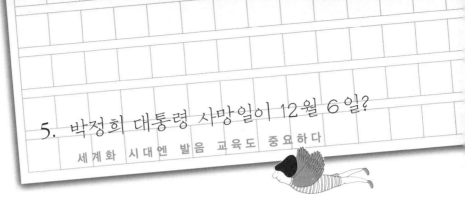

5. 박정희 대통령 사망일이 12월 6일?
세계화 시대엔 발음 교육도 중요하다

2007년 7월 20일 문화방송 인터넷 사이트인 아이엠뉴스와 포털 사이트 네이버, 다음 등에서는 작은 소동이 일어났다. 박정희 전 대통령 사망일이 10월 26일에서 12월 6일로 둔갑해 보도되는 '사건'이 벌어진 것이다. 사단은 방송 앵커의 발음을 아이엠뉴스에서 잘못 받아쓴 데서 비롯됐다. 전날 밤 MBC 〈뉴스데스크〉에서 진행자가 한 대선 후보의 청문회 소식을 전하면서 '10·26 사태 직후'라고 말한 것을 아이엠뉴스에서 '12·6사태 직후'라고 받아 적은 것이다. 언론 전문지인 〈미디어오늘〉이 이를 놓치지 않고 "'십이륙'이란 발음을 '12·6'으로 받아들인 것으로 보인다"고 지적했다.

발음은 표기에 비해 이처럼 아무리 정확을 기해도 듣는 이에 따라 엉뚱한 뜻으로 왜곡돼 전달되기도 한다. 발음의 불완전성을 보여주는 사례다.

서울 지하철 3호선을 타고 가다 보면 강남구 대치동에 '학여울역'이 있다. '학여울'은 '학鶴'과 고유어 '여울'의 합성어로, 탄천과 양재천이 만나는 지점인 한강 갈대밭 부근을 이른다. 대동여지도에는 학탄鶴灘으로 전하는데, '탄'을 한글로 풀어서 학여울이라 이름 붙였다고 한다. 그런데 이 '학여울'의 발음을 보면 사람마다 제각각이다. 어떤 이는 [하겨울]이라 하는가 하면 다른 사람들은 [항녀울]이라 말한다. 결론부터 말하면 [항녀울]이 올바른 발음이다.

발음을 어떻게 일관되게 가져갈 것이냐 하는 문제는 표기의 통일성 못지않게 중요하다. 특히 국제화 시대에 맞춰 '세종사업' 등을 비롯해 우리말의 세계화 작업이 중요한 과제로 떠오른 요즈음 더욱 그렇다. 각종 안내문이나 표지판 등 국내에 들어오는 외국인을 위한 로마자 표기법 역시 통일된 발음을 기반으로 해야지, 그렇지 않으면 서로 다른 표기가 나올 수밖에 없다.

가령 '학여울'의 바른 발음인 [항녀울]에 따른 로마자 표기는 'Hangnyeoul'이다. 그런데 이를 [하겨울]로 발음하면 그 표기는 'Hagyeoul'이 된다. 문제는 취약한 발음 교육과 인식으로 인해 요즘 그릇된 발음인 [하겨울]을 쓰는 사람들이 의외로 많다는 점이다.

'막일', '늑막염', '내복약', '솜이불' 등의 단어들을 [마길] [능마겸] [내보갹] [소미불]로 읽는 이들이 많다. 하지만 이는 모두 잘못된 것이고 [망닐] [능망념] [내봉냑] [솜니불]로 발음해야 맞는다. 이는 우리말 발음에 있는 '음의 첨가' 현상 가운데 하나다. 표준발음법은 '합성어 및 파생어에서, 앞 단어나 접두사의 끝이 자음이고 뒤 단어나 접미사의 첫음절이 '이, 야, 여, 요, 유'인 경우에는, 'ㄴ' 음을 첨가해 [니, 냐, 녀, 뇨, 뉴]로 발음한다'고 규정하고 있다. 이런 규정은 우리말을 쓰는 사람들에겐 자연스럽게 받아들이는, 다시 말해 발음을 쉽고 편리하게 하고자 하는 '언어의 경제성' 원리가 적용된 결과다.

이 규정의 핵심은 'ㄴ'의 첨가에 있다. 발음할 때 공통적으로 'ㄴ'음이 덧나는 것이다. 이때 [학녀울]에서 그치는 게 아니라 다시 [항녀울]로 바뀌는 것은 자음동화 때문이다. 첨가된 'ㄴ'음으로 인해 앞말의 받침 'ㄱ'까지 비음(콧소리 ㄴ, ㅁ, ㅇ)으로 바뀐다.

하지만 말의 속성이 그렇듯이 모든 단어가 다 이렇게만 발음되는 것은 아니다. 일부 단어들은 'ㄴ'이 덧나지 않은 채 발음되기도 한다. '검열'과 '금융' 같은 게 그런 경우다. 이들은 [검녈] [금늄]이라 읽는 게 원칙이지만 사람들이 [거멸] [그뮹]처럼 받침을 흘려 말하기도 한다. 그래서 이들은 두 가지 발음을 다 허용했다.

특히 어떤 단어는 현실음을 인정해 아예 받침이 흘러내린 발음만을 표준으로 정한 것들도 있다. 6.25는 '육+이오'로 이뤄진 합성어다. 따라서 우리가 살펴본 기준을 적용하면 우선 'ㄴ'이 첨가돼 '육+니오'가 되고, 다시 앞의 '육'도 비음화해서 '융'이 된다. 결국 '융니오'가 원칙에 맞는 발음이란 것이다. 지금도 나이 많은 사람들 가운데는 이렇게 발음하는 이들을 볼 수 있다. 하지만 실제론 대부분 [유기오]로 그냥 앞의 받침을 흘려 발음한다. 그래서 결국 국립국어원에서도 현실 발음을 인정해 [유기오] 하나로 통일하고 오히려 [융니오]는 인정하지 않게 됐다. 이런 경우는 목요일[모교일], 금요일[그묘일] 등도 있다. 일부 [몽뇨일] [금뇨일]이라 하는 사람도 있지만 이들은 오히려 틀린 발음이다.

아는 것만큼 보인다

검열 어떤 행위나 사업 따위를 살펴 조사하는 일. 군에서 군기, 교육, 작전 준비, 장비 따위의 군사 상태를 살펴보는 일. 법에서 언론, 출판, 보도, 연극, 영화, 우편물 따위의 내용을 사전에 심사하여 그 발표를 통제하는 일. 사상을 통제하거나 치안을 유지하기 위한 것이다. 정신 분석에서, 인간의 마음속에 있는 위험한 욕망을 도덕적 의지로 억눌러 의식의 표면에 떠오르지 않도록 하는 일.

막일 이것저것 가리지 아니하고 닥치는 대로 하는 노동. 중요하지 아니한 허드렛일.

여울 강이나 바다의 바닥이 얕거나 폭이 좁아 물살이 세게 흐르는 곳.

왜곡 사실과 다르게 해석하거나 그릇되게 함.

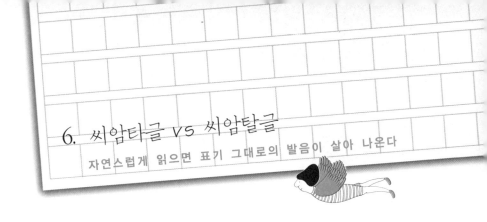

6. 씨암타글 vs 씨암탈글
자연스럽게 읽으면 표기 그대로의 발음이 살아 나온다

백년손님인 사위가 오면 '씨암탉을' 잡는다.

백년손님 또는 백년지객百年之客은 한평생을 두고 늘 어려운 손님을 맞이한다는 뜻으로, '사위'를 이르는 말이다. 이런 귀한 손님인 사위가 오는 날이면 장모는 씨암탉을 잡는다. 먹을거리가 넉넉지 않았던 그 옛날 씨암탉은 집안의 소중한 재산이었다. 그만큼 장모로서는 사위에게 지극 정성을 다한다는 뜻이다.

이 '씨암탉'은 읽을 때 누구나 [씨암탁]으로 발음한다. 그래서 표준발음법에서도 겹받침 'ㄺ'은 어말이나 자음 앞에서 ㄱ으로 발음한다고 정하고 있다. 문제는 이 말이 모음으로 연결되면 사람에 따라 발음이 달라진다는 것이다.

대부분의 사람은 [씨암타글]이라고 하고 얼마 안 되는 사람들은 [씨암탈글]이라고 읽는 것 같다. 그런데 이 경우는 유감스럽게

도 많은 사람들이 발음하는 [씨암타글]이 바른 게 아니고 적게 쓰는 [씨암탈글]이 표준이다. 모음으로 연결될 때는 겹받침 'ㄺ'이 자연스럽게 흘러내려 본래의 발음이 살아 나오기 때문이다.

"이번 일로 나한테 떨어지는 몫은 얼마야?" "자장면 한 그릇 값이면 충분해." 이런 대화에 나오는 '몫은', '값이면'도 읽는 이에 따라 [목은]이나 [목슨], [가비면]이나 [갑씨면]으로 달리 발음한다. 이 역시 모음으로 연결될 때는 표기에 있는 받침이 모두 실현돼 [목슨] [갑씨면]이라 읽어야 한다.

표준발음법에서는 "겹받침 'ㄺ, ㄻ, ㄿ'은 어말 또는 자음 앞에서 각각 [ㄱ, ㅁ, ㅂ]으로 발음한다"고 정하고 있다. '닭, 흙, 삶, 읊다' 같은 단어는 읽을 때 [닥] [흑] [삼] [읍따]로 발음한다는 것이다. 몫이나 값에 보이는 'ㄳ', 'ㅄ'도 마찬가지다. 또 "그 겹받침이 모음으로 시작되는 조사나 어미, 접미사와 결합하는 경우에는, 겹받침의 뒤엣것만을 뒤 음절 첫소리로 옮겨 발음한다"고 되어 있다. 복잡하게 설명돼 있는 것 같지만 한 가지만 알면 쉽게 이해할 수 있다. 그것은 겹받침의 말이 모음으로 이어질 때는 자연스럽게 겹받침의 뒤엣것이 흘러내려 발음된다는 것이다. 맑아[말가], 앉아[안자]나 젊어[절머], 읊어[을퍼] 같은 것을 생각하면 쉽게 알 수 있다. 모국어 화자라면 누구나 자연스럽게 읽으면 표기 그대로의 본음이 살아나오는데, 그것이 곧 표준발음이다.

그런데 유난히 '닭을, 씨암닭을, 값을, 까닭 없이, 흙을' 같은 말에서는 사람들이 헷갈려 하는 것 같다. 이를 [다글, 씨암타글, 가블, 까다 겁씨, 흐글] 식으로 발음하는 경우가 많은 것이다. 이는 아마도 단독으로 읽을 때의 발음인 [닥, 씨암탁, 갑, 까닥, 흑]에 이끌려 모음 조사나 어미가 올 때도 똑같이 읽기 때문인 것으로 보인다.

국민대 국어교육학과 김주필 교수는 "실제로 표준말 '흙, 닭'이 서울 토박이들 사이에서는 [흐기(흑+이), 흐글(흑+을), 흐기다(흑+이다)]와 [다기(닥+이), 다글(닥+을), 다기라(닥+이라)] 등으로 실현되어 표준발음인 [흘기, 흘글, 흘기라]와 [달기, 달글, 달기라] 등과 매우 다르다는 게 밝혀지기도 했다"라고 설명한다.

하지만 규정이 바뀌지 않는 한 아직 이들은 표준발음이 아니라 서울방언에 지나지 않는다. 규범은 '일반화'를 전제로 하는 것이기 때문에 일부의 예를 들어 예외를 인정하기 힘들다는 속성이 있다. '삶'을 단독으로 읽을 때는 [삼]이지만 '삶에 지친'이라 할 때는 [사메 지친]이 아니라 [살메 지친]이 되듯이, [다글, 씨암타글, 가블, 까다 겹씨, 흐글]로 발음할 게 아니라 받침이 뒤 모음에 흘러내린 [달글] [씨암탈글] [갑쓸] [까달 겹씨] [흘글]로 읽어야 한다.

이쯤 되면 일부 '값어치'의 발음에 의문을 갖는 사람도 있을 것이다. 이 말은 누구나 [가버치]로 읽는다. 하지만 '-어치'는 접미사로, 실질형태소가 아니므로 지금까지 방식을 적용하면 [갑써치]로 발음해야 맞는 게 아니냐는 주장도 있다. 국립국어원은 이에 대해 '-어치'는 접미사로 분류되긴 하지만 명사와의 경계 선상에 있는, 특이한 사례라고 설명한다. 사람들이 '-어치'에 대해 독립적인 실사로 인식하기 때문에 예외적으로 [가버치]를 인정한 것이다.

7. '남비'가 '냄비'로 바뀐 까닭
전설모음화에 대하여

연말이면 어김없이 거리에 등장해 세밑을 훈훈하게 하는 게 있다. 구세군 '자선냄비'다. 1891년 미국 샌프란시스코에서 한 구세군 사관이 빈민들을 위해 거리에 커다란 쇠솥을 내걸고 "이 국솥을 끓게 합시다"라고 호소한 게 자선냄비의 효시라고 한다. 우리나라에는 1928년 처음 등장했다. 당시에는 나무 막대기로 만든 지지대에 가마솥을 매단 형태였다. 그 후 80여 년이 흐른 현재 모금 수단도 최첨단으로 진화했다. 바로 디지털 자선냄비다.

디지털 자선냄비는 지금까지의 빨간색 철제 냄비 대신에 교통카드를 댈 수 있게 단말기 형태로 만들어졌다. 성금을 내는 사람들이 교통카드만 갖다 대면 '삑' 소리와 함께 1000원이 빠져나간다. 'IT강국 코리아'다운 발상이긴 하지만, 어린 자녀 손에 천 원짜리 한 장 쥐어 주고 냄비 안에 넣게 하는 정감 어린 모습이 보기에는 더 좋은 것 같다.

'냄비'는 순우리말인 것으로 착각하기 쉽지만 실은 일본말 '나베なべ鍋'에 뿌리를 두고 있다. 과거에 오랫동안 '남비'가 표준어였던 까닭도 그 어원의식이 남아 있었기 때문이다. 하지만 1989년 새로운 표준어사정 원칙이 나오면서 '냄비'를 표준으로 했다.

'남비'가 '냄비'로 바뀐 것을 '이'모음 역행동화(또는 전설모음화, 움라우트라고도 한다)라고 한다. '이'모음 역행동화란 후설모음인 '아, 어, 오, 우, 으' 발음이 뒤 음절의 전설모음 '이'의 영향으로 같은 전설모음인 '애, 에, 외, 위, 이'로 바뀌는 현상을 말한다. 쉽게 말하면 뒤에 있는 '이'모음의 영향을 받아 앞음절의 발음까지 '이'음이 첨가되어 나오는 것이다.

입말에서 이렇게 발음되는 단어들이 꽤 많다.

지팡이 → 지팽이

아비 → 애비

싸라기 → 싸래기

앞잡이 → 앞잽이

정강이 → 정갱이

가랑이 → 가랭이

곰팡이 → 곰팽이

방망이 → 방맹이

지푸라기 → 지푸래기

오라비 → 오래비

잡히다 → 잽히다

막히다 → 맥히다

맡기다 → 맽기다

아지랑이 → 아지랭이

호랑이 → 호랭이

어미 → 에미

누더기 → 누데기

구더기 → 구데기

웅덩이 → 웅뎅이

두드러기 → 두드레기

부스러기 → 부스레기

먹이다 → 멕이다

벗기다 → 벳기다

젖히다 → 젲히다

죽이다 → 쥑이다

고기 → 괴기

쫓기다 → 쬧기다

    헷갈리지 않게 미리 결론부터 말하면 이런 단어들은 모두 앞의
것이 맞는 표기이다. 현행 표준어 규정에서는 '이'모음 역행동화
현상을 원칙적으로 인정하지 않기 때문이다. '이'모음 역행동화
가 일어나기 전의 형태를 표준으로 삼는다는 뜻이다. 대개는 발
음할 때는 설령 '지팽이' 식으로 하더라도 표기는 '지팡이'로 바
르게 적기 때문에 큰 문제가 되지 않는다. 다만 '아지랑이, 아기,

아비, 쓰르라미, 노랑이' 등 일부 단어는 혼동하기 쉬우므로 주의해야 한다. 이들을 아지랭이, 애기, 애비, 쓰르래미, 노랭이로 적는 것은 틀린 표기이다.

단어를 일일이 외우는 것은 비효율적인 일이다. 우리에게 필요한 것은 원칙과 예외 몇 가지이다. 나머지는 모두 그 틀에 집어넣으면 된다. 우선 현행 표준어 규정에서 '이'모음 역행동화 현상은 인정되지 않으므로 모든 단어를 원래의 형태로 적는 것에서 출발하자. 그 다음 예외는 물론 알아 두어야 한다. 예외로는 접미사 '-내기'와 '-쟁이'를 비롯해 일부 단어가 있다. 이들은 본래 '-나기', '-장이'였으나 관용을 인정해 '이'모음 역행동화가 일어난 형태를 표준으로 정했다. 예컨대 '서울내기, 시골내기, 신출내기, 풋내기'라 적는 게 맞고 '-나기'라고 하지 않는다. 또 '냄비, 동댕이치다'도 표준어로 인정됐으며 '남비, 동당이치다'는 버렸다.

'-장이'와 '-쟁이'는 의미용법에 따라 구별해 쓴다는 점도 기억해야 한다. 요령은 '미장이, 유기장이, 칠장이' 등 기술을 이용하는 작업을 가리킬 때는 '-장이'를 붙이고 그 외에는 '-쟁이'를 쓴다는 것이다. 그러나 '점쟁이, 침쟁이'는 기술자로 보지 않으므로 '-쟁이'로 적는다. '봉급쟁이, 멋쟁이, 안경쟁이, 코쟁이, 소금쟁이, 겁쟁이, 난쟁이, 빚쟁이, 요술쟁이' 등이 '-쟁이'에 포함되는 말들이다.

아는 것만큼 보인다

─가家 일부 명사 뒤에 붙어 '그것을 전문적으로 하는 사람' 또는 '그것을 직업으로 하는 사람'의 뜻을 더하는 접미사(건축가/교육가/문학가/작곡가/평론가).

─공工 일부 명사 뒤에 붙어 '기술직 노동자'의 뜻을 더하는 접미사(기능공/선반공/숙련공/식자공/용접공/인쇄공/전기공).

─꾼 일부 명사 뒤에 붙어 '어떤 일을 전문적으로 하는 사람' 또는 '어떤 일을 습관적으로 하는 사람'의 뜻을 더하는 접미사(나무꾼/노름꾼/도굴꾼/사기꾼/사냥꾼/주정꾼). '어떤 일 때문에 모인 사람'의 뜻을 더하는 접미사(구경꾼/일꾼/장꾼).

─배輩 몇몇 명사 뒤에 붙어 '무리를 이룬 사람'의 뜻을 더하는 접미사(불량배/소인배/폭력배).

─사師 일부 명사 뒤에 붙어 '그것을 직업으로 하는 사람'의 뜻을 더하는 접미사(도박사/사진사/요리사/전도사).

─수手 일부 명사 뒤에 붙어 '그것을 직업으로 하는 사람'의 뜻을 더하는 접미사(소방수/타자수/교환수/무용수). '선수'의 뜻을 더하는 접미사(공격수/수비수/내야수/외야수).

─원員 일부 명사 뒤에 붙어 '그 일에 종사하는 사람'의 뜻을 더하는 접미사(사무원/공무원/회사원/연구원).

─장이 일부 명사 뒤에 붙어 '그것과 관련된 기술을 가진 사람'의 뜻을 더하는 접미사(간판장이/땜장이/미장이/양복장이/옹기장이/칠장이).

─장長 일부 명사 뒤에 붙어 '책임자', '우두머리'의 뜻을 더하는 접미사(공장장/위원장/이사장).

─쟁이 일부 명사 뒤에 붙어 '그것이 나타내는 속성을 많이 가진 사람'의 뜻을 더하는 접미사(겁쟁이/고집쟁이/떼쟁이/멋쟁이/무식쟁이).

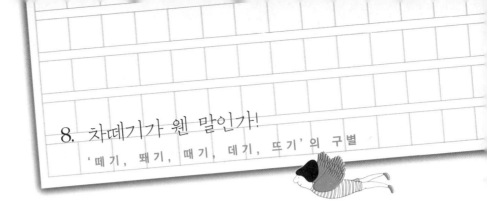

8. 차떼기가 웬 말인가!
'떼기, 떼기, 때기, 데기, 뜨기'의 구별

양측이 접선 장소로 택한 곳은 예상 외로 일반인들의 눈에 띄는 고속도로 휴게소 주차장이었다. A사는 150억 원의 현금을 2억 4000만 원짜리 상자 62개와 1억 2000만 원짜리 상자 1개 등 63개의 상자에 나눠 담았다. A사는 어둠이 깔린 오후 8시 40분쯤 경부고속도로 만남의 광장 휴게소 주차장에 탑차를 주차하고 탑차의 열쇠와 화물칸 키를 B씨에게 넘겼다. 돈을 실은 탑차를 인수한 B씨는 화물차를 몰고 돈을 약속된 장소에 내린 뒤 접선 장소에 차를 다시 갖다 놓는 수법으로 차를 되돌려 줬다.

첩보영화의 한 장면 같은 이 얘기는 속칭 '차떼기 사건'의 일부이다. 2003년 말 검찰의 불법 대선자금 수사 결과로 전모가 밝혀진 이 사건으로 이후 우리말 '차떼기'는 본의 아니게 정치적 오명을 뒤집어쓰는 불명예를 안게 됐다. 원래 차떼기란 '화물차 한 대분의 상품을 한꺼번에 사들이는 일'을 가리키는 장사 용어이다. "그는 배추를 차떼기로 사서 아파트 주민들에게 팔았다"처럼 쓰인다. 1992년 한글학회에서 펴낸 《우리말큰사전》에 올라 있을 정도로 오래전부터 단어로 써 오던 말이다.

차떼기 이전에 '밭떼기'란 말이 있는데, 이는 '밭에서 나는 작물을 밭에 나 있는 채로 몽땅 사는 일'을 뜻한다. 하지만 '떼기' 자체는 사전에 오른 말이 아니다. '어떤 분량 몽땅'의 뜻을 나타내는 '떼기'는 단독으로 한 단어를 이루는 말이라기보다 동사 '떼다'에 명사 구실을 하게 해 주는 '−기'가 붙어 만들어진 것으로 보면 된다. 밭떼기와 비슷한 말로 '밭뙈기'가 있다. 이는 '얼마 되지 않는 조그마한 밭'을 나타낸다. "손바닥만 한 밭뙈기에 농사를 짓고 있다" 같은 게 용례다. 이때 '뙈기'는 '한 구획을 이루고 있는 땅'을 나타낸다. '한 뙈기의 논/밭뙈기나 부쳐 먹는……'처럼 쓰인다.

이 외에도 우리말에서는 '−때기', '−데기', '−뜨기'가 미세한 차이를 보이면서도 그 쓰임새가 각기 다르다. 이들은 모두 명사 뒤에 붙는 접미사인데, 우선 '−때기'는 '비하'의 뜻을 더한다. '배때기, 귀때기, 뺨때기, 볼때기, 잠바때기' 같은 게 있다. '−데기'는 어떤 말 뒤에 붙어 그와 관련된 일 또는 성질을 가진 사람을 낮춰 부르는 말이다. '부엌데기, 새침데기, 소박데기, 심술데기'처럼 쓰인다. '−뜨기'는 어떤 성질을 가진 사람을 얕잡아 가리키는 말이다. '촌뜨기, 시골뜨기, 사팔뜨기' 같은 게 그 용례다.

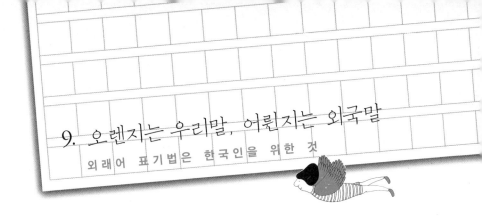

9. 오렌지는 우리말, 어륀지는 외국말

외래어 표기법은 한국인을 위한 것

2007년과 2008년에 걸쳐 있었던, 우리말에 가장 영향을 미칠 만한 화두를 들라면 '영어 몰입교육'일 것이다. 이것은 궁극적으로는 영어 공용화론과 맞물려 있어서 사실상 담론 수준의 국가적 논의 과제였다. 당장 거센 반대 여론이 들끓어 오르자 본격적인 논의가 펼쳐지기도 전에 몰입교육 주장은 서둘러 수면 밑으로 가라앉았다.

"프레스 후렌들리Press-friendly라고 했더니 신문에서 프레스 프렌들리라고 썼더군요(프레스와 후렌들리의 p와 f의 발음 차이를 구분하지 않았다는 의미)."
"처음에 미국 가서 오렌지를 달라고 했더니 못 알아듣는 거예요. 그래서 어륀지라고 했더니 알아듣더라고요(l과 r 발음을 달리 했다는 의미)."

진짜 국어

309

2008년 1월 30일 우리 영어교육과 관련해 당시 이경숙 대통령 직 인수위원장이 좀더 구체적인 문제점을 지적하고 나섰다. 현행 외래어 표기법상의 문제를 거론하고 나선 것이다. 그는 "영어 표기법이 획기적으로 바뀌지 않으면 원어민처럼 발음하기 어렵다"며 "발음을 할 수 있는데도 표기가 잘못되어 거기에 익숙하지 않은 것으로 하니까 외국 사람들도 못 알아듣는다"고 주장했다. 평소 소신을 말한 것으로 알려지긴 했으나, 본래 정치학자 출신인 그가 언어학적 국어학적 깊은 고민과 통찰을 토대로 한 말은 아니었을 터이다. 1986년에 만들어진 현행 외래어 표기법이 여전히 크고 작은 문제점을 안고 있는 것은 사실이지만 그렇다고 하필 '어륀지'를 예로 든 것은 번지수를 잘못 짚은 것 같다.

외래어 표기법의 존재 의의는 우리말을 쓰는 사람들 사이에 편리함을 주기 위한 데 있다. 한마디로 '국내용'이란 뜻이다. 이에 비해 우리말을 로마자로 옮길 때 어떻게 적을지를 규정한 '로마자 표기법'은 대외용이다. 다소 거칠게 구분하자면 외래어 표기법은 한국인을 위한 것이고 로마자 표기법은 외국인을 위한 것이라 할 수 있다. 그래서 외래어를 표기할 때는 한국인이 읽고 쓰기에 편리하게 한다는 것을 기본 정신으로 삼고 있다. 따라서 그것은 통일성을 갖춰야 하고 간편해야 한다. 외래어 표기를 위해 따로 문자나 부호를 도입하지 않고 현재 쓰는 한글 24자모만으로 적기로 한 것은 그런 연유에서다.

이 같은 정신은 이미 1933년 조선어학회(한글학회의 전신)에서 발표한 '한글 맞춤법 통일안'에서부터 전해 오는 것이다. 라디오나

카메라, 바나나, 오렌지 등 실제 발음과는 다른 형태의 표기를 인정한 것도 우리에게 이미 굳은 말이기 때문에 굳이 원음을 살려 적을 필요가 없다고 본 것이다.

한글이 외국어 발음을 비슷하게나마 옮길 수는 있으나 온전하게 옮긴다는 것은 애초부터 불가능한 일이다. 가령 school은 '스꾸우', apple은 '애뽀오', milk는 '미요끄' 식으로 발음이 될 터이지만 이를 한글로 적을 때는 표기의 편리성에 입각해 '스쿨, 애플, 밀크'로 한다. base와 vase가 똑같이 '베이스'로, pan과 fan을 모두 '팬'으로 적을 수밖에 없는 이유이기도 하다. p와 f를 구별하기 위해 굳이 '프레스 후렌들리'라고 한들 어차피 발음을 정확히 드러내는 표기는 아니다.

우리 음운체계에 없는 발음인 v나 f, z의 표기를 위해 순경음 (ㅂ, ㅍ 밑에 ㅇ을 연서해서 표시한 소리. 훈민정음 제정 당시에는 있었으나 성종 때 사라졌다)과 반치음(△)을 부활하자는 일각의 주장도 오래전부터 있어왔지만 모두 표기의 편리성 때문에 받아들여지지 않는 것이다.

결국 오렌지를 오륀지로 적든 어륀지로 적든 원음에 가깝게 표기하자는 주장은 '라디오를 레이디오우', '모델을 마들', '컴퓨터를 컴퓨러' 식으로 적자고 하는 것과 같은 말이다. 과연 그것을 감당할 수 있을까? 그리고 '그것이 옳은 방향인가'라고 했을 때는 '아니다' 쪽에 무게가 실릴 수밖에 없다. 오렌지나 라디오는 국어에 편입된 외래어이고, 어륀지나 레이디오우라고 하면 어디까지나 외국말인 것이다.

고유어 해당 언어에 본디부터 있던 말이나 그것에 기초하여 새로 만들어진 말. 국어에서는 '아버지', '어머니', '하늘', '땅' 따위가 있다. 토박이말 · 토착어.

외래어 외국에서 들어온 말로 국어처럼 쓰이는 단어.

외국어 다른 나라 말.

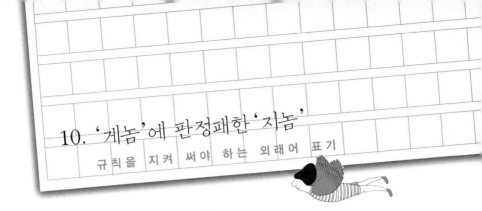

10. '게놈'에 판정패한 '지놈'
규칙을 지켜 써야 하는 외래어 표기

2004년 갑작스러운 심장마비로 세상을 떠난 미국의 영화배우 크리스토퍼 리브가 주연한 〈슈퍼맨〉 시리즈는 우리나라에서도 큰 인기를 끈 영화다. 만화를 원작으로 한 이 영화는 1978년에 1탄이 나온 이후 2006년 5탄(〈슈퍼맨 리턴즈〉)이 나올 때까지 30여 년간을 변함없이 사랑받아 왔다. 불사불멸인 이 슈퍼맨superman은 우리말로 하면 초인超人이다. 그런데 우리나라에는 이 슈퍼맨뿐만 아니라 수퍼맨도 있다. 이는 물론 외래어 표기의 차이일 뿐 동일한 대상을 가리킨다. 이외에도 우리 주변엔 슈퍼마켓이 있는가 하면 수퍼마켓도 있고 슈퍼스타와 수퍼스타, 슈퍼볼과 수퍼볼도 있다. 요즘 한창 인기 있는 아이돌 스타 슈퍼주니어도 고유명사임에도 불구하고 수퍼주니어인지 헷갈려 하기도 한다. 이런 것들은 모두 영어의 super를 어떻게 우리 글자로 옮기느냐의 차이에서 비롯되는 것이다.

super의 'u'는 사전적 발음을 옮기면 '유'도 되고 '우'도 가능하다. 슈퍼라고 하면 영국식 발음이고 수퍼라고 하면 미국식 발음을 따르는 것이다. 사전에 앞뒤로 나란히 두 개의 발음을 보인 경우 앞의 것이 영국식, 뒤의 것이 미국식 발음이다. 우리 외래어 표기는(최근에는 미국식 발음을 많이 채택하긴 하지만) 전통적으로 영국식 발음을 취해 왔다. 그래서 지금도 '슈퍼'만이 바른 표기이다. '슈퍼'를 단독으로 쓰든 합성어로 쓰든 마찬가지이다.

이 말이 다른 말에 비해 유달리 두 가지로 많이 표기되는 데는 언론의 잘못도 크다고 할 수 있다. 일부 언론에서 규범을 따르지 않고, 미국식 발음이 실제 영어 발음에 가깝다는 이유로 자의적으로 '수퍼'를 고집해 오고 있기 때문이다. 지금도 '수퍼'를 쓰는 이들 신문은 사전에 오른 '슈퍼'는 아랑곳하지 않는다. 하지만 이는 사사로운 관점을 독자들에게 주입시키고 있다는 점에서 옳은 태도라 할 수 없다. 그 부작용이 너무 크기 때문이다.

'게놈Genom'을 '지놈'으로 표기하는 것도 사적 신념을 미디어 언어로 투영시킨 사례다. 염색체 또는 유전자를 뜻하는 '게놈'은 1920년 독일의 식물학자인 윙클러가 처음 사용한 이후 국내에서도 사전이나 교과서 등에 게놈으로 써 오던 말이다. 그런데 일부 언론에서 2002년 여름 '새삼스레' 지놈으로 표기하고 나섬으로써 혼란을 가져왔다. 이유는 게놈 연구가 미국 주도로 진행되고 있고, 영어가 국제적으로 통용되는 말인 만큼 지놈을 쓰는 게 바람직하다는 것이었다. 그러나 이 역시 정부언론외래어심의공동위에서 이미 관용적으로 굳어져 사용되는 '게놈'으로 통일해 적기로 거듭 확인한 사안이다. 슈퍼를 쓰든 수퍼를 쓰든, 또는 게놈이든 지놈이든 이는 가치판단의 문제가 아니라 단순 표기상의, 선택의 문제이기 때문에 큰 차이는 없다. 그렇다면 더더욱 약속(규범)을 따라주는 것이 대의에 맞는다.

2003년 초부터 한국 축구 국가대표팀 사령탑을 맡았던 포르투갈 출신 감독 '움베르투 코엘류Humberto Coelho'의 이름 표기도 외래어 표기가 표기상의 선택이며 약속임을 보여주는 사례다.

움베르투 코엘류가 처음 감독으로 내정됐을 때 한국에서는 그의 이름을 어떻게 적을지를 두고 많은 혼선이 빚어졌다. 혼선의 1차적 원인은 당시만 해도 우리 외래어 표기법에 포르투갈어에 대한 규정이 마련되지 않았다는 데 있었다. 기준이 없다 보니 축구협회에서는 알파벳 표기에 따라 대충 '움베르토 코엘요'로 읽었다. 그런데 그가 한국에 와서 "저는 '코엘요'도 '쿠엘류'도 아닙니다. 제 이름은 '꿸류'입니다"라고 한 것이다. 이에 축구협회에서는 '꿸'이란 글자가 이상하니까 이를 '꾸엘류'로 제시했다. 그러자 이번에는 출입기자들 사이에서 외래어 표기에는 된소리를 쓰지 않는다는 지적이 나왔다. 결국 타협을 본 이름이 '쿠엘류'다. 이에 따라 축구협회에서는 '움베르토 쿠엘류'를 공식표기로 정해 보도자료를 돌렸다.

하지만 이번엔 정부언론외래어심의공동위에서 정확한 표기를 제시한다며 뒤늦게 나섰다. 여기서 나온 이름이 '움베르투 코엘류'다. 우선 '움베르토'가 '움베르투'로 바뀐 것은 같은 포르투갈어권인 브라질의 'Ronaldo'를 '호나우두'로, 'Rio de Janeiro'를

'리우데자네이루(원래는 '히우데자네이루'로 해야 하지만 관용을 인정해 '리우데자네이루'로 적는다)'로 표기하는 이치와 같다. 또 'Coelho'에서 첫소리와 끝소리는 각각 '코', '류'가 실제 발음에 가깝다는 게 근거였다. 외래 인명이나 지명의 표기는 현지 발음에 가깝게 적는 게 원칙이지만 실제론 음운체계가 다르기 때문에 우리 글자로 정확하게 옮기는 일은 매우 어렵다. 다만 실제 발음에 최대한 가깝게 적고 표기상 약속으로 정하는 것이다.

아는 것만큼 보인다

그라프 → 그래프 graph

나레이션 → 내레이션 narration

넌센스 → 난센스 nonsense

다이나믹 → 다이내믹 dynamic

다이알 → 다이얼 dial

데이타 → 데이터 data

도너츠 → 도넛 doughnut

디지탈 → 디지털 digital

라이센스 → 라이선스 license

레파토리 → 레퍼토리 repertory

로보트 → 로봇 robot

로알 → 로열 royal

류마티스 → 류머티즘 rheumatism

맘모스 → 매머드 mammoth

매니아 → 마니아 mania

미스테리 → 미스터리 mystery

바디 → 보디 body

바베큐 → 바비큐 barbecue

밧데리 → 배터리 battery

부저 → 버저 buzzer

비스켓 → 비스킷 biscuit

샵 → 숍 shop

샷시 → 섀시 chassis, 새시 sash

선글래스 → 선글라스 sunglass

셋트 → 세트 set

스카웃 → 스카우트 scout

스탭 → 스태프 staff

썬텐 → 선탠 suntan

아나로그 → 아날로그 analogue

아마츄어 → 아마추어 amateur

아이 샤도우 → 아이섀도 eye shadow

악세사리 → 액세서리 accessory

알콜 → 알코올 alcohol

앰블런스 → 앰뷸런스 ambulance

엘레베이터 → 엘리베이터 elevator

오리지날 → 오리지널 original

윈도우 → 윈도 window

제스쳐 → 제스처 gesture

챔피온 → 챔피언 champion

초콜렛 → 초콜릿 chocolate

카렌다 → 캘린더 calendar

카운셀러 → 카운슬러 counselor

카톨릭 → 가톨릭 Catholic

컨닝 → 커닝 cunning

컴플렉스 → 콤플렉스 complex

코메디 → 코미디 comedy

콘트롤 → 컨트롤 control

클라이막스 → 클라이맥스 climax

탈렌트 → 탤런트 talent

테잎 → 테이프 tape

테크놀러지 → 테크놀로지 technology

팩키지 → 패키지 package

페스티발 → 페스티벌 festival

프로포즈 → 프러포즈 propose

헐리우드 → 할리우드 Hollywood

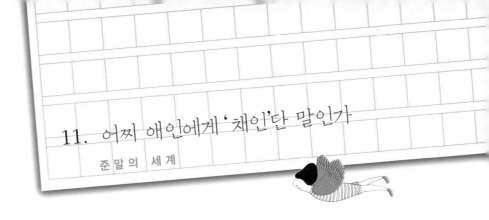

11. 어찌 애인에게 '채인'단 말인가
준말의 세계

준말은 말의 시장에서 효용가치가 상대적으로 높다. 같은 의미를 담아내는 한 편리성 때문에 짧은 말이 선호되기 때문이다. 그러다 보니 준말이 본딧말을 밀어내고 표준어가 되는 사례도 많다. '무우'와 '무'가 함께 쓰이다가 오늘날 '무'만 표준어가 된 게 그런 경우다. 이 말은 원래 중세 국어에서 '무숭'였던 것이 'ㅿ'이 소멸하면서 '무우'로 변한 것인데, 나중에 준말 '무'가 더 널리 쓰임에 따라 '무우'는 버리고 '무'가 표준어가 됐다.

준말은 일상에서 매우 흔히 볼 수 있다. "야 임마", "오랫만에", "이런 쑥맥 같으니라고", "흉칙하게스리", "남사스럽다", "애인에게 채였다", "서툴은 방식으로", "이거 얼마에요?" 등의 말에 모두 준말이 쓰였다. 그런데 여기 쓰인 준말은 모두 바른 표기가 아니다. 준말의 유형에는 고정된 틀은 없지만 크게 보면 '어제그제(본말) → 엊그제(준말)', '바깥벽 → 밭벽', '(세금을) 거두다 → 걷다'처럼 본딧말의 형태가 남아 있는 모습을 띠는 경우가 많다. 마찬가지로 '임마'가 익숙해 보일지 몰라도 이 말은 '인마'가 바른 말이다.

수많은 표준어를 일일이 외우기는 버겁지만 논리적으로 들여다보면 훨씬 이해하기 쉽다. 이 말은 '이놈아'가 준말인데 '놈'의 초성과 종성이 앞뒤로 흡수된 형태가 '인마'이다. '이 녀석아 → 인석아'의 관계를 떠올리면 기억하기 쉽다. '오래간만'이 줄면 '오랫만'이 아니라 '오랜만'으로 된다는 것도 같은 이치이다.

흔히 쓰는 말 '남사스럽다'도 근거가 없기 때문에 표준어가 되지 못했다. 이 말의 본딧말은 '남우세스럽다'이다. '남우세'란 '남에게 비웃음과 조롱을 받는 것. 또는 그 비웃음이나 조롱'을 뜻한다. '남우세'는 '남+우세'로 분석되는데 여기서 '우세'는 어원이 확실히 규명된 것은 아니지만 그 형태와 의미상 '웃다'와 관련된 말로 풀이된다. 이 '남우세스럽다'가 줄어든 말이 '남세스럽다'이다. 비록 '남사스럽다'가 입말에서 많이 쓰이고는 있지만 '남우세'가 '남사'로 형태를 바꿔 가며 줄어드는 근거를 찾을 수 없기 때문에 이를 표준으로 인정치 않는 것이다. '사이 → 새, 마음 → 맘, 싸움 → 쌈, 선보이다 → 선뵈다, 도리어 → 되레' 따위가 모두 둘 이상의 음절에서 모음이 줄어 만들어진 말들이다.

'버림받았다'를 비유적으로 '채이다'라고 쓰는데 '차다'의 피동형으로 만들어진 것이므로 '채이다'가 아니라 '차이다'가 바른 말이다. '차이다'는 준말 '채다'로 쓸 수 있다. 이의 과거형은 '채었다'이다. 이 말이 또 줄면 '챘다'가 된다. 결국 '애인에게 차였다/채었다/챘다'가 모두 가능하다.

이 말이 입말에서 '채이다'로 쓰이는 까닭은 '이'모음 역행동화 때문으로 보인다. 입말에서 아지랑이나 지팡이를 아지랭이, 지팽이로 발음하곤 하는 것과 같은 이치다(이 같은 '이'모음 역행동화는 현행 맞춤법에서 '냄비' 등 몇 가지를 제외하고는 대부분 인정하지 않는다). 따라서 '채였다'가 아니라 '차였다'라고 해야 한다.

준말의 사례는 워낙 다양해 몇 가지 유형으로 나누기는 불가능하다. 가령 '올해'가 줄어 '올'이 되는 것처럼 아예 일부 음절이 탈락하는 경우도 있다. 사리 분별을 못하는 어리석은 사람을 얕잡아 이르는 말 '숙맥'은 '숙맥불변菽麥不辨'이 줄어든 것이다. 이 말은 '쑥맥'으로 잘못 알고 쓰기 쉬우므로 주의해야 한다. '흉칙하다'라고 쓰는 사람이 있다면 본딧말 '흉악망측凶惡罔測'을 기억해 두면 된다. 준말은 당연히 '흉측'이다.

표준어 규정 중에는 '준말과 본말이 다 같이 널리 쓰이면서 준말의 효용이 뚜렷이 인정되는 것은 두 가지를 다 표준어로 삼는다'는 게 있다. '내디디다'와 준말 '내딛다'가 이 규정에 해당하는, 복수 표준어이다. '머무르다/머물다, 서두르다/서둘다, 서투르다/서툴다' 등도 같은 관계다. 주의해야 할 것은 모음 어미가 붙을 때에는 준말의 활용형을 인정하지 않는다는 점이다. 이는 '가지다'의 준말 '갖다'를 활용해 보면 금방 알 수 있다. '갖아, 갖아라, 갖았다' 따위처럼 모음 어미로는 활용되지 않는다. 그러나 '갖고, 갖게, 갖지만'처럼 자음 어미로 활용하는 것은 아무 제약을 받지 않는다. 따라서 비록 "첫발을 내딛어, 서울에 머물었다"따위가 일부에서 쓰이고 있다 하더라도 이는 바른 표기가 아니다. 반드시 '내디뎌, 머물렀다'라고 해야 한다.

신문이나 잡지에서도 준말의 표기를 잘못 쓰는 경우가 많다.

"주가株價 얼마에요?"

몇 해 전 한 신문 재테크 면에 대문짝만 하게 뽑힌 제목이다. 주가가 요동치던 당시 상황에서 투자자들에게 증시 정보를 주기 위한 기사였는데, 불행히도 틀린 말을 써서 망신을 자초했다.

'이거 얼마에요?' '얼마여요?' '얼마예요?' 이런 말은 일상생활에서 자주 하면서도 막상 글로 적으려면 헷갈린다. 이들을 구별할 수 있다면 일단 맞춤법에 상당한 관심이 있는 사람이라고 할 수 있다. 결론부터 말하면 처음 것은 틀린 표기이고 둘째, 셋째 말은 바르게 적었다.

'—이어요/이에요/여요/예요'는 모두 상대를 높이는 말인데 미세한 표기의 차이로 인해 그 구별이 꽤나 복잡하다. 하지만 문법적으로는 명쾌하게 정리되어 있어 한두 가지 원칙만 알고 있으면 수학 공식처럼 적용해 쓸 수 있다.

① 우선적으로 머리에 담아야 할 사항은 '—이어요'가 본말이라는 것이다. 여기서부터 출발하는 게 쉽다. '책이어요, 학생이어요, 것이어요'와 같이 모두 받침 있는 말에 붙여 쓴다.

② 이때 받침 없는 말 뒤에서는 자연스럽게 '—이어요'가 줄어 '—

여요'가 된다. '사과여요, 회사여요, 아버지여요'와 같이 적는다.

③ 그런데 실제 발음상으로는 '—이에요'가 압도적으로 많이 쓰이기 때문에 이것도 표준말로 인정했다. 그래서 '책이에요, 학생이에요, 것이에요'라고 적어도 된다.

④ 받침 없는 말 뒤에서는 이 역시 줄어들어 '—예요'가 된다. 따라서 '사과예요, 회사예요, 아버지예요'로 적는 것이다.

이 구별은 네 단계로 되어 있지만 사실은 매우 단순하다. 두 가지만 알고 있으면 된다. 첫째, '—이어요'와 '—이에요'는 바꿔 쓸 수 있다. 둘째, 윗말에 받침이 있으면 원말 '—이어요/—이에요'를 쓰고, 받침이 없으면 준말 '—여요/—예요'를 쓴다.

이제 다음 문장에서 어디가 잘못 된 것인지 알 수 있을 것이다. "잘 하시는 거에요." "너무 비싸다고들 난리에요." "내년엔 경상 적자가 우려되는 상황이예요." 각각 '거예요', '난리예요', '상황이에요'라고 적어야 옳다.

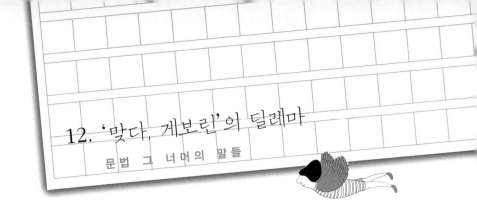

12. '맞다, 게보린'의 딜레마
문법 그 너머의 말들

국내에서 나온 광고 문구 중에 불후의 명작이라 할 만한 것으로
'맞다, 게보린'이란 게 있다. 1980년대 나온 이 광고 덕분인지는
몰라도 이 약은 지금 두통약의 대명사로 자리 잡았다고 한다. 그
런데 '맞다, 게보린'은 상업적으로는 성공했지만 우리말에는 쉽
지 않은 숙제를 남겨 놓았다.

　한 모임에서 정희창 국립국어원 연구관이 우리말의 실태를 짚
어 보던 중 이 '맞다, 게보린'의 문제를 제기했다.

　"'맞다'는 동사입니다. 우리말에서 동사가 '현재의 사실을 서
술하는' 뜻을 나타내기 위해서는 전통적으로 '—ㄴ다' 또는 '—는
다'를 붙여 왔습니다. '아침부터 비가 내린다', '아이가 밥을 먹
는다' 같은 형태입니다. '(무엇을) 하고 있다'란 뜻을 나타내는 것
이지요. 따라서 '맞다, 게보린' 역시 문법적으로는 '맞는다, 게보
린'이 되어야 하지만 어째 그렇게 해선 영 말맛이 안 납니다."

"그렇습니다. 형용사인 경우 '물이 맑다'처럼 그냥 '—다' 꼴로 씀으로써 '—는다'를 붙여 쓰는 동사와 구별해 왔지요. 사실 동사에서도 '—다'를 서술어미로 쓰는 경우가 있는데, 이는 '한국 축구, 아시아를 제패하다'란 것처럼 일기장이나 신문 기사의 제목 등에서 간접적으로 청자나 독자를 염두에 둔 상황일 때 쓰는 것이란 점에서 다릅니다."

"'맞다, 게보린'의 영향인지는 몰라도 요즘 '네 말이 맞는다'라고 하는 것도 '네 말이 맞다'라고 쓰는 경우가 더 많습니다. 규범적으로는 '네 말이 맞는다'가 바른 표현인데도 말입니다."

"사전의 탓도 있다고 봅니다. 《표준국어대사전》에는 '맞다'의 용례에 '네 말이 맞다'와 '네 말이 맞는다'가 함께 올라와 있는 실정입니다. 결국 동사이면서 형용사적 쓰임새를 갖는 말로 봐야 하지 않을까요."

"우리말에서 형용사와 동사의 경계 선상에 있는 말들이 꽤 있습니다. 한 가지 대안은 이런 쓰임새를 보이는 단어군群을 따로 분류해 '(예외적으로) 언어의 이러이러한 현상이 있다'란 식으로 풀어 주는 것입니다. 문법에 얽매여 옳다 그르다로 가름할 게 아니라 현실의 쓰임새를 인정하는 것이지요."

"요즘 흔히 쓰는 '건강하세요, 행복하세요' 같은 표현도 같은 맥락이라고 봅니다. 이미 상당히 굳어진 표현 방식이 됐기 때문에 어찌할 방도가 없는 것 같습니다. 본래 '건강하다'나 '행복하다'는 분명히 형용사라 기원이나 명령, 청유형의 표현이 불가능한 게 전통적인 기준이었는데 지금은 이것이 무너졌어요. 어른이 아랫사람에게 '건강하거라'라고 하고 학교에서는 교훈으로 '성실하자'란 표현을 자연스럽게 씁니다."

"문제는 이런 표현을 규범이란 잣대로 무조건 막을 수 없다는 데 있습니다. 실제 언어생활에서 많이 쓰고, 역으로 문법에 맞게 '건강해지세요' 또는 '건강해지거라', '성실해지자'라고 하는 말은 오히려 어색한 감이 있습니다. 문법의 한계이지요."

"얼마 전엔 TV에서 '야채 가지러들 어디까지 가시나? 아니 파도 직접 기르시나?'란 대사가 나오더군요. '가나', '기르나'는 하대하는 말투라 본래 존칭을 나타내는 '—시'와 같이 쓰지 못하는 자리인데, 실제론 자연스럽게 많이 씁니다. 이런 것도 문법엔 어긋나지만 딱히 잘못이라고 하기 어렵습니다. 비록 아랫사람이긴 하지만 존대의 의미를 담기 위해 쓰는, 비교적 새로운 경향의 표현 방식이라 할 수 있습니다."

"우리말에는 이처럼 진화 과정에 있는 표현들이 많은데, 이들은 규범이란 잣대로 들여다봐선 해결이 안 된다는 게 문제입니다. 문법 그 너머의 말들인 셈이죠. 물론 말과 글이 본질적으로 수학 공식처럼 딱 떨어지는 답이 있는 건 아니지만, 그래도 문법이란 틀이 있어서 이를 무시하는 것도 현실적으로 어렵기 때문입니다. 그런 점에서 권위 있는 기관에서 잠정적으로나마 현실언어에 대한 재조명이 시급한 때입니다."

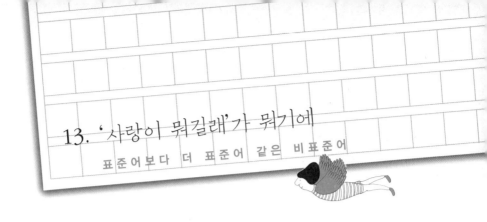

13. '사랑이 뭐길래'가 뭐기에
표준어보다 더 표준어 같은 비표준어

"지하철 승강장에는 어딜 가나 노란 안전선이 쳐져 있죠. 지금은 고쳐졌지만 전에는 지하철이 들어올 때 '안전선 밖으로 물러나 주십시오'란 안내방송을 했습니다. 전철을 기다리는 사람들에게 안전선 '밖'으로 나가라니, 말이 됩니까? 그런데 나중에 알고 보니 그런 방송이 나온 사연이 있더군요."

그 사연이란 무엇일까?

"이 방송을 역 사무실에서 하는 게 아니라 열차에서 하는 것이 더군요. 그러다 보니 자연히 기다리는 사람이 갈 곳은 안전선 밖이 된 것입니다. 이는 상대를 의식하지 않고 자기중심으로 말을 하는 우리의 잘못된 언어 습관을 보여주는 사례입니다."

우리 국어정책을 이끌고 있는 국립국어원의 남기심 전 원장이 한 인터뷰 자리에서 한 말이다. 남 전 원장은 국어학자 치고는 꽤 유연한 언어관을 갖고 있다. 그는 국어원장 시절 우리 어법을

'정하는 사람 따로, 쓰는 사람 따로' 식의 일방적 어문정책은 바람직하지 않다고 보았다. 그래서 이른바 '대중 속으로'란 모토 아래 실용국어 중심으로 국어정책을 폈다. 그 결과 그동안 방언 또는 잘못으로 규정해 온 '나래, 내음, 뜨락' 같은 말들이 표준어로 대접받게 됐다.

하지만 우리가 실생활에서 쓰는 말들을 들여다보면 아직도 표준어보다 더 많이 쓰이는, 그래서 더 표준어 같은 비표준어들이 많이 있다.

'서울대가 뭐길래.'
'줄기세포가 뭐길래.'

입말에서는 물론 신문에서도 자주 볼 수 있는 표현이다. 하지만 '뭐길래'는 사실 바른 말이 아니다. 이 말은 십수 년 전 큰 인기를 끌었던 TV 드라마 〈사랑이 뭐길래〉 이후 널리 퍼졌지만 아직 표준말로 인정받지 못하고 있다. 그럼 뭐가 맞을까?

원인이나 이유를 나타내기 위해서는 '뭐기에'라고 해야 바른 표현이다. 일상적인 대화에서는 '-길래'를 훨씬 더 많이 쓰지만 표준말은 '-기에' 하나뿐이다. '뗄래야 뗄 수 없는 관계'에서 보이는 '뗄래야'는 '떼려야'로, '맞습니다, 맞구요'라고 할 때의 '맞구요'도 '맞고요'라고 해야 바른 말이다.

참고로 북한에서는 우리가 아직 인정하지 않는 이런 말투를 모두 허용하고 있다는 것도 알아 두자. 북한에서는 표준어를 '문화어'라고 하는데 이들은 '-기에'와 함께 '-길래'를 입말투로 인정해 함께 쓴다. 또 '-려야'의 경우는 오히려 '-ㄹ래야' 하나만을 표준으로 삼는다. '-이구요/-라구요' 따위도 '-이고요/-라고요'를 오히려 통속적으로 쓰는 말로 인정한다. 그러고 보면 이런 말들이 남과 북에서 광범위하게 쓰이고 있는 것이다.

"너 자꾸 딴지 걸래?" 할 때의 '딴지'도 바른 말이 아니다. 아마도 종아리의 도도록한 부분을 가리키는 '장딴지'를 연상해 쓰는 듯하지만 '딴죽'이 맞는 말이다. 몇 년 전 이 말을 제호로 쓴 한 인터넷신문의 영향도 있을 터이다. 딴죽이란 씨름에서 발로 상대방의 다리를 잡아당겨 넘어뜨리는 것이다.

내친 김에 다음 말들도 한번 생각해 보자. 몇 개나 맞힐까?

> 궁시렁거리다, 으시시하다, 두리뭉실하다, 어리숙하다, 맨날, 간지럽히다, 굽신거리다, 연신, 맹숭맹숭

구어에서 흔히 쓰는 말들인데 각각 '구시렁거리다, 으스스하다, 두루뭉술하다, 어수룩하다, 만날, 간질이다, 굽실거리다, 연방, 맨송맨송'이 맞는 말이다. 신문에서는 이런 경우 비록 표준말은 아닐지라도 때로 입말투를 채택해 쓰기도 한다. 하지만 그것은 어디까지나 신문이 독자의 눈높이를 의식한 일종의 '일탈'일 뿐 규범에는 다 어긋난 것이다. 학교에서나 일반적인 경우의 글쓰기에서 표준말을 사용해야 한다는 것은 당연하다. 다만 표준말이라는 것 하나로 우리말의 진화를 가로막는 멍에로 작용한다

면 곤란한 일이다. 국립국어원에서 2008년 가을 완성을 목표로 《표준국어대사전》 개정 작업(인터넷판)을 벌이는 것도 그런 연유에서다.

아는 것만큼 보인다

구시렁거리다 못마땅하여 군소리를 듣기 싫도록 자꾸 하다. 구시렁대다

도도록하다 가운데가 조금 솟아서 볼록하다.

두루뭉술하다 모나지도 둥글지도 아니하다. 말이나 행동 따위가 철저하거나 분명하지 아니하다.

딴죽 씨름이나 태껸에서, 발로 상대편의 다리를 옆으로 치거나 끌어당겨 넘어뜨리는 기술.

14. '따 논 당상'이 틀린 이유

관형형에서 잘못 쓰이는 말

바라는 것을 얻거나 차지하는 것이 의심할 나위 없이 확실할 때 쓰는 말이 '떼어 놓은 당상'이다. 그런데 이 말은 '따 놓은 당상', '떼어 논 당상', '따 논 당상' 등 여러 가지로 쓰인다.

우선 '떼어 놓은 당상', '따 놓은 당상'은 모두 허용되는 말이다. 당상堂上이란 조선시대에 정3품 이상의 벼슬을 가리키는 말인데, 지금으로 치면 고위공직자라 칭할 수 있는 관직인 셈이다. 어원적으로는 '임금이 미리 당상의 자리를 따로 떼어 놓았을 정도로 확실하다'는 데서 온 말이 '떼어 놓은 당상'이다. 이를 후세에 사람들이 '내가 스스로 노력해서 따 놓은 자리'란 의미로 적극적으로 해석해 썼는데, 이런 용법이 워낙 광범위하게 쓰이다 보니 '따 놓은 당상'도 허용했다.

문제는 '떼어 논' 또는 '따 논'이다. 결론부터 말하면 이들은 틀린 표기이다. '놓다/좋다/닿다/빻다/찧다' 등은 모두 규칙동사다. 이들은 활용할 때 '놓고/놓으니/놓으면/놓지/놓아/놓우' 식으로 받침 'ㅎ'이 탈락하지 않는다. 대개는 이들을 잘못 쓰는 경우가 없지만 유독 관형형인 '놓은'을 쓸 때 이를 줄여 '논'으로 적기 십상이라 문제가 된다. 이것이 틀린 것은 같은 계열인 '좋다/닿다/빻다/찧다' 등의 말이 그 관형형을 '존/단/빤/찐' 식으로 쓰지 않는다는 데서도 쉽게 확인할 수 있다(항상 '좋은/닿은/빻은/찧은'으로 활용한다).

관형형이 '논'으로 되는 말은 따로 있다. 바로 동사 '놀다'이다. 즉 '실컷 논 뒤에⋯⋯' 식으로 쓰는 데서도 알 수 있듯이 '놀다'의 관형형이 '논'으로 되는 것이다. 마찬가지로 동사 '졸다/달다/빨다/찌다'의 관형형이 각각 '존/단/빤/찐'이 된다.

착각할 수 있는 것에 '노랗다/동그랗다/어떻다' 등 'ㅎ' 받침을 갖는 일부 말들이 있다. 이들은 관형형으로 '노란/동그란/어떤'의 형태를 취하는데, 이는 전혀 다른 계열의 단어들로서 'ㅎ'불규칙 용언이다. 이들은 당연히 관형형으로 받침 'ㅎ'이 탈락한 형태를 취한다.

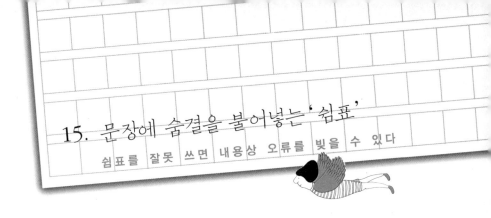

15. 문장에 숨결을 불어넣는 '쉼표'

쉼표를 잘못 쓰면 내용상 오류를 빚을 수 있다

'곰, 아케이드, 꽃, 박물관, 분수, 산책…….' 스위스의 수도 베른을 특징짓는 수식어들이다. 인구 14만여 명의 스위스에서 네 번째로 큰 도시 베른. 유럽에서 중세의 정취를 가장 잘 간직하고 있는 곳이다.

스위스의 도시 베른을 설명하는 글이다. 형식적으로는 별 흠을 잡을 수 없는, 잘 짜인 문장들이다. 그런데 내용적으로는 치명적인 오류를 안고 있다. '인구 14만여 명'의 스위스라니? 스위스의 인구를 정확히 모를지라도 이것은 직감적으로 틀린 말임을 알 수 있다. 가만 들여다보면 '인구 14만여 명'이 실제로 꾸며 주는 말은 '스위스'가 아니라 뒤에 오는 '도시 베른'이란 게 드러난다. 그런데 왜 이렇게 됐을까? 일차적으로는 수식어의 위치가 잘못되어 있어 그렇다. 꾸며 주는 말은 꾸밈을 받는 말 바로 앞에 놓여야 한다는 기본 원칙을 어겼기 때문이다.

이 문장은 '인구 14만 명'과 '스위스에서 네 번째로 크다'란 두 개의 정보가 피수식어 '베른' 앞에 나란히 와야 하기 때문에 그대로 나열하기에는 적절치 않다. 가령 '인구 14만여 명의 도시이자 스위스에서 네 번째로 큰 도시인 베른' 식이 될 것이다. 이렇게 중복되고 길어지는 문장은 좋지 않다. 이를 피하면서 간결하게 쓰는 방법은 '쉼표(,)'를 사용하는 것이다.

'인구 14만여 명의, 스위스에서 네 번째로 큰 도시 베른' 또는 '스위스에서 네 번째로 큰, 인구 14만여 명의 도시 베른'으로 쓰면 완전한 문장이 된다.

결국 원래의 잘못된 문장은 쉼표 하나를 놓침으로써 엄청난 내용상의 오류를 빚은 것임을 알 수 있다.

문장부호는 한글맞춤법에서도 정식 조항이 아니라 부록으로 처리되어 있다. 그래서인지는 몰라도 그동안 규범으로서의 인식이 다소 낮았던 게 사실이다. 하지만 문장부호도 엄연히 맞춤법 체계의 하나이므로 올바로 사용해야 한다는 것은 당연한 일이다. 북한에서는 문장부호법을 맞춤법에서 독립시켜 띄어쓰기, 문화어 발음법과 함께 표기 4법의 하나로 다루고 있음은 주목할 만하다.

16. 얇다랗다 VS 얄따랗다
표기에도 효율성의 원리가 있다

얇다랗다, 넓다랗다, 넓직하다, 핥작거리다, 짧다랗다

이런 단어들을 접했을 때 사람에 따라 표기를 낯설게 여길 수
도 있고 이상하게 느끼지 않는 경우도 있을 것이다.

한글맞춤법을 이해하는 기본 열쇠는 '소리 적기'와 '형태 밝혀
적기'이다. 그중 '소리 적기'의 요체는 어떤 단어가 특별한 이유
없이 된소리로 나는 경우 그대로 된소리로 적는다는 것이다. '얇
다랗다'로 적지 않고 '얄따랗다'라고 하는 것은 이 소리 적기를
응용한 것이다.

앞에 보인 말들은 본래 '얇다, 넓다, 핥다, 짧다'란 겹받침 용언
(형용사·동사)에서 파생된 것이다. 이들을 발음해 보면 [얄따, 널
따, 할따, 짤따]로 겹받침의 끝소리가 드러나지 않는다. 하지만
이들은 활용할 때 [얄븐, 얄바, 얄브니] 식으로 끝소리가 살아나

는 데서도 알 수 있듯이 원형은 모두 겹받침을 갖고 있다. 여기서 파생된 '얇다랗다' 따위도 발음은 마찬가지다. 겹받침의 마지막 받침이 전혀 발음되지 않는다. 이때 파생어에서 겹받침의 끝소리가 드러나지 않는 것은 소리대로 적는다. 발음되지 않는 받침을 파생어에서까지 군더더기로 끌고 다니며 표기(얇다랗다, 넓다랗다……' 식으로)할 필요는 없다고 보는 것이다. 이는 다른 말로 풀면 언어 표기에서도 효율성의 원리가 적용된 것이라 할 수 있다. 따라서 '얄따랗다, 널따랗다, 널찍하다, 할짝거리다, 짤따랗다'라고 적는 게 바른 표기이다.

반면에 '굵다랗다[국따라타], 긁적거리다[극쩍꺼리다], 늙수그레하다[늑쑤그레하다], 갉작갉작하다[각짝깍짜카다], 넓적하다[넙쩌카다], 읊조리다[읍쪼리다], 흙질하다[흑찔하다]'에서는 같은 겹받침 단어이지만 모두 마지막 받침이 발음되므로 그 원형을 밝혀 적는다. 한 가지 염두에 둬야 할 것은 이런 원리는 용언의 경우에만 적용한다는 점이다. 같은 파생어인 '값지다, 넋두리'에서도 끝받침이 발음되지 않지만 이는 명사에 접미사가 붙은 경우이므로 그 원형을 밝혀 적는다.

같은 환경에서 태어난 '널찍하다'와 '넓적하다'의 경우 앞의 것은 끝받침이 발음되지 않지만 뒤의 것은 발음된다('널찍하다'는 '너르다'에서 온 말이란 견해도 있다). 이 경우에도 현실 발음에 따라 앞의 것은 소리 나는 대로, 뒤의 것은 원형을 밝혀 적은 것이다.

갉작갉작 날카롭고 뾰족한 끝으로 바닥이나 거죽을 자꾸 문지르는 모양.

되는대로 글이나 그림 따위를 자꾸 쓰거나 그리는 모양.

늙수그레하다 꽤 늙어 보이다.

짤따랗다 매우 짧거나 생각보다 짧다.

흙질 흙을 묽게 이기거나 물에 풀어 바르는 일.

할짝거리다 혀끝으로 잇따라 조금씩 가볍게 핥다.

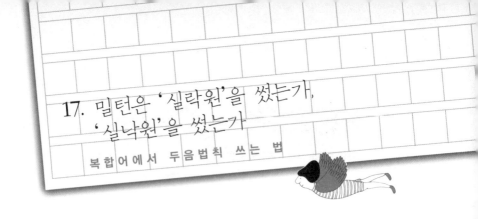

17. 밀턴은 '실락원'을 썼는가, '실낙원'을 썼는가
복합어에서 두음법칙 쓰는 법

존 밀턴의 서사시 '失樂園'은 종교를 주제로 하는 글쓰기에서 자주 인용되는 작품이다. 인류의 역사와 원죄란 개념을 나타내는 데 적절한 예이기 때문이다. 그런데 글을 쓸 때 '실락원'인지 '실낙원'인지가 헷갈리기 시작한다면 낭패. 잽싸게 머리를 굴려 '쾌락', '오락' 같은 말을 생각하고는 '실락원'으로 적어본다. 하지만 아쉽게도 이는 틀린 표기이고 '실낙원'이 맞는 말이다.

다음 말들은 또 어떨까?

연륙교 / 연육교　　　　사륙신 / 사육신
공념불 / 공염불　　　　과린산 / 과인산
무실력행 / 무실역행　　총류탄 / 총유탄
고랭지 / 고냉지

이쯤 되면 머리가 복잡해질 것이다. 하지만 여기에도 공통점이 있고 요령이 있다. 우선 공통점을 찾아보자. 두음법칙을 어렵게 느끼거나 잘못 표기하는 경우는 우리말의 무수한 합성어(두 개 이상의 단어가 결합해 만들어진 단어), 파생어(접두사나 접미사가 결합해 만들어진 단어) 등 복합어를 쓰는 과정에서 많이 생긴다. 앞에 나온 말들은 다 이런 복합어이다. 그렇다면 우리는 단어를 나눠 볼 수 있다. 단어에 따라 모호한 경우도 있지만 살펴보면 구별이 가능하다.

우선 '연륙교/연육교'를 보면 한자로는 '連陸橋'이다. 連陸橋는 섬과 육지를 연결하는 다리를 말한다. 그러니 '連陸＋橋'이다. 혹여 '육교'를 연상해 '連＋陸橋'로 볼 수도 있으나 '섬과 뭍'을 연결한 것은 육교가 아니므로 그리 볼 이유는 없다. '고랭지/고냉지'도 '高＋冷地'인지 '高冷＋地'인지 헷갈릴 수 있다. 하지만 이 역시 뜻풀이로 보면 이해하기 쉽다. 이는 '높고 찬 지역'을 말하므로 '高冷＋地'로 설명된다. 그 밖에 '死＋六臣, 空＋念佛, 過＋燐酸, 務實＋力行, 銃＋榴彈' 등은 비교적 결합 구조를 쉽게 알 수 있다.

이제 단어를 나눴으면 나머지는 두음법칙에 따라 적으면 된다. 파생어나 합성어에서는 비록 단어 첫머리가 아니더라도 의미 중심이 놓여 있는 단어를 살려 두음법칙을 적용한다는 게 요령이다. 따라서 '連陸橋'는 '연륙교', '高冷地'는 '고랭지'가 되고 나머지는 각각 '사육신, 공염불, 과인산, 무실역행, 총유탄'이 바른 표기이다.

두음법칙을 쓰는 대강의 틀이 잡혔으면 나머지는 예외적인 것들만 추가로 알아 두면 된다. 단어를 쓰다 보면 몇 가지 의문이 가는 경우가 있다. '미립자'나 '소립자'는 분명 '微+粒子', '素+粒子'로 된 말인데, 그렇다면 지금까지 요령대로 '미입자', '소입자'라고 해야 하는 것 아닐까? 또 '총유탄銃榴彈'은 이해가 가는데 '수류탄手+榴彈'은 어찌 된 건가? '파렴치破廉恥'나 '몰염치沒廉恥'도 각각 '염치'에 '파—'와 '몰—'이 붙은 같은 구조인데 왜 표기가 달라질까? 해답은 '예외 형식'의 인정에 있다. 어떤 경우의 말이든 예외는 항상 있다. 이들은 사람들의 발음 습관이 원래 음의 형태로 굳어져 있는 단어들이다. 따라서 미립자, 소립자, 수류탄, 파렴치 등은 두음법칙을 적용하는 기준에서는 벗어나는 표기이지만 예외적으로 인정한 것이다.

'고랭지 재배'와 '고냉지 재배', '공랭식'과 '공냉식', '한랭전선'과 '한냉전선', 이런 말들이 뒤의 것이 틀렸음을 분별할 수 있고 왜 잘못됐는지를 설명할 수 있다면 두음법칙의 절반은 이해한 것이나 마찬가지다. 두음법칙이 적용되는 말들을 까다롭게 만드는 대부분의 경우는 이처럼 '글자의 결합을 어떻게 가르느냐'에 따라 해법이 달라지는 것들이다.

연륙교(○) / 연육교(×)	사륙신(×) / 사육신(○)
공념불(×) / 공염불(○)	과린산(×) / 과인산(○)
무실력행(×) / 무실역행(○)	총류탄(×) / 총유탄(○)
고랭지(○) / 고냉지(×)	

이를 좀더 확실히 머릿속에 담아두기 위해 다음 두 단어의 차

이점을 살펴보자. '靑綠豆'와 '靑綠色'. 이들을 한글로 적으면 '청녹두'와 '청록색'이다. 대개 '청녹두'를 '청록두'로 쓰는 사람은 없을 것이다(이는 한편으로는 두음법칙이란 게 모국어 화자라면 따로 공부하지 않아도 자연스럽게 터득하는 것이란 점을 보여 준다). 그런데 '청록색'은 '청녹색'으로 알고 쓰는 이들이 의외로 많다. 일부 헷갈리는 단어가 있다는 뜻이다. 우선 의문부터 가져야 한다. 두 단어는 똑같이 '靑綠'이 들어 있지만 표기는 각각 '청녹두', '청록색'으로 달라진다. 왜 그럴까? 단어의 결합관계가 다르기 때문이다. '녹두綠豆'는 콩과식물의 이름이다. 여기에 '靑'이 붙었으니 '청녹두(청+녹두)'다. 이에 비해 '靑綠色'은 '청록+색'의 결합으로 풀이된다. '녹색'을 연상하는 사람들은 '청+녹색'의 구조로 볼 수도 있겠으나 '청록'은 한 단어다. '−색'으로 연결되는 모든 단어는 'ㅇ ㅇ+색'의 구성이다.

'討論'을 읽으면 '토론'이다. '議論'은 어떨까? '의논'이다. 다음 한자들의 독음은 어떻게 될까? '萬難, 困難, 論難.' '忿怒, 大怒, 喜怒哀樂.' '承諾, 應諾, 受諾, 許諾, 快諾.' 몇 개를 맞혔는지는 중요하지 않다. 단어들 사이에 공통점과 차이점을 발견했는지가 더 중요하다.

우선 '討論'은 '토론'으로 대부분 읽고 적을 수 있지만 '議論'은 의외로 '의론'으로 적는 사람도 꽤 있다. 그런데 지금까지 익힌 두음법칙에 따르면 이 말은 '의론'으로 적어야 할 텐데 왜 '의논'이 됐을까? 여기에 두음법칙의 함정이 있다. 그것은 '속음'이라는 함정이다. '속음'은 일반적으로 널리 사용되는 습관음으로,

'소리 나는 대로 적는다'는 맞춤법의 기본 정신에 따라 인정되는 것이다.

예컨대 불교 용어인 '보시布施, 도량道場, 초파일初八日'을 비롯 '모란牧丹, 통찰洞察, 모과木瓜, 사탕砂糖, 시댁媤宅' 등을 본음과 달리 적는 것은 속음으로 언중에 굳은 것이기 때문이다. 이런 것들은 몇 개 외워 두면 그만인데 '본음/속음'의 관계에 있는 말 가운데 'ㄴ, ㄹ' 발음의 경우는 비슷한 형태의 말들이 함께 쓰이기 때문에 정확히 알아 두지 않으면 잘못 표기하기 십상이다.

앞의 예들을 '본음/속음'에 따라 적으면 '토론/의논', '만난/곤란, 논란', '분노/대로, 희로애락', '승낙, 응낙/수락, 허락, 쾌락'이 된다. 이 밖에 '安寧, 武寧王陵'은 '안녕/무령왕릉'이다. 속음으로 굳은 말에는 일관된 공통점이 보이지는 않지만 대개 앞말이 모음으로 끝날 때는 속음으로 발음되는 경향을 보인다.

이 가운데 자주 틀리는 말로는 '곤란'과 '의논', '대로, 희로애락'이다. 이들을 '곤난', '의론', '대노, 희노애락'으로 적기 쉬운데 이들은 모두 속음 표기가 맞는 말이다. 반대로 '승낙, 응낙'의 경우는 정상적으로 본음에 따라 적는 것인데, 이를 '수락, 허락' 등과 같이 속음으로 쓰는 말에 이끌려 '승락, 응락'이라 잘못 적는 경우가 많으므로 주의해야 한다.

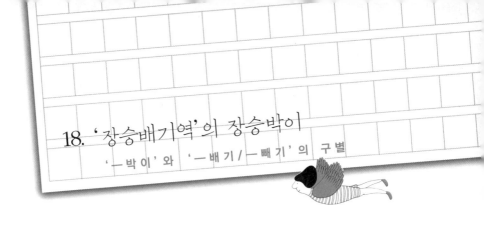

18. '장승배기역'의 장승박이
'—박이'와 '—배기/—빼기'의 구별

서울 지하철 7호선 역 가운데 '장승배기역'이 있다. 동작구에 속한 이 일대는 조선 정조가 아버지인 사도세자의 묘소에 참배하러 가는 길에 잠시 쉬어 가던 곳이다. 당시 이곳 숲이 우거지고 음산해 장승을 세웠는데, 이는 왕명으로 세워진 유일한 장승으로 전국 팔도 장승의 우두머리였으며 '장승배기'라는 지명의 근원이 됐다고 한다.

장승배기는 '장승이 박혀 있는 곳'이라는 뜻의 말이다. 이 말이 사람에 따라 장승백이, 장승박이, 장승빼기, 장승백 등 통일성 없이 여러 가지로 쓰이기도 한다.

본래 '무엇이 박혀 있는 것'을 나타내는 말은 '—박이'이다. 점박이, 차돌박이, 금니박이, 붙박이, 오이소박이 같은 게 그런 것이다. 이들은 각각 점·차돌·금니가 '박혀 있음', 한곳에 일정하게 '박혀 있음', 오이에 소를 '박음'이란 뜻이 살아 있으므로 그 형태를 유지해 '―박이'를 쓰는 것이다. 자꾸 헷갈리면 '붙박이장'을 기억해 두면 쉽게 알 수 있다.

그래서 '장승이 박혀 있음'을 나타내는 말은 '장승박이'이다. '장승배기'는 맞춤법 정신으로는 '장승박이'로 써야 할 말이지만 역사적으로 '―배기'가 입에 익숙해 있고 이미 지명으로 정착한 단어란 점이 고려된 표기이다.

'―박이'는 그나마 의미적으로 구분해 낼 수 있는데, 비슷한 형태인 '―배기'와 '―빼기'는 더 헷갈린다. 이들을 가르는 기준은 오로지 '소리'이다.

다시 말해, '―배기'로 소리 나면 '―배기'로 적고(세 살배기, 나이배기, 공짜배기, 진짜배기, 육자배기, 혀짤배기, 주정배기, 언덕배기, 귀퉁배기 등), '―빼기'로 발음되는 것은 소리대로 적으면(대갈빼기, 곱빼기, 맛빼기, 억척빼기, 고들빼기, 그루빼기) 된다. '―박이'와 '―배기/―빼기' 이외에 '―백이'나 '―바기' 등은 쓰지 않는다.

그럼 이제 '뚝배기'가 남게 된다. 이 말은 지금까지의 기준에 따르면 '뚝빼기'로 적어야 할 것 같지만 그렇지 않다. 이 경우는 '―빼기'로 발음되긴 하지만 앞의 예들처럼 '어떤 어근에 접미사 ―배기 또는 ―빼기가 붙어 이뤄진 말'이 아니라 '뚝배기'란 표기로 굳은 말이므로 이것은 외워두어야 한다.

고들빼기 국화과의 두해살이풀. 높이는 60센티미터 정도이며, 붉은 자줏빛을 띤다. 여름에서 가을에 걸쳐 노란 꽃이 많이 피고 열매는 수과를 맺는다. 어린잎과 뿌리는 식용한다. 산이나 들에서 자라는데 한국, 중국 등지에 분포한다.

귀퉁배기 귀퉁이(사물이나 마음의 한구석이나 부분. 물건의 모퉁이나 삐죽 나온 부분)을 낮잡아 부르는 말.

그루빼기 짚단이나 나뭇단 따위의 그루가 맞대어서 이룬 바닥 부분.

뚝배기 찌개 따위를 끓이거나 설렁탕 따위를 담을 때 쓰는 오지그릇.

나이배기 겉보기보다 나이가 많은 사람을 낮잡아 이르는 말.

육자배기 팔과 다리를 쭉 뻗고 '六' 자처럼 드러눕거나 엎어진 모양. 남도 지방에서 부르는 잡가雜歌의 하나로 가락의 굴곡이 많고 활발하며 진양조장단이다.

혀짤배기 혀가 짧아서 'ㄹ' 받침 소리를 잘 내지 못하는 사람.

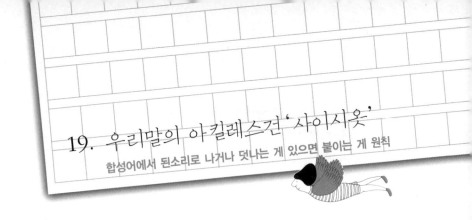

19. 우리말의 아킬레스건 '사이시옷'

합성어에서 된소리로 나거나 덧나는 게 있으면 붙이는 게 원칙

장면1 2001년 여름. 우리나라의 국어정책 방향을 결정하는 국어 심의회가 열렸다. 'ㅇㅇ여굣길/ㅇㅇ여고길', '경찰섯길/경찰서길' 의 표기원칙을 정하기 위해서였다. 정부는 '새 주소 부여사업'을 벌였는데, 이 과정에서 새로 이름 붙이는 도로가 사이시옷 문제로 혼란을 겪었다. 이날 회의에서 새로 명명하는 도로명 'ㅇㅇ길'에는 사이시옷을 받쳐 적지 않는 것으로 결정됐다. 이에 따라 '창덕여고 길'이 규범이 됐다.

장면2 "하굣길이 맞나요, 하교길이 맞나요? 하굣길은 아무래도 이상한데······." 2003년 6월 어느 날, 한 신문사에 독자들의 문의 전화가 빗발쳤다. 이 신문의 당일 사회면에는 '하굣길 초등생 유괴 잇따라'란 제목의 기사가 큼지막하게 실려 있었다. 신문을 받아 본 독자들이 '하굣길'을 오자로 생각하고 신문사에 항의성 전화를 건

것이다. 그러나 아무리 표기가 낯설어도 현행 맞춤법 규정에 따르면 '하굣길'이 바른 말이다.

사이시옷은 우리말의 아킬레스건이라 할 수 있다. 사이시옷을 쓰는 수많은 단어들을 일일이 예시할 수도 없는 노릇이며 또 일관적이지도 않다. 두 예에서도 알 수 있듯이 서로 모순적인 용례들이 규범으로 공존한다는 사실은 아이러니다.

그래서 사이시옷은 우리말의 수수께끼로 들어가는 관문이기도 하다. 관문을 여는 제1의 열쇠는 '소리 적기'이고 제2의 열쇠는 '형태 밝혀 적기'이다. 사이시옷은 일종의 제3의 원칙이다. 즉, 대원칙인 '소리 적기'와 '형태 밝혀 적기'를 보완해 주는 절충용법이라 할 수 있다. 가령 '하교'와 '길'이 결합할 때 누구나 [하교 낄]로 발음한다. 이때 이를 소리대로 적자니 원형을 너무 심하게 훼손하고, 그렇다고 원형을 살려 '하교길'로 적자니 실제 발음과는 동떨어져 있다는 고민 사이에서 나온 것이 사이시옷이라 이해하면 된다. 결국 사이시옷을 덧붙임으로써 '하교'의 말음을 폐쇄시켜 뒤에 오는 '길'을 자연스럽게 [낄]로 발음하게 만든 것이다.

그 핵심은 뒷말이 된소리로 나거나 무언가 덧나는 소리가 있느냐의 여부에 있다.

그런데 문제는 비슷한 음운 환경 아래인데도 어떤 말에서는 뒷말이 된소리로 나고, 다른 말에서는 예삿소리로 발음된다는 것이다. 예컨대 '조개＋살'에서는 누구나 [조개쌀]로 발음한다. 하지만 '조개＋젓'에서는 [조개쩟]이라 하지 않고 글자 그대로 [조개젇]으로 읽는다. 이것이 표기에서 '조갯살'과 '조개젓'으로 갈리는 이유다.

하지만 일부 단어에서는 이런 변별성이 충분하지 않다는 데에 사이시옷의 어려움이 있다. 가령 '장맛비/장마비', '날갯짓/날개짓', '씻나락/씨나락' 같은 말은 뒷말이 분명히 된소리로 난다거나 덧붙는 말이 있다고 할 수 없다는 것이다.

특히 실제로 사전에 오른 말들 중에 '북엇국, 동탯국, 대푯값, 절댓값, 최솟값, 우윳빛, 나랏빛' 따위는 개인에 따라 시각적으로 좀 부담스럽게 받아들여질 것이다.

사이시옷 용법이 까다로워진 데에는 사전의 탓도 한몫한다. '쌈짓돈'이나 '여윳돈'은 전부터 있던 말이다. 그런데 《표준국어대사전》은 비교적 최근에 쓰이기 시작한 '종자돈seed money'을 표제어로 올리면서 사이시옷을 붙이지 않았다. 이는 사람들이 [종자똔]으로 발음하지 않고 글자 그대로 [종자돈]으로 읽는다고 본 것일까? 그러다 보니 요즘 신문에 자주 오르는 '회삿돈/회사돈'은 어찌 처리해야 할지 오리무중에 빠진다. 사이시옷의 정신에 따른다면 '회삿돈'이라 해야겠지만 '종자돈' 때문에 그마저도 온전치가 못하게 됐다.

어쨌든 사이시옷은 합성어에서 나타나는데 모든 합성어를 다 사전에 올릴 수는 없는 일이다. 그래서 사이시옷은 형태상의 어색함이 좀 있다 하더라도 그 원칙을 얼마나 일관되게 적용하느냐가 중요한 과제로 남는다. 우리 맞춤법에서 사이시옷을 인정하고 고수하는 한 그렇다는 말이다. 앞의 '창덕여고길'이 규범으로 됐

을 때 한글학회 등 여러 어문단체로부터 비판이 나온 것은 바로
그런 까닭이다.

기발, 바줄, 해발, 내가, 코등, 해볕, 내물, 홰불, 회수

북한의 인민학교와 고등중학교(우리의 초등학교와 중고등학교에 해당)
교과서에서 뽑은 단어들이다. 이들을 우리식으로 적으면 각각
'깃발, 밧줄, 햇발, 냇가, 콧등, 햇볕, 냇물, 횃불, 횟수'가 된다.
우리가 '만둣국/만두국', '최댓값/최대값' 따위의 말을 두고 규
범 표기와 시각적 어색함 사이에서 고민하는 동안 북한에서는 아
예 사이시옷을 사용하지 않음으로써 이 문제를 해결했다. 1966년
남한의 '한글맞춤법'격인 '조선말규범집'을 제정하면서부터다.
그렇다고 북한처럼 사이시옷을 아예 쓰지 않는 것이 바람직하
다는 것은 아니다. 사이시옷에 익숙한 우리에게는 오히려 위의
말들이 매우 낯설게 느껴지는 게 그 증거다.
사이시옷 문제는 아직까지 우리 어문규범이 갖는 맹점 중의
하나로 남아 있다. 북한의 경우를 고려해 앞으로 풀어야 할 숙제
인 셈이다.

말이 분명하고 정연하면 생각도 그러하고……

한국경제신문의 홍성호 기자가 '말짱글짱' 칼럼을 연재할 때부터 재미와 정보를 함께 얻을 수 있는 글이라는 점에서 관심 있게 지켜봐 왔다. 그는 기자 생활을 통한 실전적인 글쓰기 감각을 바탕으로 오랫동안 우리말 바로쓰기를 고민해 온 분으로 그동안 사색하고 고심한 결실을 이 책에 담았다.

우리 민족의 기나긴 역사와 함께한 우리말은 아쉽지만 문어의 역사가 짧다. 서구에서는 문어의 역사가 길어 오랜 세월에 걸쳐 문어의 표준이 자연스럽게 정착된 반면에 우리는 갑자기 어문규범을 만들어 쓰다 보니 현실과 맞지 않는 경우가 적지 않다.

홍성호 기자는 바른 언어 사용을 위해서는 국가에서 정한 어문규범을 따라야 한다는 원칙을 굳건히 지키면서도 한편으로 대중에게 굳어진 언어 습관은 존중해야 한다는 유연한 생각을 지니고 있다. 이 책에는 어떻게 하면 우리말을 바르고, 풍부하고, 아름답게 쓸 수 있을지에 대해 고민한 흔적이 고스란히 담겨 있다. 그래서 우리말과 글에 관한 유익한 지식을 얻을 수 있을 뿐만 아니라 우리말의 깊이와 아름다움을 새삼스럽게 느낄 수 있다.

말이 분명하고 정연하면 생각도 그러하고, 말이 혼란스럽고 어지러우면 생각도 그러하다. 이 책은 말과 글을 제대로, 정확하고 바르게 쓰고자 하는 사람들에게 좋은 길라잡이가 될 것이다.

김세중 국립국어원 국어생활부장

말은 그 말을 하는 이의 삶을 드러낸다

《진짜 경쟁력은 국어 실력이다》를 재미있게 읽었다. 말은 의사소통의 도구를 넘어서서 그 말을 하는 이의 인격과 취향, 그리고 삶을 드러낸다. 한 유명한 철학자는 말을 가리켜 존재의 집이라고 했다. 많은 일들이 말로 인해 빚어지고, 말을 잘하는 사람은 어느 사회에서나 귀하게 대접을 받는다. 그럼에도 말을 잘 알고 쓰는 일을 덜 중요하게 여긴다. 풍부한 말글살이는 인생을 빛나게 한다. 몸에 이로운 음식을 두루 잘 먹고 마음을 즐겁게 하는 것은 잘 사는 것의 필수불가결한 조건이다. 거기에 하나를 더 보태야 마땅한데, 바른 어법으로 말을 잘 쓰는 것이 바로 그것이다. 이 책은 그 뜻을 잘못 알고 쓰는 말들을 바로잡고, 비틀리고 눌린 말들은 바르게 펴서 풍부한 말글살이에 도움이 될 만한 내용으로 그득 차 있다. 한마디로 우리말의 산해진미로 차린 성찬이다. 우리 말글살이의 풍부한 사례를 곁들여 차근차근 뜻을 풀고 핵심을 짚어 가는 과정이 아주 재미있다. 특히 청소년들이 옆에 두고 꼼꼼하게 읽는다면 분명히 글을 잘 쓰고 말을 잘하는 데 크게 도움이 될 만한 책이다.

장석주 시인, 문학평론가

언론인을 꿈꾸는 사람이라면 무조건 필독

홍성호 기자와 가끔 만나 이야기를 나눈다. 솔직히 말하면 이야기를 나누는 것이 아니라 거의 듣기만 한다. 그래도 항상 재미있고 유익한 자리이다. 그가 뱉어 내는 수많은 우리 말글살이의 정보를 주워 담기에도 버거울 정도이기 때문이다. 그런 이야기를 혼자만 알기에 아쉽다는 생각을 가져 왔는데 한 권의 책으로 이제라도 만나 볼 수 있으니 무척 다행이다. 이른바 '말짱글짱 기자'인 홍성호 기자는 표준어와 비표준어, 어원, 방언, 북한어, 일본어, 한자, 외래어, 사전, 문학적 표현까지 두루두루 꿰뚫고 있는 한국어의 달인이라 할 수 있다. 그는 이 책에서 어느 말이 맞고 틀리고의 문제뿐만 아니라 "이 말은 어떻게 생겨나서 이렇게도 쓰였다 저렇게도 쓰이다가 이제는 이렇게 쓰이고 있다"며 어휘의 역사와 변천을 아우르며 명쾌하게 설명하고 있다.

언어학적 개념을 포함해 실제 기자 생활에서 체득하고 공부한 살아 있는 현실 어휘를 다루고 있으니, 일반적으로 우리말이 재미없다는 사람들은 이 책을 보면 우리말에 대해 대단한 흥미를 갖게 될 것이다. 그리고 이 책은 마치 언어생태계 조사보고서 같다. 살아 움직여서 커 가는 말들, 그러면서 남들이 모르는 언어의 사생활까지 엿볼 수 있다. 우리말 학습을 위해서뿐만 아니라 언어 환경을 이해하고자 하는 특히, 언론인을 꿈꾸는 사람이라면 무조건 필독하여야 한다.

박현우 KBS 한국어진흥원장, 아나운서

진짜 경쟁력은 국어 실력이다

초판1쇄 발행 2008년 8월 29일 초판5쇄 발행 2011년 4월 7일

지은이 홍성호 | 펴낸이 김태영

출판 6분사 편집장 이진영
편집 정낙정 박지숙 | **디자인** 강홍주
제작 이재승 송현주

펴낸곳 (주)위즈덤하우스 | **출판등록** 2000년 5월 23일 제13-1071호
주소 경기도 고양시 일산동구 장항동 846번지 센트럴프라자 6층
전화 031-936-4000 | **팩스** 031-903-3895
홈페이지 www.wisdomhouse.co.kr | **전자우편** wisdom6@wisdomhouse.co.kr
출력 탑그래픽스 | **종이** 화인페이퍼
값 13,000 ISBN 978-89-5913-334-5 (03710)

이 도서의 국립중앙도서관 출판시도서목록(CIP)은 e-CIP 홈페이지(http://www.nl.go.kr/ecip)에서
이용하실 수 있습니다. (CIP제어번호: CIP 2008002504)